나와 우리 아이를 살리는
회복탄력성

나와 우리 아이를 살리는
회복탄력성

최성애 박사의
행복 에너지 충전법

최성애 지음

해냄

프롤로그

이미 우리 DNA 속에 존재하는 능력, 회복탄력성

제가 회복탄력성에 관심을 갖게 된 것은 20년 전입니다. 저를 친딸처럼 사랑해 주시던 작은고모님 덕분입니다.

저의 고모는 1931년에 태어나 1995년에 돌아가신 이 땅의 평범한 여성입니다. 어쩌면 평범하다기보다 불운했다고 볼 수도 있습니다. 고모는 태어나자마자 어머니를 잃었고, 전쟁 때문에 원하던 학업을 제대로 마치지 못했으며 직장 여성으로 차별대우를 받았습니다. 게다가 그 시대에 결혼을 안 한 여성으로서 갖은 역경, 악조건, 편견들을 겹겹이 받았습니다.

하지만 고모는 이러한 어려움 속에서 놀랍게도 아무도 원망하지 않았고, 성실하게 직장생활을 하여 번 돈을 여섯 조카들의 뒷바라지를 위해 아낌없이 쓰고, 일생의 마지막 무렵에는 올케인 저의 어머니 병수발까지 기꺼이 도맡았습니다.

고모가 세상을 떠나자 저는 그분의 삶을 재조명하고 싶었습니다. 체구는 자그마했지만 고모는 언제나 겸손하고 사랑이 넘치는 분이었습니다. 작은 일에도 고마워하고 즐거워하면서 배우는 것을 좋아하고, 가족과 친구들에게 기꺼이 자신의 가장 소중한 것을 내어주는 힘은 도대체 어디에서 나오는 것일까 의아했습니다.

그분을 가까이에서 접해본 사람들은 누구나 자신도 모르게 그 밝음과 따뜻함에 선한 영향을 받았던 것 같습니다. 그리고 '사랑이 깃든 것은 영원하다'는 말처럼 그 영향은 아직까지도 지속되고 있습니다.

특히 고모는 저에게 작은 엄마이자 둘도 없는 친구 같은 존재로서, 저의 학업, 진로, 결혼, 경력의 한결같은 지지자였습니다. 겉으로는 평균적인 모습에 평범한 여성이었지만 저에게는 존경스럽고 감탄이 우러나는 특별하고 위대한 사람으로 가장 본받고 싶은 스승이자 멘토입니다.

한때 심리학의 주류였던 정신분석, 행동주의, 인지 이론으로는 고모 같은 사람들을 도저히 설명할 수 없었습니다. 하지만 새로운 틀과 관점인 긍정심리학에서는 역경을 딛고 일어나 더욱 크게 성장하는 힘을 회복탄력성(resilience)의 본성으로 본다는 사실을 알게 되었습니다. 바로 저의 고모가 회복탄력성의 구체적이고 모범적인 모델이었습니다.

그후 생각해 보니 저의 고모뿐 아니라 그 시대 한국의 많은 어른들이 회복탄력성이 높았던 것 같습니다. 그 힘으로 일제강점기도 이겨냈고 동족상잔의 전쟁으로 인한 파괴와 빈곤을 딛고 부지런히 일해서 세계 경제 강국으로 성장했습니다.

그런데 요즘은 어떤가요? 경제 최우선 정책과 가치관에 밀려 정서적인 풍요로움, 마음의 여유, 남에 대한 배려와 작은 일에 대한 감사, 인간적 훈훈함과 소박한 웃음이 점점 사라지고 있지 않습니까?

특히 아이들과 청소년의 얼굴에 천진함과 웃음 대신 무표정이나 짜증이 자주 나타나는 것이 안타깝습니다. 우리나라 학생들의 행복도가 OECD 국가 중 최하위라는 통계도 마음을 무겁게 합니다. 청소년 우울증과 자살률이 세계 최고 수준이며, 40대, 50대뿐 아니라 노인들의 우울증과 자살률도 증가하고 있습니다.

어떻게 해야 할까요? 이 책은 우울, 불안, 슬픔, 분노…… 우리들을 피곤하고 지치게 하는 힘든 일상에서 스스로 회복탄력성을 구축할 수 있는 구체적이고 실질적인 방법을 알려드리기 위해 썼습니다.

저는 회복탄력성은 조선 초기의 한학처럼 소수의 기득권층만이 익히는 것이 아니라 세종대왕이 창시한 한글처럼 누구라도 배울 수 있어야 한다고 생각합니다. 우리 모두 말과 글을 배우듯 어려서부터 회복탄력성을 배운다면 일상의 스트레스는 물론 뜻밖의 시련이나 역경도 심리적 면역력으로써 이겨낼 수 있습니다. 나아가 자신과 타인에게 유익한 사람으로 성장할 수 있습니다.

이 책은 사람들에게 본래부터 없던 회복탄력성을 새롭게 갖추어주고자 쓴 것이 아닙니다. 이미 회복탄력성은 우리 모두의 DNA 속에 존재하는 능력이기에 본래의 생명과 성장의 힘을 회복하는 방법을 소개하고자 합니다.

특히 아이들을 키우고 보살피는 부모와 교육자들에게 회복탄력성의 '회복'은 필수입니다. 자신에게 고갈된 것을 남에게 줄 수는 없기 때문입니다. 그리고 아이들은 말이나 글로 배우기보다 직접 보고 배우는 것이 더 많기 때문입니다.

이 책에서는 회복탄력성과 관련한 다양한 학문적인 연구 내용과 실천 방식을 미국 하트매스 연구소(Institute of HeartMath)의 수석 연구자 롤린 맥크레이티 박사와 연구팀의 허락하에 소개했습니다. 또한 제가 지난 30

여 년 동안 공부하고 가르쳐왔던 심리학, 인간발달학, 심리치료, 뇌과학 등의 내용을 회복탄력성의 관점으로 재정리한 것도 담았습니다. 무엇보다 대부분의 구체적인 실천 사항은 저의 일상에서 꾸준히 실행해 오던 것들입니다.

  이 책이 여러분 자신이나 주변 사람들에게서 회복탄력성을 발견하고 키워나가고 나누는 데 도움이 되기를 진심으로 바랍니다.

  부족하나마 이 책을 저의 정신적 어머니이자 사랑, 믿음, 희망의 원천인 작은고모님께 헌정합니다.

2014년 7월
최성애

 차례

프롤로그 이미 우리 DNA 속에 존재하는 능력, 회복탄력성 4

1부 일상의 스트레스를 행복 에너지로 전환하는 힘

1장 회복탄력성이란 무엇인가 13
2장 회복탄력성의 방해물, 우리 몸과 마음을 탈진시키는 스트레스 27
3장 자율신경계와 호르몬계의 영향을 받는 회복탄력성 47
4장 정서지능을 통해 회복탄력성을 유지한다 55

2부 나를 위한 회복탄력성 키우기

5장 나의 감정을 알아차리고 중화한다 67
6장 심장을 통해 몸과 마음을 최적의 상태로 조율한다 91
7장 감정코칭으로 행복 에너지를 만드는 법 111
8장 '직관은 우리를 속이지 않는다' 123
9장 장면정지법으로 문제 해결력을 키운다 133
10장 시간 관리와 우선순위 정하기로 삶의 만족도를 높인다 143
11장 디지털 과부하 상태에서 벗어나라 159

3부 건강한 관계를 위한 회복탄력성 키우기

12장 잘못된 의사소통은 에너지를 고갈시킨다 169
13장 행복한 관계는 긍정성에서 온다 185
14장 관계를 망치는 네 가지 독과 그 해독제 199
15장 갈등을 예방하는 효과적인 의사소통법 213
16장 내 마음에 닻을 내려 평정심을 회복한다 233
17장 지속적으로 회복탄력성 유지하기 243

4부 아이들의 회복탄력성 키우기

18장 유치원생~초등 2년생 마음이 따뜻한 아이, '하트 스마트'하게 키워라 257
19장 초등 3~6년생 정서지능을 키워주는 감정 어휘 늘리기 277
20장 중학생 스토리텔링으로 상처 회복 능력을 키운다 293
21장 고등학생 학업과 시험불안증에 대처하는 방법 307

에필로그 밝고 따뜻한 에너지가 감도는 사회를 위하여 320

1부

Resilience

일상의 스트레스를
행복 에너지로 전환하는 힘

1장 회복탄력성이란 무엇인가

회복탄력성이란 단지 역경을 극복하는 힘이 아니라 활력 있고, 생동감 있고, 즐겁고, 진정성 있는 삶을 살 수 있는 능력을 뜻합니다. 마지못해서 억지로 끌려가는 것이 아니라 주도적으로 자신의 삶을 살 수 있는 능력입니다.

회복탄력성이라는 말을 들어보셨나요?

조금 생소한 단어이지요. 저는 20여 년 전부터 회복탄력성에 관심이 있었습니다. 그때는 역경을 딛고 일어선 위인이나 특별한 사람들의 회복탄력성에 대한 연구가 조금 있었을 뿐입니다. 그후로 회복탄력성에 대한 연구가 점점 더 활발해지고 있고 앞으로는 교육뿐 아니라 웰빙과 힐링의 핵심 영역이 될 거라고 믿습니다.

일반적으로 회복탄력성이란 스트레스나 도전적 상황, 역경을 딛고 일어서는 힘이라고 정의합니다. 그러나 이 책에서는 미국 하트매스 연구소(Institute of HeartMath) 롤린 맥크레이티(Rollin McCraty) 박사의 연구에 따라 회복탄력성을 복원력뿐 아니라 최첨단 과학과 연구에 기반을 둔 더 넓은 뜻으로 대처 능력, 적응력, 에너지 비축력과 수용력으로 정의합니다.

지금부터 이 책에서 다룰 회복탄력성은 위대한 업적을 이룬 특별한 사람들의 거창하고 거시적인 회복탄력성이 아니라 일상에서 우리 모두에게 필요한 내적 에너지를 채우고 유지하는 매일매일의 회복탄력성 충전방법과 실용적 도구입니다.

회복탄력성을 우리가 흔히 사용하는 일상용품에 비유해 보겠습니다. 혹시 깜빡 잊고 휴대전화 배터리를 충전하지 못한 상태로 출근을 하거나 외출을 한다면 어떤 상황이 벌어질까요? 아마 전화가 올 때마다 불안할 것입니다. 빨리 끊고 싶고, 말이 길어지면 짜증도 납니다. 그러다가 배터리가 완전히 나가면 전화를 못 하게 되지요.

그래서 우리는 휴대전화 배터리를 그날그날 충전합니다. 사람의 에너지도 마찬가지입니다. 매일매일 에너지를 충전해야 피로나 스트레스 속에서도 활력을 되찾고 잘 살아갈 수 있습니다. 그러기 위해서는 회복탄력성이 필요합니다.

우리는 팽창과 수축의 균형과 조화 속에서 생명을 이어나갑니다. 작게는 세포 단위에서, 일상에서는 호흡할 때, 더 확장해서 보면 인생 단위에서도 팽창할 때가 있고 어느 정도 팽창이 되면 수축을 하죠.

예를 들어, 숨을 들이마실 때는 폐가 산소로 가득 차도록 팽창했다가 숨을 내쉴 때는 수축합니다. 에너지로 보자면 아침에 해가 뜨면 에너지가 팽창했다가 저녁이 되어 잠을 잘 때는 수축합니다. 1년으로 보면 계절도 그렇습니다. 봄과 여름에는 만물이 생성하고 성장하고, 가을, 겨울이면 움츠러듭니다.

이처럼 수축과 팽창을 반복하는 것이 건강한 생명체의 모습이 아닐까요? 지나치게 팽창했을 때 멈추지 못하거나 수축한 상태에서 다시 펴지 못하면 회복탄력성이 있다고 볼 수 없지요.

회복탄력성이 높을 때는 우리의 생각, 감정, 행동에 유연성이 생기고 적응력도 좋지만, 반대로 낮을 때는 경직되고 위축되어 변화에 대한 대응력이 떨어집니다. 즉 복구에너지와 유연성, 그리고 수용력(capacity)이 충만한 상태가 회복탄력성이 높은 상태라고 할 수 있습니다.

회복탄력성의 특성

미국 회복탄력성 센터의 창립자이며 회장인 게일 M. 와그닐드(Gail M. Wagnild) 박사는 회복탄력성이란 단지 역경을 극복하는 힘이 아니라 활력 있고, 생동감 있고, 즐겁고, 진정성 있는 삶을 살 수 있는 능력을 뜻한다고 했습니다. 마지못해서 억지로 끌려가는 것이 아니라 주도적으로 자신의 삶을 살 수 있는 능력입니다.

회복탄력성이 높은 사람은 어떤 특성을 지녔을까요? 그들은 자신의 삶을 스프링처럼 유연하고 탄력 있게 만들어갈 수 있고, 궁극적으로 역경이나 도전, 스트레스 상황에서도 충만하고 보람된 삶을 살아갈 수 있다고 합니다.

미국심리학회에서는 회복탄력성의 특성을 몇 가지로 요약했습니다.

첫째, 현실적인 계획을 세워 한 걸음씩 수행해 나가는 힘(목적성과 인내심)입니다.

둘째, 자신의 강점과 능력에 대한 긍정적이고 낙관적인 태도와 확신(경험 중시)입니다.

셋째, 의사소통과 문제 해결의 기술(관계의 기술)입니다.

넷째, 감정에 대한 이해와 조절 능력(평정심)입니다.

이 가운데 가장 중요한 것이 '감정에 대한 이해와 조절 능력'입니다. 왜냐하면 감정은 심장의 활동에 직접적이고 즉각적인 영향을 줄 뿐 아니라 이에 따라 약 1,400여 가지의 신체화학적 변화를 일으킬 수 있기 때문입니다.

또한 의사소통과 문제 해결의 기술, 즉 관계의 기술도 중요합니다. 하버드대학교 졸업생들을 20대부터 90대까지 75년간 추적 조사한 연구(Grant Study)가 있습니다. 대학을 졸업한 후 세상을 떠날 때까지 무엇이 이들의 행복과 성공, 건강에 많은 영향을 미치는지를 연구했습니다. 그 결과는 어땠을까요? 답은 '관계'였습니다. 물론 관계 중에서도 의미 있고 긍정적인 관계이지요. 관계적 회복탄력성에 대해서는 나중에 좀더 살펴보겠습니다.

예전에는 사랑이나 결혼 같은 관계의 문제가 사적인 영역이었을 뿐 학문의 대상이 아니었습니다. 그러나 의학, 심리학, 보건학, 경제학, 공공정책 등 다학문의 연구 결과 건강하게 오래 살고 행복하려면 관계의 기술을 배워야 하고, 관계의 기술을 배우고 활용하려면 감정을 이해해야 한다는 사실이 밝혀졌습니다. 앞으로 차차 소개하겠지만 이 모두 회복탄력성과 직결됩니다.

롤린 맥크레이티 박사에 의하면 회복탄력성은 크게 네 가지 영역으로 이루어져 있다고 합니다. 신체적·정신적·정서적·영성적 영역이 그것입니다.

- 신체적 영역 : 신체 근육과 뼈 등의 유연성, 내구성, 강인성
- 정신적 영역 : 정신적 유연성, 주의집중력의 시간과 강도, 다양한 관점을 포용하고 통합하는 능력
- 정서적 영역 : 감정적 유연성, 긍정적 관점, 감정적 자기 조절 능력
- 영성적 영역 : 영성적 유연성, 가치 헌신도, 다양한 가치관과 믿음에 대한 관용

이 네 가지가 서로 밀접하게 상호작용을 합니다. 이 네 영역의 공통점은 유연성이며, 그 안에 '정합(coherence)'이 있습니다.

예를 들어, 걷기 운동 하나로 신체·정신·정서·영성적 영역이 서로 영향을 주고 받을 수 있습니다. 구체적으로 설명드리자면 걷거나 운동을 하는 등 신체 활동을 하면 우리 몸에서 도파민과 세로토닌이 분비됩니다.

세로토닌은 감정이 격해지고 오르락내리락하는 것을 조절해 줍니다. 그

래서 세로토닌은 감정조절제라고도 합니다. 그리고 도파민은 전반적으로 우리 마음을 기쁘고 즐겁게 해줍니다. 우리 몸에서 나오는 천연 항우울제이면서 항불안제입니다. 운동을 통해서 세로토닌과 도파민이 분비되면 스트레스를 받는 상황이나 감정이 격해지는 상황에서도 감정을 조절할 수 있습니다.

속상할 때, 걱정이 될 때, 혹은 화가 날 때는 걸어보세요. 처음에는 마음을 불편하게 한 일이 계속 생각납니다. '어떻게 그럴 수가 있지? 너무한 거 아냐?' 그런데 30분~40분 정도 지나면 어느새 기분이 달라지고, 발걸음이 달라지고, 생각이 달라지고, 몸이 달라집니다. 돌아올 때쯤 되면 언제 그렇게 기분이 나빴던가 싶게 기분이 변해 있습니다.

걷기를 통해 신체적인 활동량이 증가하면 인지적으로 좀더 폭넓고 유연한 생각을 가질 수 있으며, 정서적으로는 여유와 차분함과 편안함을 느낄 수 있습니다. 그러면 타인의 입장이나 관점을 수용하고 타인의 실수나 부족함까지도 용서할 수 있는 아량이 생기는 영적 차원의 성장감도 느낄 수 있습니다.

그래서 오래전부터 영적 수련자들이 신체 단련과 고행부터 시작했는가 봅니다. 또 신라 화랑도에서도 심신의 연마를 불가분 관계로 여겼지요.

세계적인 심장과학연구소, 하트매스

20여 년 전 제가 미국에 살던 시절, 놀이를 통해 아이들에게 사랑하는 법을 가르쳐주고 싶어서 관련된 책을 찾다가 『아이들에게 사랑 가르쳐주기(Teaching Children to Love)』라는 책을 발견했습니다. 그 책에는 여러 가지 연습과 놀이, 그리고 시와 동요들이 담겨 있었습니다.

한국에 돌아온 후 저는 그 책에 있던 내용을 제가 봉사활동을 하던 시설의 아동들에게 적용했고, 보육사들에게도 가르쳐주었습니다. 제일 먼저 가르친 곳이 '꿈나무 마을'이라는 아동보육시설이었습니다.

그곳에는 아이들이 천 명 정도 있었고, 한 사람의 보육사가 20명~30명의 아이들을 돌보고 있었습니다. 아무리 보육사들이 노력해도 대다수의 아이들은 사랑을 충분히 받지 못한다고 느끼는 것 같았습니다.

그런데 그 책의 핵심 교육관과 방식이 제가 미국의 심장과학연구소 하트매스 연구소에서 배운 내용과 매우 유사했습니다. 우연일까 의문이 들어 찾아보니 그 책의 저자가 바로 하트매스 연구소의 창설자인 닥 칠드레(Doc Childre)였습니다.

닥 칠드레는 심장이 무척 많은 정보를 교환하고, 따뜻한 마음도 전달하고 상처도 받고 슬퍼하기도 하는 등 감정과 긴밀하게 연관된다는 것을 알아냈고, 이를 좀더 과학적으로 연구하고자 다른 과학자들과 뜻을 모아 하트매스 연구소를 창설했습니다.

닥 칠드레는 어떤 연유로 감정(사랑)과 심장의 상관 관계에 대한 연구를 시작하게 되었을까요? 그의 부모님은 음악가였는데, 연주회 때문에 바빠서 할아버지, 할머니가 어린 그를 주로 돌봐주었습니다. 부모님과 떨어져 있는 시간은 많았어도 할머니, 할아버지에게 사랑을 듬뿍 받고 자랐습니다.

그가 성인이 되고 보니 사랑을 못 받고 자란 사람들이 너무 많고, 그로 인해 사랑이 뭔지를 모르고, 사랑을 계속 찾아 헤매거나 어떻게 사랑해야 할지 모르는 불행한 사람들이 많았습니다. 그래서 '사랑하는 방법도 배워야 하는구나. 어떻게 하면 가르쳐줄 수 있을까?'를 고민하며 이 분야를 연구하게 되었다고 합니다.

연구를 통해 심장에서 감정을 느낄 수 있고 심장과 두뇌 사이에 밀접한 관련이 있으므로, 심장 활동과 감정을 조절할 수 있으면 누구라도 삶에서 활력과 행복을 느낄 수 있으리라는 것을 알아냈습니다. 그래서 1991년에 설립한 이래 20년이 넘도록 의학, 생리학, 뇌과학, 컴퓨터과학, 물리학, 심리학, 수학 등 다학문적으로 심장의 중요성을 연구했고, 현재 세계적으로 이 분야의 명망 높은 선구적 연구소로서 인정받고 있습니다.

실제로 우리 심장은 기쁘고 고마울 때와 우울하고 짜증날 때는 확연히 다른 패턴으로 작동합니다. 그리고 심장에서 나오는 전기장과 자기장은 자신뿐 아니라 주변의 생명체에게 에너지적으로 영향을 미칩니다.

또 최근 연구에 따르면 우리는 감정에 따라 체온뿐 아니라 열감과 냉감이 느껴지는 신체 부위의 변화를 다르게 느낀다고 합니다. 예를 들어 행복과 사랑을 느낄 때는 가슴과 머리 부분의 체온이 상승하며 우울과 슬픔을 느낄 때는 몸통뿐 아니라 팔다리까지 온도가 내려갑니다.

감정(Emotion)의 어원은 '움직임을 이끌어냄'이라는 뜻입니다. 에너지의 움직임을 이끌어내는 것이라고 볼 수 있겠지요. 감정에 따라 에너지가 고갈될 수도, 충전될 수도 있고, 밝거나 어두운 에너지로 변할 수도 있음을 현대의 과학은 증명했습니다.

그래서 우리는 에너지를 고갈시키지 않기 위해 자신의 감정 상태를 알아차리고 밝고 따뜻한 에너지가 감도는 감정을 느끼려는 노력을 '의도적'으로 해야 합니다.

저는 2007년부터 하트매스 연구소와 라이선스 계약하에 높은 스트레스를 지속적으로 받는 교육, 기업, 심리치료 분야 전문가와 지도자들에게 하트매스 방식을 알려왔습니다. 하지만 지난 7년 동안 만성 피로증후군은 늘어만 가고 특수 전문직뿐 아니라 아동, 청소년, 대학생, 성인, 노인까지 현대인 다수에게 절실하게 필요한 분야가 되었다고 생각하여 더 많은 사람들에게 알리고자 이 책을 쓰게 되었습니다.

이 책에서는 하트매스 연구소에서 개발한 회복탄력성을 키우는 방법들, 즉 스트레스 중화법, 장면정지법, 내적 평정심을 찾는 법 등을 하나씩 소개할 것입니다. 물론 이러한 방법들은 소수의 특별한 사람만이 아니라 누구라도 배우고 쉽게 사용할 수 있습니다.

회복탄력성이 특히 필요한 직업은?

회복탄력성은 행복하고 건강하게 살아가기 위해서는 누구에게나 필요합니다. 최적의 업무 능력을 발휘하기 위해서는 특히 필요합니다. 현재 미국에서는 하트매스 연구소에서 개발한 회복탄력성을 키우는 방법을 여러 직업군에서 이용하고 있습니다.

우선 병원에서 회복탄력성을 기르는 방법을 많이 활용합니다. 타인의 생명을 다루는 분야인 만큼 탈진 상태에 빠져 있는 의사와 간호사들에게는 회복탄력성이 무엇보다 필요합니다. 그리고 기업에서도 많이 이용합니다. CEO부터 말단 사원들까지 과부하나 탈진 상태에 빠져 있는 경우가 많아서 하트매스의 회복탄력성 향상법을 많이 활용하고 있습니다. 또한 운동선수들, 특히 올림픽 같은 국제대회에 참가하는 선수들에게도 이 방법을 많이 적용하고 있습니다.

경찰이나 소방관, 교도관, 군인, 특수요원에게도 이 방법을 많이 적용하고 있습니다. 이들은 업무 중에 삶과 죽음 사이를 오갈 정도로 강력한 스트레스를 받습니다. 그러면 그 순간만이 아니라 나중에도 트라우마로 인한 스트레스가 굉장히 높아서 외상후스트레스증후군에 시달리기도 합니다. 교도관들도 마찬가지입니다. 끊임없는 수감자들의 욕설, 요청, 비난, 원망 등을 듣고 지내기 때문에 스트레스를 많이 받고 병에 걸리기도 하고 이직을 원하기도 하지요.

교사들과 상담사들에게도 이 방법이 많이 전달되고 있습니다. 교사들은 스트레스 원천이 상당히 많습니다. 우선 업무량이 많죠. 가르치는 일 외에 보고서나 성적 기록 등 부수적인 업무가 많습니다. 학생들의 불량한 태도와 수업 진행의 어려움이야말로 정말 큰 스트레스입니다. 업무 평가에 대한 부담도 큽니다. 요즘은 학생과 학부모가 교사를 평가하기도 합니다. 이렇게 다양한 스트레스를 받다 보니, 스트레스를 견디지 못해서 학교를 떠나는 교사들이 많습니다.

이 외에도 많은 직업에서 사람들이 능력을 제대로 발휘하고 장기적으로 건강하고 즐겁게 일하기 위해서는 회복탄력성이 필수적입니다.

※ 회복탄력성이 높은 사람들의 특징

다행스러운 소식이 있습니다. 회복탄력성은 훈련에 의해서 키울 수 있다는 점입니다. 근육이 빈약하던 사람도 운동하고 만들어가면 근육이 강화되고, 근육이 발달했던 사람도 운동하지 않으면 약해지지 않습니까? 이렇듯이 회복탄력성도 훈련에 의해서 키울 수 있습니다. 말하자면 마음의 근육과 같은 것입니다.

흔히 견디기 어려울 정도의 역경을 이겨내고 큰 업적을 이룬 사람들을 회복탄력성이 높다고 말하지요. 알고 보면 그들도 한꺼번에 혹은 갑자기 대단한 일을 한 것이 아닙니다. 일상 속에서 작은 단위로 꾸준히 실천해 온 결과가 모여 크고 놀라운 업적이나 창의력으로 나타나는 것입니다.

우리도 일상 속에서 회복탄력성을 키우는 방법을 배우고 실천한다면 삶의 질과 행복도는 향상될 것입니다. 요컨대 특별하거나 위대한 사람만이 아니라 누구나 회복탄력성을 키울 수 있습니다.

저는 오래 전부터 회복탄력성이 높은 사람들의 이야기를 수집했습니다. 그리고 그들에게 '지구 시민'이라는 이름을 붙였습니다.

유명한 인물들로, 나치 치하에서 용기를 잃지 않았던 소녀 안네 프랑크, 남아프리카공화국의 흑인 인권 운동가 넬슨 만델라, 가난과 신체적·성적 학대의 경험을 딛고 토크쇼의 여왕으로 성공한 오프라 윈프리 등이 있습니다. 그리고 빅터 프랭클이라는 사람도 있습니다. 나치의 강제수용소에서 살아남아 그곳에서의 경험을 바탕으로 '의미치료'라는 분야를 개척한 정신의학자입니다.

한국인으로는 이상묵 서울대학교 교수가 있습니다. 교통사고로 목 이하로 온몸이 마비된 상황에서도 계속해서 많은 연구와 활동을 하는 분입니다. 또한 가발공장 여직공으로 시작해서 하버드대학교에서 박사학위를 받고 미국 육군 중령까지 지낸 서진규 소장도 있습니다.

지금까지 제가 수집한 지구 시민은 600명이 넘습니다. 이들 지구 시민들의 공통된 특징은 무엇일까요? 그들은 어떤 상황에서도 희망을 가졌다는 점입니다. 아무리 어렵고 힘든 상황이라도 희망을 잃지 않았는데, 희망과 회복탄력성 사이에는 높은 상관관계가 있다는 것이 연구를 통해 밝혀졌습니다.

희망은 목표의식과 인내심을 갖게 합니다. 희망은 부정적인 단서보다 긍정적인 단서에 주목하게 합니다. 희망은 우리가 좀더 멀리, 더 넓게 볼 수 있도록 인지적으로나 정서적으로 유연성을 갖게 합니다. 희망은 믿음에서

옵니다. 회복탄력성은 이 같은 목표의식, 인내심, 긍정성, 유연성, 믿음 등이 어우러질 때 쌓일 수 있습니다.

회복탄력성이 높은 사람은 어려움을 겪지 않은 사람들이 아닙니다. 오히려 남보다 더 큰 어려움을 겪은 경우가 많습니다. 하지만 그들은 어려움을 실망, 절망, 원망으로 대하지 않았습니다. 어려움 속에서도 잘될 거라는 믿음과 용기, 유연성을 잃지 않았습니다.

지금 나의 회복탄력성은?

그렇다면 현재 나의 회복탄력성은 어느 정도일까요? 간단히 자가진단을 해볼 수 있습니다. 아래 열 가지 내용에 대해 '그렇다'나 '아니다'로 대답해보세요. 그리고 아래 열 가지 항목 중 '그렇다'에 표시한 항목의 개수를 세어보세요.

	질문	그렇다	아니다
1	나는 힘들 때 믿고 의지할 사람이 단 한 명이라도 있다.		
2	나는 나를 믿는다.		
3	나는 스스로 생활을 잘 계획하고 실천한다.		
4	나는 한 해 목표, 한 달 목표, 일주일 목표 등 하려고 했던 일을 대부분 이룬다.		
5	나는 일주일에 3일 이상, 한 번에 30분 이상 규칙적으로 운동을 한다.		
6	나는 술을 전혀 안 마시거나 마시더라도 취하지 않을 정도로만 마신다.		
7	내 삶은 의미와 가치가 있다.		
8	위급한 상황에서 사람들은 내 말을 믿고 따른다.		
9	나에게는 흥미로운 일들이 많다.		
10	나는 잘 웃고 표정이 밝은 편이다.		

- 0~2개 : 현재 회복탄력성이 매우 낮은 상태입니다. 건강에 이상이 있을 정도로 우울하거나 스트레스가 높을 수 있습니다.
- 3~5개 : 현재 회복탄력성은 낮습니다. 자신감 증진과 스트레스 관리가 필요합니다.
- 6~8개 : 회복탄력성이 좋은 편입니다. 좀더 증진하면 훨씬 더 큰 행복감과 자기효능감을 느낄 수 있을 것입니다.
- 9~10개 : 회복탄력성이 매우 높습니다. 스프링처럼 유연성과 탄력성이 있고, 자신뿐 아니라 주변 사람들에게도 긍정적인 에너지를 나눠줄 수 있는 상태입니다.

현재는 회복탄력성이 낮더라도 앞에서 말씀드렸듯이 누구나 방법을 배워서 꾸준히 실천하면 얼마든지 근육처럼 키울 수 있습니다.

회복탄력성을 키우면 예전에는 화가 나고 짜증이 나던 상황이나 압도감을 느끼던 일도 그 정도가 덜 심각하게 느껴지거나 심적 부담도 훨씬 가볍게 느껴집니다. 마치 근육이 약한 사람이 갑자기 20킬로그램 무게의 짐을 들려면 힘들지만 점차 근력을 쌓다 보면 거뜬히 들 수 있는 것과 같은 이치입니다.

또한 회복탄력성은 늘었다 줄었다 합니다. 고정되어 있는 것이 아닙니다. 큰 심리적 충격을 받거나 관계에서 어려움을 겪으면 회복탄력성이 위축됩니다. 극단적인 경우 회복탄력성이 거의 바닥났을 때는 스스로 목숨을 끊기도 합니다. 그렇지 않고 살아만 있어도 회복탄력성은 얼마든지 키울 수 있습니다.

심리학자인 조앤 보리센코(Joan Borysenko)는 『회복탄력성이 높은 사람들의 비밀』에서 회복탄력성을 높일 수 있는 방법을 제안합니다.

1. 과거를 바꾸려고 애쓰지 마라.

2. 회복탄력적 사고를 하라. (회복탄력성의 세 가지 비밀)

　　— 현실을 직시하고 수용하라.

　　— 현재 상황에서 긍정적인 의미를 발견하라.

　　— 가능한 한 모든 수단을 강구해 해결책을 찾으라.

3. 다음과 같은 피해의식을 즉시 버려라. (용서의 힘)

　　— 사건을 개인적 문제로 받아들이는 것

　　— 문제를 확대 일반화하는 것

　　— 문제가 영구적일 거라 믿는 것

4. 규칙적으로 운동하라.

5. 앉아만 있지 말고 무언가를 하라.

6. 무작정 하지만 말고 앉으라. (명상)

7. 인생에 적극적으로 뛰어들라.

8. 흐름을 전환하라.

9. 하루를 마무리할 때 고마워해야 할 새로운 일을 한 가지씩 생각해 보라.

10. 친구와 소통하라.

　이 가운데 많은 돈과 시간이 드는 것은 거의 없습니다. 마음과 실천이 필요합니다. 강한 믿음을 갖고 꾸준히 실천한다면 근육을 키우듯이 회복탄력성도 키울 수 있습니다.

2장 회복탄력성의 방해물, 우리 몸과 마음을 탈진시키는 스트레스

스트레스는 어떤 사건이나 상황이 아니라 외부의 상황이나 사건으로 촉발된 감정적 불편함입니다. 스트레스와 감정은 매우 직접적인 상관관계가 있고, 특히 불안, 짜증, 분노, 무기력, 우울 등의 감정은 스트레스와 직결됩니다.

"아아, 스트레스 받아!" "요즘 스트레스가 너무 심해."

흔히 이런 말을 하지 않습니까? 스트레스라는 단어는 친숙한 용어이지만, 막상 '스트레스는 이것이다'라고 한마디로 정의하기는 쉽지 않습니다. 미국스트레스학회(American Institute of Stress)에서도 스트레스를 한마디로 정의할 수는 없다고 했습니다.

하지만 일반적으로 다음과 같은 상황이나 상태를 스트레스라고 봅니다. 무언가 강한 요구를 당할 때의 심신 반응, 너무 많은 일을 짧은 시간 안에 해야 할 때의 쫓기는 기분, 극심한 압박감, 감정적으로 불편하고 심신의 조율이 헝클어져서 분노, 짜증, 좌절, 불안, 무기력, 절망 등을 느끼는 상태를 가리킵니다.

어떤 사람들은 스트레스를 받아야 일이 잘된다고 합니다. 과연 그럴까요? 연구에 의하면 단기간의 적절한 스트레스는 업무 수행력을 높일 수 있습니다. 하지만 스트레스가 장기적, 만성적이 될 때는 업무 속도가 느려지고 업무 수행력이 떨어집니다. 만사가 귀찮고, 짜증과 분노가 쉽게 촉발되고, 사람들과의 관계도 나빠집니다. 결국 신체적·정신적·감정적 고갈,

붕괴, 또는 탈진 상태에 빠지기 쉽습니다.

가끔 인기 절정인 연예인들이 어느 날 뜻밖의 행동이나 음주운전 같은 일탈 행위를 하는 경우가 있습니다. 대개 과도한 스트레스 속에서 적절한 휴식이나 재충전 없이 무리한 일정에 쫓기다가 탈진 상태에 빠지거나 감정적 붕괴 상태에 이른 것이 원인일 때가 많습니다. 물론 다른 원인도 있을 수 있지만요. 유명인뿐 아니라 우리 주변에서도 이와 비슷한 예를 볼 수 있습니다.

학생들도 만성적인 스트레스에 시달립니다. 그런 학생들과 하루를 보내는 교사들도 마찬가지로 만성적인 스트레스와 만성피로증후군을 호소합니다. 휴일이나 방학에 쉬어도 피로가 풀리지 않고, 기억력과 집중력이 저하되고, 근육과 관절 통증이 생기고, 이유 없는 두통에 시달리기도 합니다.

스트레스는 우리 몸과 마음에 뭔가가 잘못되어 있음을 알려주는 이상 신호입니다. 하지만 무조건 나쁜 것은 아닙니다. 그런 문제가 있다는 걸 모른다면 오히려 더 큰 위험에 이를 수 있기 때문입니다.

☀ 신체와 감정을 위협하는 스트레스

미국에서 이루어진 한 연구에서는 참가자의 50퍼센트가 지난 5년 동안 스트레스가 증가했다고 답했다고 합니다. 그리고 75~90퍼센트 정도의 사람들이 스트레스와 관련된 일로 병원에 간 적이 있다고 합니다. 실제로 미국에서는 의료비의 80퍼센트가 스트레스와 관련된 질병에 지출됩니다.

일반적으로 고혈압, 당뇨병, 류머티즘 등은 스트레스와 직접 관련 있는 질병이라고 생각하지 않지요? 그런데 미국 보건원 연구에 따르면 그런 질환들도 대부분 스트레스와 관련이 있다고 합니다. 아토피성 피부염과 알레르기도 스트레스와 관련이 있습니다.

미국 캘리포니아대학교 샌프란시스코캠퍼스(UCSF)의 헨리 칸(Henry Kahn) 박사는 두통, 어지럼증, 무기력, 불면, 섭식장애, 집중력 저하 등이 스트레스와 관련되는 경우가 많은데, 그런 사실을 잘 모를 때가 많다고 지적했습니다.

최근 한국에서도 영유아들의 아토피성 피부염 증가, 알레르기 반응 증가 등이 뉴스에 자주 보도됩니다. 교사들도 주의력결핍 과잉행동장애(ADHD)를 보이는 학생들이 점점 늘고 있다고 걱정입니다.

왜 그럴까요? 지난 30년 동안 경제 성장으로 물질적인 풍요를 누리고 자녀 수 및 학생 수가 감소하면서 한 아이가 받는 관심은 그만큼 늘었을 것입니다. 하지만 이런 문제들이 증가하는 이유는 아이, 부모, 교사 모두의 스트레스가 복합된 결과인 듯합니다.

알버트 아인슈타인 의과대학의 연구에 따르면, 과도하고 지속적인 스트레스는 신체 에너지를 고갈시킬 뿐 아니라 정서적인 에너지의 고갈도 유발합니다. 과도하고 지속적인 스트레스를 받으면 평소 피아노 연주, 화초 키우기, 등산, 여행 등 좋아하던 활동에 대해서도 흥미를 잃게 됩니다. 에너지가 저하되고 고갈되었기 때문입니다. 아무것도 하기 싫고 할 수 없게 됩니다.

하트매스 연구소의 롤린 맥크레이티(Rollin McCraty) 박사는 스트레스의 핵심을 '감정적 불편함'이라고 말합니다. 스트레스는 어떤 사건이나 상황이 아니라 외부의 상황이나 사건으로 촉발된 감정적 불편함입니다. 스트레스와 감정은 매우 직접적인 상관관계가 있고, 특히 불안, 짜증, 분노, 무기력, 우울 등의 감정은 스트레스와 직결된다는 것입니다. 그래서 스트레스 과부하와 탈진 상태에 빠지면 쉽게 화를 냅니다. 남을 속단하고, 비판하고, 탓합니다. 또한 이런 감정들은 우리의 내적 에너지를 급속히 고갈시킵니다.

얼마 전에 저희 부부가 굉장히 많은 일을 동시에 하던 때가 있었습니다. 저는 어느 정도 스트레스 관리를 하고 있었는데, 남편은 과부하가 걸렸던 모양입니다. 어느 날 밤 1시쯤 잠을 자려고 누웠는데, 마당에서 강아지가 짖기 시작했습니다. 저는 누가 지나가는 모양이라고 대수롭지 않게 생각했습니다.

그런데 남편은 화를 내면서 강아지를 야단쳤습니다. "너 놀고 싶어서 지금 우리 깨우는 거지?"라면서요. 속단을 한 겁니다. 이어서 "왜 쓸 데 없이 짖어대는 거야?"라고 비판을 하고는 "너 때문에 내가 잠을 못 자잖아!" 하면서 탓을 했습니다. 이처럼 평소 강아지를 예뻐하고 잘 놀아주던 사람도 스트레스 상태에서는 인내심, 아량, 친절, 여유, 유머, 미소 등이 줄어듭니다.

교사의 예를 들어볼까요? 스트레스가 심해서 마음에 여유가 없을 때는 학생이 지각해서 조용히 교실에 들어오면 화가 벌컥 납니다. '자기가 뭔데 이제 와?' '학교가 놀이터야?' '들어오면서 인사라도 해야지 왜 인사를 안 해?' 이런 식으로 속단하며 비판하기 쉽습니다.

스트레스를 받을 때는 자신의 감정을 알아차리는 것이 중요합니다. 부정적 감정은 뭔가 잘못되었음을 알려주는 몸의 이상 신호이기 때문입니다. 신체와 감정의 이상 신호를 알아차리지 못하거나 계속 무시하면 긴장, 짜증, 걱정이 고조되고, 분노, 불안, 초조, 좌절감으로 증폭되면서 회오리바람처럼 부정적인 에너지가 점점 커집니다.

결국 감정을 알아차리지 못하면, 그리고 그 감정과 스트레스를 해소하지 못하면 과부하와 탈진 상태에 빠지고 맙니다.

스트레스가 만성화되면?

매사추세츠대학교 줄리아 모스(Julia Moss) 박사는 만성적인 스트레스 증상으로 낮은 에너지, 면역력 약화, 두통, 위장병, 감정적 소진, 사회적 고립 등을 들었습니다. 특히 몇 가지 스트레스를 동시에 지속적으로 받을 때 그런 증상은 더 심해진다고 합니다.

스트레스가 만성화되면 어떤 일이 벌어질까요? 심신의 균형과 조화가 깨집니다. 기억력과 집중력, 창의력이 저하되는 등 두뇌의 명료성이 떨어집니다. 이유 없는 통증이 생기거나 감각이 둔해집니다. 자꾸 화가 나거나 짜증이 나는 등 부정적 감정과 태도가 증가합니다. 자연히 인간관계가 망가집니다. 반복적이고 강박적인 생각을 하게 됩니다.

높은 스트레스 상태에서는 긴장을 이완하거나 휴식을 취하기 어렵고, 수면장애가 일어날 수 있습니다. 그 이유는 스트레스를 받으면 대표적 스트레스 호르몬인 코르티솔이 나오는데, 그로 인해 우리 몸의 각성 상태가 높아지기 때문입니다. 그러면 밤에도 잠들기가 어려워 휴식과 이완을 제대로 하지 못합니다.

정상적인 상태라면 아침에 일어났을 때 코르티솔이 분비됩니다. 그러면 일어나서 씻고 준비하고 하루를 시작할 수 있는 에너지가 생깁니다. 그런데 낮 동안 너무 신경을 쓰거나, 흥분하거나, 걱정하게 되면 낮 동안 축적된 스트레스 호르몬이 혈류에 계속 남아 있어서 밤에도 흥분 에너지가 가라앉지 않아서 잠을 잘 못 자는 것입니다.

만성적 스트레스를 받다 보면 자기 자신과도 괴리감을 느낄 수 있습니다. 내가 나 같지 않은 느낌이 들 수 있지요. 물론 타인과의 유대감도 잃고 고립됩니다. 외상후스트레스증후군을 앓을 때 그런 경험을 많이 합니다.

심할 때는 '해리 증상(dissociation symptom)'처럼 자기가 자기가 아닌 것 같고, 세상과 단절된 느낌이 들며, 뭘 먹어도 맛이 느껴지지 않고 무감각해집니다.

성폭행의 충격으로 외상후스트레스증후군이 심했던 학생을 상담한 적이 있습니다. 그 학생은 사건 다음 날 학교에 갔는데, 학생들과 학교는 어제와 똑같았지만 하루 사이에 자기만 다른 사람이 된 것 같았다고 하더군요. 자신이 아니고 남인 것 같고, 어제까지 친구였던 학생들이 이제는 나와 다른 세상에 살고 있는 것 같은 느낌이 들었다고 합니다.

한 가지 스트레스를 받았다고 해서 탈진 상태에 빠지거나 감정적 고립 상태가 되거나 면역력이 낮아지지는 않습니다. 대개 몇 가지 스트레스를 동시에 받을 때 그런 심한 증상을 보입니다. 비유를 들자면, 한쪽 다리만 다치면 쉽지 않더라도 어떻게든 걸을 수는 있습니다. 그러나 성한 다리마저 다치면 걷지 못하게 됩니다.

학생들이 자살이라는 극단적 선택을 할 경우에도 왕따를 당하거나 성적이 떨어지는 것 등 한 가지가 이유인 경우는 드뭅니다. 대개는 부모님의 불화나 친구들의 배반, 학교 성적 저하로 인한 스트레스가 겹칠 때처럼 몇 가지가 복합된 경우 그런 극단적인 선택을 합니다.

신체와 감정의 이상 신호를 계속 무시하면 스트레스 자극에 무감각하게 되어 위험한 상황을 정상으로 여기게 되기도 합니다. 이것은 정말 위험합니다. 우리나라는 특히 '빨리빨리'를 외치며 앞만 보고 나아가기 바빠서 모두가 비슷한 스트레스 상황에 처해 있습니다. 누구나 스트레스를 받으니 그 상태가 정상처럼 느껴집니다. 그래서 더 위험할 수 있습니다.

저는 미국에서 26년을 살다가 한국에 돌아왔습니다. 처음 한국에 돌아왔을 때는 어떻게 해야 좋을지 알 수 없었습니다. 미국에서는 시속 60~80킬로미터로 달렸다면, 우리나라에서는 시속 120킬로미터로 달리는 느낌입니다.

미국이 스트레스가 많다고 해도 한국에 비하면 상대적으로 덜 한 것 같습니다. 미국인들은 비교적 시간적 여유도 많습니다. 24시간 영업을 하는 상점 몇 군데만 빼놓고는 저녁 6시면 거의 문을 닫지요. 그리고 집에 가서 가족들과 시간을 보냅니다.

반면에 우리는 작은 상점이나 음식점도 거의 밤 11시~12시까지 영업을 합니다. 처음 우리나라에 돌아왔을 때는 '저 집 가족들은 어떻게 사나? 이 늦은 시간까지 부모들이 일하고 있으면 아이들은 어떻게 하나?' 이런 의문이 들었습니다.

그리고 미국에서는 식사 시간인 오후 6시~8시 사이에 전화하는 것은 큰 실례입니다. 특히 주말에는 그 시간을 빼앗는 것을 일반적으로 사생활 침해라고 여깁니다. 그러나 우리나라에서는 그런 일들이 대수롭지 않게 일어나지요.

저 역시 한국에 돌아온 지 9년이 넘으면서 우리나라의 속도가 정상처럼 느껴집니다. 이것은 고속도로에서 다른 차들이 속도를 내면 과속인줄 알면서도 덩달아 빨리 달리게 되는 것과 비슷합니다. 대형 사고나 연쇄 사고가 일어날 수 있는 굉장히 위험한 상황이지요.

스트레스에 대한 여러 반응

싸우거나 도망가거나

공격을 당하거나 위협을 당할 때처럼 강한 스트레스를 받는 순간에는 살아야겠다는 생존 본능이 우리를 지배합니다. 그럴 때 우리 뇌에서는 '파충류의 뇌'라 불리는 원초적인 뇌 부위로 혈류가 몰려갑니다.

그래서 고도의 사고를 할 수 있는 전두엽이 기능을 잘할 수 없게 됩니다. 그리고 상대에 맞서 공격하거나 도피하는 반응을 보이게 됩니다. 이러한 반응은 우리가 스트레스를 받을 때와 동일합니다.

하지만 스트레스를 받을 때 공격이나 도피 반응을 보이는 게 반드시 나쁜 것은 아닙니다. 곰이나 호랑이나 늑대 등 맹수를 만났을 때, 적으로부터 기습 공격을 당했을 때, 배우고 훈련받지 않았더라도 자동적으로 심장이 빠르게 뛰고 근육에 힘이 들어가며 공격과 도피의 반응이 나오는 것은 매우 효과적입니다. 그래야 살아남을 수 있으니까요.

실제로 인류 전체 역사의 99퍼센트 정도를 우리는 맞서 싸우는 반응이나 도망치는 반응 중 하나로 생존해 왔습니다. 그래서 그 두 가지 반응이 우리 몸 안에 내재되었습니다. 하지만 산업 사회와 정보 사회는 인류 역사상 아주 최근에 해당되기 때문에 우리 몸은 아직 거기에 맞춰 진화하지 못했습니다.

그렇기에 싸우거나 도망가는 반응이 옛날에는 도움이 됐지만 현대 사회에서는 큰 도움이 되지 못하는 경우가 많습니다. 그런데도 계속 두 가지 반응이 작동을 하죠. 사소하고 일상적인 사건들에도 이런 스트레스 반응이 나올 수 있는 것입니다.

교사의 경우 말썽을 부리는 학생을 대할 때 스트레스를 받으면 비록 머리로는 아니더라도 몸에서는 거의 자동적, 반사적으로 마치 늑대, 호랑이, 곰 또는 적군을 만날 때와 비슷한 반응이 나옵니다. 때로는 가족이나 동료의 무심한 말투나 출퇴근 때의 교통 체증, 나쁜 날씨처럼 사소한 일에도 신체적으로 공격이나 도피 반응이 나올 수 있습니다.

공격 또는 도피 반응이 일어나면 자동적으로 몸 안에서 호르몬, 신경전

달물질, 신진대사의 변화 등 1,400여 가지의 생화학적 반응이 연쇄적으로 일어나고, 에너지가 과도하게 유출되어 금방 지치거나 우울해집니다. 기분이 저조해지고 에너지를 아껴야 하니까 만사가 귀찮아집니다. 밖에 나가서 활동하고 싶은 마음도 들지 않습니다.

문제는, 그런 상황이 이미 지나갔음에도 그 일을 떠올릴 때마다 부정적인 감정이 되살아난다는 사실입니다. 교사의 경우 학생이나 학부모가 부당하게 전화를 해서 항의한 일이 있다면 그 일을 다시 떠올릴 때마다 감정적 스트레스가 살아나고 그와 관련한 신경체계와 생화학적 과정이 재활성화되면서 악순환이 반복됩니다.

얼어붙기

스트레스를 받을 때 싸우거나 도망가는 반응 외에 한 가지 반응이 더 있습니다. '동결' 즉 얼어붙는 반응입니다.

동결 반응이 오면 머릿속이 멍해지고 아무것도 떠오르지 않습니다. 어떤 행동을 하거나 결정을 내리지 못하고, 심할 때는 감정적 마비 현상도 일어납니다. 아무것도 느껴지지 않습니다. 고양이 앞의 쥐처럼 '이제는 죽었구나' 하고 가만히 있는 겁니다.

그럴 때 계속해서 공포를 느낀다면 몸의 에너지가 더 빠져나가기 때문에 마비되고 마는 것입니다.

혹은 기절하기도 하고, 때로는 통증이나 고통, 위협으로부터 스스로를 분리해서 자기 몸은 여기 있는데 마음은 다른 곳을 돌아다니고 있는 것처럼 느껴지는 해리 현상이 일어나기도 합니다.

얼마 전에 〈동물농장〉이라는 프로그램에 무척 사나운 진돗개가 나온 적이 있습니다. 다른 강아지를 잡아먹기까지 해서 '문제견'으로 지목되었습니다.

그런데 막상 사람들이 잡으러 가자 그 개는 꼼짝도 못하고 있었습니다. 얼어붙은 것처럼요. 동결 반응을 보인 것인데, 이는 엄청난 스트레스를 받고 있다는 증거였습니다.

알고 보니 그 개는 투견으로 훈련을 받으면서 심하게 학대를 당했습니다. 그래서 사람을 보면 물거나 짖거나 도망가지 못하고 꼼짝 못했습니다. 가만히 있어야 고통을 덜 당한다는 사실을 학습한 것입니다.

호랑이 같은 맹수가 자신을 덮칠 것 같으면 사슴은 처음에는 도망을 갑니다. 죽을힘을 다해서 도망가다가 어느 순간 가만히 있습니다. 움직이지 않으면 맹수가 못 보고 지나칠 수도 있고, 죽은 척을 하면 맹수가 죽은 줄 알고 잡아먹지 않을 수도 있어 진화적으로 그런 반응이 나오는가 봅니다.

특히 동결 반응은 여자들에게 많다고 합니다. 지속적인 학대나 가정 폭력에 시달리는 여성들의 경우, 저항하지 못하고 가만히 있는 사람들이 많습니다. 아무 생각도 나지 않고 몸이 무감각한 상태가 되는 것입니다. 전형적인 동결 반응이죠.

또한 회피 반응은 부정적으로 나타나는 경우가 있습니다. 감당하기 어려운 일에 짓눌릴 때 게임에 빠지거나, 술에 빠지거나, 24시간이 넘도록 잠만 자거나, 폭식을 하거나, 과도하게 쇼핑을 하는 등의 행동으로 감정적 고통을 피하려 하는 것입니다.

이처럼 파괴적이거나 부정적인 방법으로 두려움에서 도피하고 잊으려고 한 적은 없는지 생각해 보시기 바랍니다. 이렇게 현실을 정면 돌파하지 않고 회피하거나 방치하면 결국 자신과 상황을 더 나쁜 쪽으로 흘러가게 하거나 망가지게 놔두는 것입니다.

상황을 알아차리고 선택할 수 있는 제4의 반응

스트레스에 대한 세 가지 반응, 즉 싸우거나, 도망가거나, 얼어붙는 반응은 우리 인간의 두뇌 회로와 신체 반응의 하드웨어에 내장되어 있습니다. 배우지 않아도 자동적으로 본능적으로 나오는 반응입니다.

이 세 반응 외에 다른 반응은 없을까요? 다른 동물에 비하여 전두엽이 고도로 발달한 인간은 학습을 통하여 다른 반응을 선택할 수 있습니다. 물론 본능적인 반응이 우리 안에 내재되어 있다 하더라도 우리는 후천적으로 다른 방법을 배울 수 있습니다. 차분하고 명료하게 대화할 수도 있고, 직면할 수도 있고, 창의적이고 생산적인 여러 가지 방법을 찾을 수 있습니다.

예를 들어, 삼국지에서 관우는 독화살을 맞은 상처가 무척 아팠지만 화타가 마취도 없이 수술을 해줄 때 고통에서 도망가거나 싸우지 않고 장기를 두면서 평정심을 유지했지요.

스트레스 상황에서 평정심을 유지하는 것은 좀더 차분하고 지혜롭게 반응할 수 있는 권한을 스스로에게 부여하는 것입니다. 누구나 배우면 할 수 있습니다.

그러려면 감정적인 알아차림, 신체적인 알아차림이 앞서야 합니다. 그리고 가능한 대처 방법들을 미리 배워두었다가 가장 적절한 방법을 선택하면 됩니다. 그 방법들은 이후 장에서 소개하도록 하겠습니다.

스트레스 관리가 중요한 이유

원시시대에 인간이 맹수에게 쫓길 때는 죽을힘을 다해서 도망을 가든지, 싸우든지 둘 중 하나로 반응해야 했습니다. 그래서 스트레스 호르몬과 흥분 호르몬이 굉장히 빠르게 분비되고, 심장이 빨리 뛰면서 피가 근육으로 모여서 도망가기 쉽도록 만들어주었습니다.

그런데 사람이 평생 호랑이에게 몇 번이나 쫓겨봤을까요? 많아야 1년에 한두 번이었을 것입니다. 그렇게 짧게 위급한 상황에서는 스트레스 반응이 도움이 됐을 것입니다.

한편, 현대인들이 쫓기는 상황은 대학 입시나 입사 시험, 프로젝트 마감 기한, 영업 실적 같은 것들입니다. 우리 몸은 이런 일들에 원시시대에 맹수에게 쫓길 때와 동일한 스트레스 반응을 보입니다.

또한 그보다 더 작은 스트레스에도 우리 몸은 똑같이 반응합니다. 누가 옆에서 거슬리는 소리를 내며 껌을 씹는다든지, 휴대전화를 반복적으로 작동한다든지 하는 작은 스트레스에도 우리 몸은 스트레스 반응을 보이지요. 이런 현상들이 누적되면 자기도 모르는 사이에 상당히 많은 에너지가 고갈됩니다.

이처럼 큰 스트레스만이 아니라 작은 스트레스에도 우리 몸은 자동적·만성적·습관적으로 스트레스 반응을 보일 수 있고, 그때마다 에너지를 빼앗긴다는 사실을 알아차리는 것이 중요합니다.

스트레스에 대한 감정적 반응은 습관화될 수 있습니다. 충동적이고, 미성숙하고, 무질서한 반응이 습관적·자동적으로 나올 수 있습니다.

아이들은 스트레스를 받으면 떼를 씁니다. 소리를 지르고, 엉엉 울고, 바닥에서 구르고, 누구를 때리거나 물건을 던지는 등의 행동을 막무가내로 해도 이해할 수 있습니다. 문제는 성인이 되어서도 그렇게 충동적이고 미성숙한 반응을 습관적이고 자동적으로 보일 수 있다는 것입니다.

쉽게 화를 내는 태도, 지속적 불안과 걱정, 극적인 반응과 언행, 냉담하고 무감각한 태도, 쉽게 좌절하는 태도, 만성적 우울 등은 자기도 모르게 어려서부터 형성된 스트레스 반응일 수 있습니다. 스트레스를 많이 받으면 자신은 어떤 반응을 보이는지 생각해 보세요.

어떤 사람들은 습관적인 스트레스 반응을 보인 후 손쉽고 빠르게 스트레스를 낮추려고 폭음, 폭식, 장시간의 무분별한 게임, 결근 등을 하는 경우도 있습니다. 하지만 그런 반응은 오히려 스트레스를 누적·증폭시키지요. 따라서 스트레스에 대응하는 습관을 바꿀 필요가 있습니다.

스트레스를 성숙하고 안전한 방법으로 표출하고 해소하는 방법은 배울 수 있습니다. 스트레스 상황을 알아차리고 곧바로 스트레스를 중화하는 방법을 실행하는 것이 무엇보다도 도움이 됩니다.

저희 부부가 운영하는 HD행복연구소에서 진행하는 감정코칭 전문가 훈련 과정이 있습니다. 그 과정은 5개월 단위로 진행되는데, 수업 중에 스트레스 관리의 일환으로 '행복 일기' 쓰는 것을 과제로 내줍니다. 열심히 행복 일기를 쓰는 수강생들은 올 때마다 점점 예뻐지는 게 보입니다. 피부도 고와지고 좀더 젊어 보이고, 허리와 어깨가 펴져서 키가 커 보일 뿐 아니라 자신감도 있어 보이는 경우를 자주 봅니다.

하트매스 연구소에 의하면 스트레스를 관리하면 건강, 미용, 수명뿐 아니라 업무 성과, 판단력, 인간관계, 문제 해결 등에 큰 도움이 된다고 합니다. 스트레스를 낮추고 긍정성을 높이면 DHEA(Dehydroepiandrosterone 또는 didehydroepiandrosterone)라는 활력 호르몬이 증가하기 때문입니다.

롤린 맥크레이티 박사에 따르면 DHEA는 피부를 곱고 탄력 있게 해주며, 덜 피곤하게, 더 활동적으로 생활하게 해 줍니다. 또한 스트레스 호르몬이 뼈의 무기질 흡수를 방해하고 골다공증을 생기게 하는 것과 대조적으로 DHEA 호르몬은 근육량을 증가시키고 골다공증을 막아주며 인지적인 유연성과 창의력, 문제 해결력을 키워주고 의사소통을 원활하게 해준다고 합니다.

스트레스를 받다 보면 똑똑한 사람도 어리석은 행동을 하게 됩니다. 워크숍에 참석한 어떤 분이 이러더군요.

"저는 부부싸움을 할 때, 나중에 이성적으로 생각해 보면 이해가 안 가는 행동을 합니다. 억지를 쓰면서 우기고, 상대의 말을 듣지 않으려 하고, 소리를 지르는 등 이상한 행동을 합니다."

이분은 자기 성찰이 뛰어난 분입니다. 보통은 그런 행동을 자신이 아니라 상대방이 한다고 생각하지요.

부부싸움은 스트레스가 심한 상황입니다. 부부치료의 대가인 존 가트맨(John Gottman) 박사는 처음에 부부싸움을 말 그대로 싸움(fight)이라고 부르다가 점차 갈등(conflict)이라고 불렀고, 요즘은 싸움도 갈등도 아닌 '후회할 만한 사건(regretable incidence)'이라고 부릅니다. 스트레스를 받아서 후회할 만한 말이나 행동을 한다는 것이죠.

그래서 가트맨 부부치료 방식에서도 스트레스 조절을 굉장히 중요하게 여깁니다. 자신이 스트레스를 받고 있다는 것을 알아차리고, 빨리 적절하게 대처해서 후회할 만한 사건을 덜 일으키고, 일으켰다 하더라도 빨리 화해 시도를 해서 회복할 수 있도록 하라는 것입니다.

스트레스로 인해 부작용이 생기는 것을 막으려면 스트레스를 간과하거나 억압하거나 누적시키지 말고 그때그때 곧바로 대처해야 합니다. 스트레스가 누적되면 점점 더 부적절하거나 비합리적인 방법으로 반응하게 될 가능성이 높아지기 때문입니다.

☀ 스트레스와 회복탄력성의 관계

스트레스와 회복탄력성과 업무 수행의 관계를 나타내는 그래프(2-1)를 보면, 초기에는 스트레스가 높아질수록 업무 수행 능력(이 그래프에서는 도전의 정도와 노력)도 높아집니다.

이 그래프에서 실선은 보통 사람의 업무 수행 능력을 나타냅니다. 대개 20일 정도까지는 능력이 증가하다가 20일 이후부터는 완만히 감소하고 30일 이후부터는 급격히 감소합니다.

점선은 회복탄력성 훈련을 받은 사람의 업무 수행 능력의 변화 과정입니다. 첫 열흘 동안은 실선과 비슷하게 향상됩니다. 10일 이후부터 30일까지 최고의 업무 수행 능력을 보이고, 30일 이후부터 완만하게 감소합니다.

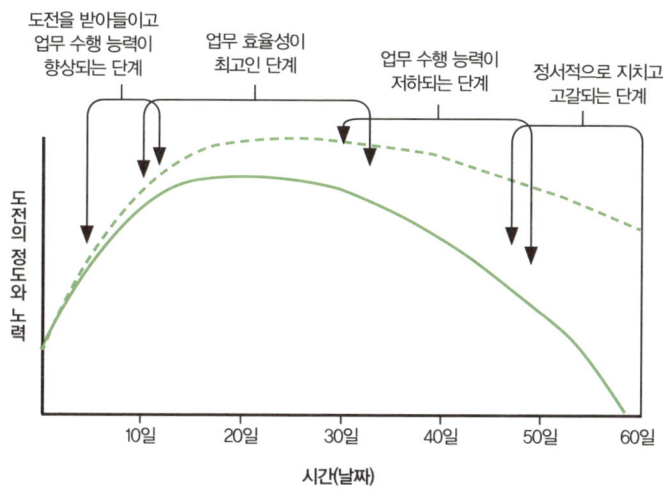

출처 : Personal Resilience Mentoring Guide, 2014

2-1 스트레스와 회복탄력성과 업무 수행의 관계

즉, 시일이 지날수록 회복탄력성이 높은 사람과 낮은 사람의 격차가 벌어집니다. 달리기에 비유해서 말하자면, 단거리에서는 별 차이가 없다가 중장거리나 마라톤으로 가면 회복탄력성이 있는 사람과 없는 사람의 격차가 계속 벌어지는 것입니다.

둘의 차이는 스트레스 처리 능력입니다. 회복탄력성이 낮은 사람은 지속적인 스트레스로 탈진 상태에 쉽게 빠지고, 감정적으로도 고갈되며, 면역성이 저하되기 때문에 질병에도 잘 걸립니다.

반대로 회복탄력성이 높으면 지속적인 스트레스를 어느 정도는 잘 감당할 수 있습니다. 도전적 상황에서도 체력적·감정적·인지적으로 좀더 빨리 회복되기에 계속 스트레스에 머물면서 신체와 관계가 망가지는 것으로부터 벗어날 수 있습니다.

여기서 한 가지 유의할 점이 있습니다. 회복탄력성이 높다는 것은 스트레스나 역경을 겪지 않는다는 뜻이 아닙니다. 그런 상황에서도 무너지지 않고 문제를 잘 다루고 처리할 수 있는 잠재력을 많이 보유하고 있다는 뜻입니다.

물론 회복탄력성이 높은 사람도 고강도의 스트레스를 오랜 기간 받으면 악영향을 받을 수 있습니다. 그래서 휴식과 재충전이 필요합니다. 용량이 큰 배터리가 용량이 작은 배터리보다 수명이 길더라도 영구적일 수는 없는 것과 비슷합니다.

요즘은 주말이나 휴가, 방학에도 쉬지 못하는 경우가 적지 않습니다. 자신은 어떻게 휴식을 취하는지, 얼마나 자주, 얼마나 오래 휴식하는지, 휴식의 질은 어떤지 등을 생각해 볼 필요가 있습니다.

작은 불편함에도 쉽게 짜증이 나고, 참을성이 줄며, 화가 나거나, 소리를 지르거나, 울거나, 물건을 던지거나 한다면 회복탄력성이 고갈되었다는 증거로 볼 수 있습니다. 회복탄력성의 용량을 키우고 재충전하면 좀더 여유롭고 부드럽고 친절하고 인내심 있게 반응할 수 있습니다.

요즘은 가정뿐 아니라 학교나 회사에서도 인성을 중시하는데, 저는 인성 회복의 가장 확실하고 빠른 방법은 회복탄력성을 키우는 일이라고 믿습니다. 어릴 때부터 읽기, 쓰기, 셈하기 등에 들이는 엄청난 시간과 노력의 일부만이라도 회복탄력성을 키우는 데 들인다면 우리 가정, 학교, 사회가 얼마나 더 살기 좋게 될까요?

스트레스 자가진단

2-2는 제가 HD행복연구소에서 사용하는 스트레스 검사입니다. 초등학교 4학년 이상이면 누구라도 자신의 스트레스 정도를 진단해 볼 수 있는 간단한 검사입니다.

아래 항목 가운데 지난주 동안 단 한 번이라도 체험하신 사항에 동그라미 표를 하십시오.

1	두통	12	쉽게 짜증이 남
2	불안감	13	기운이 없음
3	어지러움	14	죽고 싶은 생각
4	건망증	15	환청
5	성욕감퇴	16	손 떨림
6	공포감	17	남을 믿을 수 없음
7	구토증	18	식욕감퇴
8	열등감	19	가슴에 통증이 느껴짐
9	근육통증	20	자주 운다
10	불면증	21	감정 조절이 안 됨
11	잦은 실수	22	긴장감

23	팔, 다리가 무거움	44	모두가 내 잘못인 것 같은 자책감
24	폭음 또는 폭식	45	허리에 요통을 느낌
25	집중이 안 됨	46	만사가 꽉 막힌 것 같은 느낌
26	일을 천천히 함	47	남들이 내 생각을 다 알고 있는 것 같음
27	일하기가 싫어 미룸	48	남들이 나를 이해 못하는 것 같음
28	머릿속이 멍해짐	49	남들이 나를 싫어하는 것 같음
29	가슴이 두근거림	50	남들이 나를 주시하거나 흉보는 것 같음
30	고독감	51	이미 끝낸 일을 자꾸 확인함(수돗물을 잠궜는지, 전깃불을 껐는지 등을 자꾸 확인)
31	우울증	52	결단을 못 내리고 번민 중
32	걱정 근심	53	기차, 버스, 배, 지하철 타기가 두려움
33	의욕이나 흥미 감퇴	54	가슴이 답답하고 호흡이 곤란함
34	쉽게 감정이 상함	55	몸이 갑자기 차가워지거나 갑자기 뜨거워짐
35	불쾌하거나 걱정되는 생각이 자꾸 반복해서 떠오름	56	몸의 일부가 무감각해짐
36	남을 비난하고 싶은 욕구	57	목 안에 무슨 덩어리가 있는 것 같은 느낌
37	남에게 조종당하고 있다는 느낌	58	앞날에 대한 절망감
38	남이 나를 헐뜯는 것 같은 느낌	59	몸이 쇠약해진 것 같음
39	영화관이나 시장 같이 사람이 많은 곳이나 밖에 나가기가 두려움	60	사람들이 나를 쳐다볼 때 불쾌하거나 불편함
40	이성을 대하기가 거북하고 두렵다	61	누군가를 욕하거나 때리거나 다치게 하고 싶은 충동을 느낌
41	빠져 나올 수 없는 덫에 걸린 느낌	62	새벽에 너무 일찍 잠이 깬다
42	별다른 이유 없이 갑자기 공포감이 엄습함	63	돈을 세거나 설거지 하거나 씻거나 등 같은 동작을 반복한다
43	혼자 외출하기가 두려움	64	깊은 잠을 못 자고 잠을 설친다

2-2 스트레스 검사지

검사지의 64항목(어린이용은 63항목) 가운데 지난주 동안 한 번이라도 경험한 것이 많을수록 스트레스가 높다는 뜻입니다.

10개 이하이면 스트레스가 있어도 어느 정도 스스로 관리를 할 수 있다는 것이고, 15개 이상이면 점점 더 스트레스에 부정적인 영향을 받고 있다는 표시이며, 25개부터는 고위험군으로 분류됩니다.

25개 이상일 경우에는 우울증이나 불안증 같은 다른 동반 증상이 나타날 수 있고, 35개 이상이면 우울증과 불안증이 높아지면서 자살의 위험도 높아집니다.

한국이 OECD 국가 중 자살률이 가장 높고, 특히 청소년의 자살률은 대단히 높다고 합니다. 이를 회복탄력성의 관점에서 보면 스트레스에 대한 인식과 관리 부족으로 인한 신체적·정신적·감정적·영적 회복탄력성의 고갈(파탄)로 설명할 수 있을 것입니다.

3장 자율신경계와 호르몬계의 영향을 받는 회복탄력성

우리가 느끼는 모든 감정은 자율신경계와 호르몬계의 활동에 변화를 일으키고 이에 따라 신체 생리에 중대한 영향을 미칩니다. 부정적인 감정은 약 1,400개의 생체화학적 변화를 연쇄적으로 일으킵니다. 대표적으로 스트레스 호르몬이라 불리는 코르티솔의 분비를 증가시킵니다. 그 결과 회복탄력성을 대폭 감소시키고, 명료한 사고와 효과적인 의사소통을 방해합니다. 반대로 긍정적인 감정들은 우리의 내적 에너지를 충전시켜 줍니다. 그 결과 회복탄력성이 증가합니다. 그러면 정신적·감정적·신체적으로 활기를 되찾습니다.

하트매스 연구소에서는 회복탄력성과 신체 생리와의 관계에 대해 20여 년간 연구해 왔고, 오늘날 의학과 긍정심리학에서는 최적 기능의 신체 생리가 주요 연구 주제입니다. 방대한 연구가 이루어지고 있으나 여기서는 몇 가지 핵심 사항만 다뤄보겠습니다.

우리가 느끼는 모든 감정은 자율신경계와 호르몬계의 활동에 변화를 일으키고 이에 따라 신체 생리에 중대한 영향을 미칩니다.

부정적인 감정은 약 1,400개의 생체화학적 변화를 연쇄적으로 일으킵니다. 대표적으로 스트레스 호르몬이라 불리는 코르티솔의 분비를 증가시킵니다. 그 결과 회복탄력성을 대폭 감소시키고, 명료한 사고와 효과적인 의사소통을 방해합니다. 잠깐 동안의 스트레스 상황에서 우리 몸이 분비한 코르티솔은 수면을 방해할 정도로 오랫동안 몸에 남습니다.

어떤 감정들은 곧바로 알아차릴 수 있지만, 어떤 감정들은 우리가 알아차리지 못하는 중에도 지속적으로 신체, 건강, 업무 수행에 부정적 영향을 끼칩니다. 연구에 의하면 폭발적인 분노나 극적인 충격만이 우리의 내적 에너지를 고갈시키는 것이 아닙니다. 실제로는 조용히, 그러나 지속적으로 느끼는 부정적 감정들이 축적될 때 더 많은 에너지 손실이 발생합니다.

반대로 긍정적인 감정들은 우리의 내적 에너지를 충전시켜 줍니다. 그 결과 회복탄력성이 증가합니다. 그러면 정신적·감정적·신체적으로 활기를 되찾습니다.

긍정적 감정들 또한 약 1,400개의 생체화학적 변화를 연쇄적으로 일으킵니다. 특히 이때 분비되는 안정/활력 호르몬인 DHEA는 재생, 면역력 증가, 호르몬의 균형과 생명력 등을 증진하는 것으로 알려져 있습니다.

회복탄력성에서는 두뇌-심장-감정이 굉장히 밀접한 영향을 주고받습니다. 감정은 심박변동률에 직접적이고 즉각적인 영향을 미치고, 두뇌는 심박변동률을 비롯한 심장의 신호에 따라 대뇌피질이 촉진되거나 억제되는 영향을 받습니다.

예를 하나 들어볼까요? 교실에서 잘못을 지적당한 학생이 난동을 부리는 경우가 있습니다. 그럴 때 교사는 분노를 느끼겠지만 동시에 두려움도 느낄 수 있습니다. 극단적인 경우 학생은 교사에게 폭행을 휘두를 수도 있고, 소리를 지르거나 욕설을 하는 경우도 있기 때문이지요.

그런 순간에 아주 빠르게, 스스로 의식하기 전에 반사적이고 자동적으로 신체 반응이 일어납니다. 자율신경계가 작동하는 것이죠. 공격을 받았다고 느낄 때, 누군가 나를 해치려고 위협을 가한다는 느낌이 들 때 자율신경계가 가동됩니다. 심장이 쿵쾅쿵쾅 빨리 뛰고 숨이 가빠지며 팔다리 근육이 긴장되는 등의 반응이 나옵니다.

자율신경계는 신체의 내적 작동의 90퍼센트를 조절하므로 자율신경계를 잘 이해한다는 것은 자기 몸 안에서 벌어지고 있는 내적 작동의 90퍼센트를 잘 이해하는 것으로 볼 수 있습니다.

굉장히 무서울 때나 화가 날 때는 소화액이 잘 나오지 않습니다. 침이

마르죠. 이럴 때 밥을 먹으면 체하거나 탈이 납니다. 마음이 편해야 입맛도 돕니다. 저는 학생들이나 내담자들을 만나면 식사는 잘하는지, 잠은 잘 자는지 반드시 묻습니다. 잘 먹고 잘 잔다면 어느 정도 안심할 수 있습니다. 물론 너무 많이 먹거나 너무 많이 자는 것도 이상 신호일 수 있습니다.

이처럼 감정은 자율신경계와 호르몬계를 따라 우리 신체에 영향을 미칩니다. 하나씩 좀더 자세히 살펴보도록 하겠습니다.

우리 몸의 속도 조절 신호, 자율신경계

자율신경계는 호흡, 소화, 수면, 심장 박동 같은 신체의 내적 기능의 약 90퍼센트를 조절합니다. 자율신경계는 교감신경과 부교감신경으로 나뉩니다. 이 둘은 쉽게 비유하자면 자동차의 액셀러레이터(교감신경)와 브레이크(부교감신경)라고 볼 수 있습니다. 자율신경계는 이 둘을 조절함으로써 신체 활동, 감정, 정신적 작업 등의 내적 활동을 빠르게 하거나 느리게 합니다.

교감신경은 각성하거나 행동을 취하게 합니다. 급할 때, 무서울 때, 공격을 당할 때는 싸우거나 도망가게 하지요. 반대로 부교감신경은 신체를 이완시키고 내적 평형을 유지해 줍니다. 간단히 말해서 교감신경은 몸의 신체 활동, 내적 활동을 가속시키는 역할을 하고, 부교감신경은 속도를 낮추고 느리게 하는 작용을 합니다. 어느 것이 좋고, 나쁜 것이 아닙니다. 두 가지 모두 필요하고 서로 긴밀하게 조율하고 균형을 이루어야 건강한 상태라고 할 수 있지요.

교감신경이 작동해야 아침에 일어날 수가 있습니다. 밤에는 부교감신경이 작동해야 잠을 잘 수 있습니다. 그러나 교감신경과 부교감신경은 하루에 한 번만 교체되는 것이 아닙니다. 하루 중에 끊임없이 조절과 조율을 계속합니다.

자율신경은 신체 활동, 정신 활동, 감정 등의 상황에 따라 신체에 가속 또는 감속 신호를 보냅니다. 자동차를 운전할 때 교통 상황이나 도로 상황, 어디를 가느냐 어떻게 가느냐에 따라 액셀러레이터를 밟았다, 브레이크를 밟았다 하는 것과 비슷합니다.

그처럼 우리 몸에서 교감신경과 부교감신경의 작동이 자동적으로 이루어진다고 해서 자율신경계라고 합니다. 그러나 그것에 변화를 주려는 노력을 하면 어느 정도는 조절할 수 있습니다.

교감신경은 각성, 흥분, 활동을 할 수 있도록 합니다. 그리고 스트레스 호르몬, 즉 아드레날린이나 코르티솔 같은 호르몬의 조절과 관련이 있습니다. 위협이나 공격을 당할 때는(혹은 그렇다고 느낄 때는) 교감신경이 작동하여 심장이 빨리 뜁니다. 호흡이 가빠지고 근육이 긴장됩니다. 힘이 들어가죠.

폭력을 쓰는 사람들은 대개 폭력을 휘두르기 전에 주먹을 불끈 쥡니다. 심장이 빨리 뛰고, 손에 힘이 들어가거나, 어금니에도 힘이 들어갑니다. 그러면 '내가 지금 긴장이 되거나 화가 나거나 폭력 행위를 하려고 하는구나' 하는 것을 스스로 알아차리고 호흡을 하면서 감정을 다스릴 수 있습니다.

물론 그것은 폭력을 행하는 사람이 폭력을 중단하기를 원하고 좀더 발전적이고 평화로운 방법을 쓰겠다는 의지가 있어야 가능하겠지요.

교감신경이 활성화되면 왜 식욕이 억제될까요? 그 이유는 많이 흥분했거나, 크게 놀랐거나, 도망을 가야 할 때는 식욕이 있으면 위험할 수 있기 때문입니다. 원시시대로 생각해 보면 큰 짐승에게 쫓기는 중인데 '여기 산딸기가 있네? 머루가 있네?' 하고 먹다가 잡아먹히면 안 되겠지요. 그래서 다른 생각은 하지 말고 무조건 도망치거나 싸워야 살아남을 수 있기에 식욕이 억제되는 것입니다.

반대로 호랑이가 더 이상 따라오지 않아서 안심이 되고 마음이 안정됐을 때는 부교감신경이 작동하여 긴장을 이완시켜 줍니다. 부교감신경은 이처럼 긴장 이완, 휴식, 수면과 관련됩니다.

편히 쉴 때는 호흡이 느려지고, 심장 박동도 느려지고, 근육이 이완됩니다. 침도 다시 분비됩니다. 심장도 빨리 뛸 필요가 없어서 천천히 뛰고, 소모되었던 에너지를 충전하기 위해서 식욕이 살아납니다.

이와 같은 반응도 대개는 무의식적이고 자동적입니다. 그런데 이 역시 우리가 알아차릴 수 있고, 어느 정도는 조절할 수 있습니다. 가장 간단한 방법이 심장 호흡을 하는 것입니다. 그리고 즐겁거나 다행스러운 감정을 느끼는 것입니다.

스트레스 호르몬과 활력 호르몬

감정이 우리 몸에 영향을 미치는 또다른 통로는 호르몬계입니다. 호르몬계는 자율신경계와 달리 반응이 느립니다. 감정적 스트레스는 호르몬과 우리 몸의 생화학 물질에 연쇄 반응을 일으킵니다. 어떤 반응인지 구체적으로 살펴보겠습니다.

호르몬계라고 하면 시상하부, 뇌하수체, 아드레날, 코르티솔, 심장 등 호르몬을 분비하는 부위들을 가리킵니다. 시상하부에서 신호를 받으면 뇌하수체에서 아드레날과 코르티솔에 스트레스 호르몬을 분비하라고 신호를 보냅니다. 그 세 축을 HPA축이라고 합니다. 시상하부(hypothalamus)의 H, 뇌하수체(pituitary gland)의 P, 그리고 아드레날(adrenal)의 A를 따서 HPA축이라고 하지요.

스트레스 호르몬인 코르티솔을 분출시킬 것이냐 활력 호르몬인 DHEA를 분출시킬 것이냐는 심장이 시상하부에 어떤 신호를 보내느냐에 따라 달라집니다. 심장이 편안하고 규칙적으로 뛰면 좋은 신호가 가니까 DHEA를 분비하고, 심장이 불규칙하게 뛰면 '위험 상황이다' '싸우거나 도망가야 한다'라고 느끼면서 코르티솔을 분비하도록 신호를 보냅니다.

호르몬계는 자율신경계보다 반응이 훨씬 느립니다. 자율신경계의 반응은 우리가 뱀을 봤을 때 "걸음아, 나 살려라!" 하고 도망가는 반응입니다. 그런데 자율신경계는 각성 상태를 오래 지속하기 어렵기 때문에 동시에 호르몬계에도 영향을 미칩니다.

호르몬계가 반응하는 데는 시간이 오래 걸리지만 호르몬이 분비되면 오랫동안 우리 몸에 남아서 영향을 미칩니다. 자율신경계보다 훨씬 느리게 반응하나, 훨씬 더 오래 영향을 미치지요. 흥분 호르몬이나 스트레스 호르몬이 나오면 3분 정도 분비된 호르몬이 우리 몸에 두 시간 정도 영향을 미칩니다. 15분 정도 분비되면 열 시간에서 열두 시간 정도까지 우리 몸에 남아서 영향을 미치지요.

거기에는 이유가 있습니다. 전쟁이 일어났다고 해봅시다. 적군이 쳐들어왔을 때 흥분해서 싸우다가, 잠깐 휴전 상태일 때 모두 잊어버리고서 놀고, 먹고, 자다 보면 적군이 다시 기습할 수 있습니다. 그래서 경계심을 풀지 않게 하기 위해서 분비되었던 흥분 호르몬이나 스트레스 호르몬이 오랫동안 남아 있게 된 것입니다.

대표적인 활력 호르몬인 DHEA는 '안정 호르몬, 생명 호르몬, 청춘 호르몬, 젊음의 호르몬'이라고도 불립니다. DHEA는 스트레스를 받으면 감소합니다. 잘 분비되지 않습니다. 그런데 DHEA가 잘 분비되지 않으면 몸에 병이 생기기 쉽습니다. 면역력이 떨어지기 때문입니다.

한편, 대표적인 스트레스 호르몬인 코르티솔은 면역이나 신진대사에 좋지 않은 영향을 미칩니다. 스트레스 호르몬이 너무 많이, 오랫동안 분비되면 면역력과 신진대사도 떨어집니다. 살이 별다른 이유 없이 지나치게 찌거나 마르거나 하는 것은 대개 신진대사가 원활하지 않다는 증거입니다.

이 두 가지 호르몬이 동시에 많이 분비될 수는 없습니다. 즉, 스트레스 호르몬이 많이 분비되면 DHEA는 줄어듭니다. 이 둘의 관계는 시소처럼 한쪽이 올라가면 한쪽이 내려갑니다. 건강과 회복탄력성에 긍정적인 영향을 받으려면 활력 호르몬의 수치를 올리고 스트레스 호르몬의 수치를 내려야 합니다.

긍정적인 감정은 어떻게 우리 몸에 유익한 작용을 할까요? 긍정적인 감정은 심박변동률(Heart Rate Variability, HRV)을 질서 있고 규칙적으로 뛰게 하며 이런 심장 신호는 두뇌의 시상과 시상하부 등 여러 곳에 안전신호를 보내어 호르몬체계, 신경체계, 면역체계들이 조화롭게 협응하도록 합니다. 그 결과 스트레스 호르몬은 줄고 반대로 DHEA가 증가되어 우리 몸 전체가 활력을 지니게 되고, 건강하고, 면역력이 높아지게 됩니다.

4장 정서지능을 통해 회복탄력성을 유지한다

정서지능은 자신을 알고 이해하고 표현하는 능력이며, 타인과의 관계를 이해하고 연결하는 능력입니다. 정서지능이 높은 사람은 강한 감정에 대처하고, 충동을 조절할 수 있으며, 도전적 문제를 효과적으로 해결하고, 환경이나 상황 변화에도 능동적으로 적응합니다.

머리가 좋은 사람이 회복탄력성이 높을까요? 아니면 정서지능이 높은 사람이 회복탄력성이 높을까요? 최근 심리학계에서는 전 생애적인 발달과 변화를 장기간 동안 추적하는 종단 연구를 통해 IQ보다 EQ, 즉, 지능보다 정서지능이 장기간의 직업적 성공, 건강, 인간관계, 삶의 질, 행복 등에 훨씬 더 중요한 역할을 하는 것으로 밝혀졌습니다. 그만큼 회복탄력성과도 밀접한 관련을 갖습니다.

정서지능의 중요성에 대한 연구가 학계와 일반인의 관심과 주목을 받으면서 과연 정서지능은 타고나는 것이냐, 후천적 환경에 의해 습득되는 것이냐 하는 논란도 커졌습니다. 결론적으로 정서지능은 선천적인 요소가 있지만 후천적으로도 향상시킬 수 있는 것으로 입증되었습니다.

예를 들어 대학생 대상으로 진행한 정서지능 훈련이나 페덱스(FedEx) 같은 대형 글로벌 기업의 직원 대상 정서지능 교육 결과, 정서지능은 학습과 훈련으로 향상되며 지속력도 다른 인지적 교육보다 긴 것으로 밝혀졌습니다. 즉, 어릴 때뿐 아니라 성인이 된 후에도 정서지능을 계속 발전시킬 수 있다는 의미입니다.

☀ IQ와 EQ, 행복한 삶을 결정하는 요소는?

자녀들의 행복을 위해서 무엇이 중요할까요?

40대 이상인 분들은 기억하실 것입니다. 예전에 우리나라에 '전국 우량아 선발대회'가 있었습니다. 그 대회는 1971년부터 약 10여 년간 크게 유행하다가 다행히 1984년에 중단됐습니다. '다행히'라고 표현한 것은 모유가 분유보다 아이들에게 더 좋다는 것이 연구 결과 밝혀졌음에도, 분유 제조업체들이 분유를 먹으면 아이가 더 튼튼해진다고 광고하며 그런 대회까지 열었기 때문입니다.

당시 자녀를 출산한 어머니들은 1940년대 후반~60년대에 태어나서 성장기에 절대 빈곤기를 거쳤습니다. 그래서 1970~80년대에 먹고 살 만해지자 자신의 아이는 잘 먹여서 다른 아이들보다 키도 크고 우량하기를 염원했습니다. 그래서 모유를 먹이던 어머니들조차도 분유를 먹였습니다.

'엉덩이가 통통해야'라는 대회도 있었습니다. 2003년에 한국에서 비교적 부유한 사람들이 산다는 강남구 신사동에서 그런 대회가 열렸습니다. 제목에서 짐작할 수 있듯, 그 대회는 기저귀 회사가 주최한 것이었습니다. 합성수지 재질의 일회용 기저귀보다 면 기저귀가 아이에게도 환경에도 좋습니다. 그런데 일회용 기저귀를 대량으로 판매하기 위해서 기저귀 업체가 그런 대회까지 주최한 것입니다.

그후 어느 정도 잘 먹고 잘 입게 된 다음에는 부모들이 지능에 열을 올리기 시작했습니다. 자녀의 지능지수가 조금 낮으면 부모들은 굉장히 불안해합니다. 반대로 지능이 조금만 높으면 '우리 애 천재 아냐?' '영재성을 키워줘야 할 텐데……'라고 생각합니다. 이처럼 지능지수가 조바심과 초조감, 불안감을 양산했습니다.

그런데 장기적인 연구에 의하면 IQ는 우리 두뇌가 지닌 지능의 극히 일부, 두뇌 영역의 5퍼센트 정도만 대표한다고 합니다. 그 저변에 EQ, 즉 정서지능이라는 어마어마한 영역이 있다는 것이 밝혀졌습니다.

정서지능은 자신을 알고 이해하고 표현하는 능력이며, 타인과의 관계를 이해하고 연결하는 능력입니다. 정서지능이 높은 사람은 강한 감정에 대처하고, 충동을 조절할 수 있으며, 도전적 문제를 효과적으로 해결하고, 환경이나 상황 변화에도 능동적으로 적응합니다.

요컨대 정서지능은 자기 이해, 타인 이해, 적응력, 스트레스 관리 능력, 감정 조절 능력, 관계 관리 능력, '큰 그림'을 볼 수 있는 능력이라고 할 수 있습니다.

1921년에 세계에서 최초로 시작되어 지금도 진행되고 있는 IQ에 대한 연구가 있습니다. 바로 터먼 연구(Turman Study)입니다. 이 연구에서는 IQ가 135 이상인 캘리포니아의 아동과 청소년 1,500여 명을 죽을 때까지 장기 추적했습니다. 그 결과 IQ는 학력, 직업, 수입, 결혼, 건강, 장수 등과 별 관계가 없었습니다.

또다른 연구인 그랜트 연구(Grant Study)에서는 도시 빈민층 남자 456명, 하버드대학교 졸업생 268명, 여성 90명을 대상으로 75년 이상 추적 연구를 했습니다. 그 결과도 IQ와 성공, 행복은 무관했습니다.

그렇다면 관계에서 성공하느냐 실패하느냐, 행복한 삶을 사느냐 불행한 삶을 사느냐를 결정짓는 가장 중요한 요인은 무엇일까요? 바로 '정서적인 요인'이었습니다. 이러한 연구들과 함께 1980년대 이후 활발히 진행된 심리학자 대니얼 골먼(Daniel Goleman) 박사의 연구를 통해 정서지능의 중요성이 부각되기 시작했습니다.

☀ 회복탄력성을 키우면 정서지능이 높아진다

대니얼 골먼 박사는 정서지능이 높은 사람들의 특징을 몇 가지로 정리했습니다. 첫째, 정서지능이 높은 사람들은 자기 성찰(self-awareness), 즉 자기 알아차림이 뛰어납니다. 자신의 감정과 기분을 잘 알고, 결정을 내릴 때 직관이나 직감을 잘 활용합니다. 직감은 영어로는 '뱃속에서 느껴지는 기분(gut feeling)'이라고 하는데, 머리로 생각하기 전에 가슴이나 배에서 편하거나 편하지 않거나 어떤 느낌이 오는 것입니다.

둘째, 정서지능이 높은 사람들은 자기 관리를 잘합니다. 자신의 감정과 행동을 잘 관리합니다. 자신의 감정을 알아차리고, 조절하지요. 충동을 통제하고 변화하는 상황에 적응합니다.

몇 해 전, MBC 다큐멘터리 〈내 아이를 위한 사랑의 기술〉에 나왔던 한 초등학생 여자 아이는 실험용 젠가 쌓기가 기대대로 되지 않자 실망감을 느끼고 잠시 시무룩하긴 했지만 울거나 짜증을 내지는 않았습니다. 자신의 감정을 알아차린 후에 엄마와 대화하면서 감정을 표현하고 다시 명랑한 상태로 돌아갔습니다.

이 아이의 엄마는 가트맨 박사의 감정코칭 부모 유형 검사에서 감정코칭 점수가 높게 나왔습니다. 그래서 그 딸은 정서지능이 높을 거라는 가정하에 (본인들은 이 사실을 모른 채) 실험에 참여했던 것이었습니다. 그리고 실제로 아이는 정서지능이 높은 모습을 보여주었습니다.

셋째, 정서지능이 높은 사람들은 자기뿐 아니라 주변 사람의 감정과 갈등을 파악하고, 사회적 관계에서 상황을 잘 파악합니다. 파악을 잘하니 대처도 잘할 수 있지요.

'아스퍼거증후군(Asperger syndrome)'이라는 것이 있습니다. 이 증후군을 지닌 사람들은 IQ와는 큰 상관이 없지만 EQ에는 결함이 있어서 사회적 공감 능력이 떨어집니다. 남들의 기분이나 생각을 파악하지 못하죠. 남들은 힘들어하는 상황에서 혼자 웃는다든지, 반대로 남들은 즐거워하는데 혼자 멀뚱멀뚱 있기도 합니다.

다행히도 아스퍼거증후군을 지닌 아동이나 청소년들에게 감정적 단서를 읽는 방법을 훈련시키면 사회적으로 어색한 상황을 덜 만들 수 있게 도와줄 수 있습니다.

넷째, 정서지능이 높은 사람들은 관계 관리 능력이 뛰어납니다. 갈등을 현명하게 관리하고, 타인에게 좋은 영향과 영감을 주고, 타인의 성장에 도움을 줍니다.

이상의 특징들은 회복탄력성과 모두 관련이 있습니다. 따라서 회복탄력성을 키우는 노력을 하면 정서지능이 높아집니다.

대니얼 골먼 박사도 정서지능은 경험을 통한 학습으로 발전시킬 수 있다고 했는데, 이는 성인이 된 후에도 가능합니다. 성인기에도 감정 영역의 두뇌 회로는 유연성과 가소성을 보이기 때문입니다.

보야치스(Boyatzis), 코와스(Cowas), 콜브(Kolb) 박사 연구팀은 대학생의 정서지능 훈련 실험을 했습니다. 그 결과 MBA 수업으로 향상된 정서지능은 약 2퍼센트에 불과했고 리더십 훈련도 시간이 갈수록 그 효과가 미미해졌습니다.

반면 정서지능 향상 훈련인 자기 알아차림과 자기 관리 훈련, 사회적 알아차림, 관계 관리 훈련을 받은 대학생들은 졸업 직후뿐 아니라 5~7년이 경과한 후에도 여전히 정서지능이 40~74퍼센트 정도 향상되고 유지되는 것을 알 수 있었습니다.

❂ 나를 알고 상대를 이해하는 지능의 중요성

하버드대학교 하워드 가드너(Howard Gardner) 박사는 지능에는 IQ만이 아니라 언어지능, 대인관계지능, 음악지능, 자기이해지능, 신체운동지능, 논리수학지능, 자연지능, 공간지능 등 여러 영역들이 있다고 주장했습니다.

최근에는 '영성지능, 집단지능'이라는 개념도 등장했습니다. 한 사람 한 사람의 심장에서 나오는 파장이 서로에게 영향을 미치면 혼자서는 생각할 수 없었던 통찰력이나 창의력이 발휘되는데, 이를 '집단지능 또는 집단지성'이라고 합니다.

그렇게 다중지능적인 관점에서 보면 예전처럼 수학이나 영어를 잘해야 똑똑하다거나 성공할 거라고 말하기 힘듭니다. 그 반대도 마찬가지입니다. 즉, IQ가 높지 않다고 해서 똑똑하지 않다거나 성공하지 못하는 건 아닙니다. 대부분의 사람들에게는 나름대로 뛰어난 영역이 있습니다. 운동을 잘하는 아이가 있고, 수학을 잘하는 아이가 있으며, 대인관계를 쉽게 잘하는 아이가 있고, 그림을 잘 그리는 아이가 있습니다.

자연에 가면 에너지가 솟고 남들보다 관찰력이 뛰어나고 생물을 잘 돌보는 아이들도 있습니다. 그런 경우는 자연지능이 높다고 할 수 있습니다. ADHD 판정을 받은 아이들 중에는 자연지능이 높은 경우가 많습니다. 동물의 표정, 감정을 금방 파악하고 다른 사람의 감정도 쉽게 파악합니다. 물론 에너지도 높습니다. 그런 아이들에게 네모난 콘크리트 건물의 답답한 공간에서 칠판만 바라보면서 수업을 듣는 것은 고문과 같을 수 있습니다.

이처럼 지능에는 다양한 영역이 있으며, 한 영역은 다른 영역과 무관하게 발전할 수 있습니다. 영어는 못해도 음악은 잘할 수 있고, 그림은 못 그리더라도 운동은 뛰어나게 잘할 수 있다는 말입니다. 잘하는 것에 관심과 초점을 두면 결국 모두를 인재라고 볼 수 있습니다.

하워드 가드너 박사가 처음 다중지능 이론을 발표했을 때는 자기를 잘 알고 자신의 감정을 파악하고 이해하는 자기이해지능과 사회적인 관계에서 남을 잘 파악하며 다른 사람의 감정을 이해하거나 공감하며 남들과 관계를 잘 맺는 대인지능 혹은 사회지능을 별개로 생각했습니다.

그런데 다중지능 이론 발표 25주년 기념 글에서 가드너 박사는 자기이해지능과 대인지능은 한 가지 기능의 두 측면일지 모른다고 말했습니다. 자신을 이해하지 못하면 남을 이해하지 못하고, 남을 이해하지 못하면 자신도 이해하지 못하는 경우가 많으니까요.

나의 입장과 상대의 입장을 이해하는 것은 굉장히 중요합니다. 내 입장을 잘 모르면 남의 입장을 이해하기가 어렵고, 반대로 상대에게 깊이 공감하거나 상대를 잘 이해하지 못하면 자기 자신도 잘 이해하지 못합니다. 자신도 잘 이해하고 상대도 잘 이해하면 서로가 깊은 이해와 공감 속에서 함께 성장할 수 있습니다.

연세대학교 김주환 교수는 『회복탄력성』이라는 책에서 다양한 영역에서 뛰어난 활동을 보이고 있는 사람들의 지능을 소개했습니다.

예를 들어 송명근 박사는 국내 최초로 심장 이식 수술에 성공한 흉부외과 의사입니다. 다중지능 검사를 해보니 송 박사는 논리지능과 시각지능, 논리수학지능이 굉장히 높았고 자연지능과 자기이해지능도 높았다고 합니다.

박세은은 로잔국제발레콩쿠르에서 1위를 한 발레리나인데, 신체운동지능과 대인관계지능이 높았고, 자기이해지능도 높았다고 합니다. 올해의 디자이너상을 수상하기도 했던 디자이너 이상봉은 공간지능, 언어지능이 높았고 자기이해지능도 높았다고 합니다.

보다시피 각자의 분야에서 뛰어난 성과를 보이고 있는 이들은 모두 자기이해지능이 높았습니다. 자기이해지능이 높으면 어떤 분야에서나 탁월한 역량을 발휘할 수 있습니다. 아마도 성공은 혼자의 힘으로 이룰 수 있는 게 아니라 다른 사람과의 관계 속에서 즐거움을 느끼고 도움을 주고받으면서 이뤄나가는 것이기 때문이 아닐까 합니다.

두뇌 교육에서 심장 교육으로

이제 자신을 이해하고 남을 이해하는 능력을 어떻게 교육 상황에 적용하느냐가 화두입니다. 2008년 4월, 그와 관련한 중요한 컨퍼런스가 미국에서 열렸습니다. 영유아 교육의 방향을 결정하는 컨퍼런스로, 제목은 '공감의 씨앗(Seeds of Compassion)'이었습니다.

공감(compassion)은 다른 사람의 마음을 헤아리고, 배려하고, 연민하는 마음을 가리킵니다. 이러한 마음은 공감 형성과 나아가 성공적인 관계에서 가장 중요한 부분입니다. 공감의 씨앗을 뿌리기에 청소년기는 너무 늦고, 영유아기에 그 씨앗을 뿌려줘야 한다는 취지에서 열린 컨퍼런스였습니다.

전 세계에서 유치원 교사들뿐 아니라 정치·경제·종교·문화·체육·과학·의료 등 각계각층의 리더들이 모여서 5일 동안 연구 결과를 발표하고, 토론했습니다. 남을 누르고 남보다 더 잘사는 것을 중시하는 산업화 사회의 패러다임에서 건강하게 사회에 도움이 되는 삶을 사는 것으로 패러다임을 전환하는 역사적인 시간이었습니다.

그 컨퍼런스에서 존 가트맨 박사가 기조연설자로서 공감의 씨앗을 뿌리는 최고의 방법이 '감정코칭'이라는 취지의 연설을 했습니다. 그는 연설을 통해 단지 아이를 사랑하는 것만으로는 부족하고 제대로 사랑하는 방법을 배워야 하는데 그 방법이 감정코칭이라고 했습니다.

감정을 수용하되 행동의 한계를 명확히 해주는 감정코칭 방식으로 교육하면, 아이들이 단지 어른의 말이 무서워서 따르는 것이 아니라 믿고 따르며, 나아가 자기 스스로의 감정을 믿고 다른 사람의 감정도 더 잘 이해하고 공감할 수 있게 된다고 했습니다.

그렇게 하면 경쟁에서 남을 이기려고 짓밟는 사회보다 훨씬 아름답고, 행복하고, 건강하고, 창의적인 사회가 만들어질 거라고 말했습니다. '두뇌' 교육에서 '심장' 교육으로의 역사적인 전환을 알리는 시간이었습니다.

안타깝게도 우리나라에서는 아직까지 이러한 흐름을 적극적으로 교육에 활용하지 못해서 왕따나 학교 폭력 등이 아이들을 괴롭히고 있습니다.

다시 한 번 강조하지만 회복탄력성이 높은 아이로 키우는 과정에서 정서지능은 굉장히 중요합니다. 정서지능을 발전시켜야 아이가 한쪽으로 기울지 않고 전인적인 아이로 클 수 있습니다. 마음이 편안하고, 따뜻하고, 밝고, 건강한 아이로, 즉, 회복탄력성이 높은 아이로 자랄 수 있습니다.

연구에 따르면 회복탄력성이 높은 아이들은 세상이 좀더 좋게 변할 수 있도록 자신이 세상에 공헌할 수 있는 게 있다고 믿는 답니다. 자기효능감을 믿는 것입니다. 또한 자기 조율 능력과 자기 통제 능력을 키워나갈 수 있고, 실수를 하더라도 좌절하거나 포기하지 않습니다.

'공감의 씨앗' 컨퍼런스가 널리 알려지면서 미국 정부뿐 아니라 여러 기업들에서도 감정코칭을 직원들에게 배우도록 하고 있습니다. 그것이 직원뿐 아니라 회사에도 도움이 된다는 것을 알기 때문입니다.

이처럼 정서지능을 어려서부터 키워주고, 다음 세대에게 가르쳐주려는 노력이 전 세계적으로 이루어지고 있습니다. 이제 우리의 교육도 이렇듯 아이들의 정서지능과 회복탄력성을 향상시키는 방향으로 나아가야 합니다.

2부

Resilience

나를 위한 회복탄력성 키우기

5장 나의 감정을 알아차리고 중화한다

감정은 두뇌 활동에 핵심적인 역할을 하기 때문에 감정을 알아차리는 것이 중요합니다. 자동차를 운전할 때도 계기판이 있기 때문에 내가 지금 속력을 얼마나 내고 있으며, 휘발유는 얼마나 남았는지, 얼마나 달렸는지 알 수 있습니다. 그런 것을 알아야 속력을 늦출지 낮출지, 얼마나 가서 기름을 넣어야 할지 알 수 있습니다. 감정을 누르고 부인하고 회피한다고 스트레스가 사라지지는 않습니다. 적절하고 효과적인 대응을 통해서만 사라집니다.

하트매스 연구소의 롤린 맥크레이티 박사와 연구팀은 감정 중에 내적 에너지를 고갈시키는 감정이 있고 재충전해 주는 감정이 있음을 발견했습니다. 예를 들어 짜증, 분노, 공포, 초조함 같은 감정들은 심장을 불규칙하게 뛰게 하면서 심신의 에너지를 빨리 고갈시킨다고 합니다. 반대로 즐거움, 배려, 감사 같은 긍정적인 감정은 심신의 에너지를 재충전해 줍니다.

앞서 회복탄력성이 우리의 에너지를 얼마나 효과적으로 사용하고 비축해 두느냐와 관련된다고 했듯이, 회복탄력성과 감정은 매우 긴밀한 관계가 있습니다.

수많은 뇌과학 연구를 통해 감정은 신생아 때부터 발달하는 것으로 밝혀졌습니다. 그리고 감정 발달은 두뇌의 전반적인 구조의 발달에 결정적 역할을 한다는 사실도 밝혀졌습니다.

또한 감정의 발달은 생애 전반에 중대한 영향을 미치기에 부모들의 양육 방식, 교사들의 교육 방법, 그리고 정부의 국가 정책 등에 중대한 의미를 지닌다고 볼 수 있습니다. 그런데 안타깝게도 감정 발달은 인지 발달에 비해 주목을 덜 받아왔습니다.

출생 이후부터 신생아는 다양한 감정을 경험하고 표현합니다. 감정 발달은 동작, 인지, 언어와 밀접하게 상호작용을 하며, 만 5세까지의 감정 발달은 인지 발달뿐 아니라 사회성 발달, 학교 생활 적응, 관계적 성공 등에 장기적으로 중대한 영향을 미친다는 연구도 있습니다.

영유아기와 아동기뿐 아니라 성인이 된 후에도 감정 발달은 안정적인 관계 형성, 친밀감 형성, 지속적인 우정, 효과적인 부모 역할, 직업적 안정과 성공, 정신질환의 예방, 사회 공헌 등에 중추적인 기반이 됩니다.

따라서 아동기부터 감정 발달은 건강, 신체 발달, 인지 발달 못지 않게 주목해야 하는 분야입니다. 읽기, 쓰기보다 감정 조절하기가 전 생애에 걸쳐 심리적·정신적·사회적 건강과 삶의 질에 더 중요하다는 사실은 수많은 연구를 통해 입증되었습니다.

기억, 판단 등에 영향을 미치는 감정

감정은 우리가 생각할 수 있는 것보다 훨씬 다양한 역할을 합니다. 먼저 감정은 주의 집중을 지휘 통솔합니다. 마음이 불편할 때는 집중력이 현저히 떨어지며 혼란스럽습니다. 그런데 마음이 편해지면, 즉 감정적으로 편해지면 상황이나 사건이 훨씬 더 명료하게 보이고 시야가 넓어집니다. 무엇에 주의를 집중해야 할지 선택할 수 있는 여지도 생깁니다.

감정은 인지 활동에 미묘하지만 심오하게 영향을 미칩니다. 불만이 있거나, 걱정스럽거나, 초조하거나, 흥분하거나, 우울하거나, 괴로울 때는 책을 읽으려 해도 머리에 잘 안 들어오고, 학습이 어렵습니다.

또한 감정은 기억에도 지대한 영향을 미칩니다. 예를 들어, 3년 전 오늘

먹은 아침 식사를 기억하십니까? 그날이 생일 같은 특별한 날이 아닌 한 기억하지 못할 것입니다. 그런데 남자들은 대부분 군대에 가서 먹었던 첫 식사는 그것이 3년 전이든, 5년 전이든, 20년 전이든 기억할 수 있습니다. 그 식사에 대해서 특별한 감정이 있기 때문입니다. 이렇게 감정과 결부된 기억은 좋은 기억이든 나쁜 기억이든 오래 남습니다.

감정은 판단과 결정에도 영향을 미칩니다. 예를 들면, 스포츠 경기에서 심판의 오판으로 상대편이 벌칙을 받으면 오판인 줄 알면서도 우리는 좋아합니다. 반대로 우리 팀이 벌칙을 받으면 공정하더라도 심판에게 반발심이 들 때가 있습니다. 이성적으로 보면 옳지 않지만 우리는 그렇게 반응합니다.

저는 가르치는 일을 참 좋아합니다. 그런데 자격시험 심사를 하는 일은 정말 힘듭니다. 가능하면 수험자들이 모두 통과하길 바라는데, 그렇지 못할 때는 미안한 마음도 듭니다.

저도 가트맨 부부치료사 자격시험을 처음 보았을 때 떨어진 경험이 있습니다. 불합격 판정을 받는 순간 '심사관들이 불공평하고 저를 싫어한다'는 생각이 들었습니다. 또한 '동양인이니까 아마 통과시켜 주지 않을 거야' 하는 생각이 들었습니다. 그때까지 가트맨 부부치료사 자격시험을 본 사람 중에 동양인은 제가 처음이었고, 당연히 심사에 합격한 사람 중에서도 동양인은 한 명도 없었습니다.

그런데 차분하게 다시 생각해 보니, 설령 상대방에게 그런 마음이 있다 해도 내가 더 열심히 노력하면 될 거라는 생각이 들었습니다. 열심히 해서 결국 다음 시험에는 통과했지요.

이처럼 중요한 상황에는 대개 감정적 반응이 제일 먼저 나옵니다. 그래서 감정을 잘 알아차리고 차분하고 침착하게 대처하면 상황에 휘둘리기보다 좀더 의연할 수 있으며 더 바람직한 결과를 얻기도 합니다.

☀ 먼저 감정을 알아차려야 한다

감정이 중요하다면 감정을 알 필요가 있습니다. 감정을 알아차려야 조율하고 통제할 수 있기 때문입니다.

감정은 두뇌 활동의 총사령관 역할을 하는 '전두엽', 감정과 기억을 주관하는 '변연계', 성욕, 식욕, 생체리듬, 신진대사 등의 활동과 관련된 '시상하부', 수면과 호흡 등 생명 유지와 관련된 역할을 하는 '뇌간' 등의 연결회로에 중요한 영향을 미칩니다.

강한 감정일 때는 전두엽의 기능이 대체로 억제되어 계획, 우선순위 정하기, 결정과 선택, 문제 해결 등이 어려워집니다. 그리고 감정적인 스트레스를 지속적으로 받으면 두뇌가 잘 발달하지 못하게 됩니다.

이처럼 감정은 두뇌 활동에 핵심적인 역할을 하기 때문에 감정을 알아차리는 것이 중요합니다. 자동차를 운전할 때도 계기판이 있기 때문에 내가 지금 속력을 얼마나 내고 있으며, 휘발유는 얼마나 남았는지, 얼마나 달렸는지 알 수 있습니다. 그런 것을 알아야 속력을 늦출지 낮출지, 얼마나 가서 기름을 넣어야 할지 알 수 있지요. 그런 것을 모르면 초조하고 불안하거나 아니면 큰 사고를 일으킬 수 있습니다.

마찬가지로 자신이 감정적 에너지를 어떻게 쓰고 있고 얼마나 조절하고 있는지 모른다면 탈진 상태에 빠질 수도 있고, 건강이 망가지고, 관계가 나빠지고, 극단적인 경우 사망할 수도 있습니다. 감정으로 인한 내적 에너지가 완전히 고갈되기 전에 충전을 하거나 회복하지 못하면요.

'아는 것이 힘'이라는 평범한 진리가 우리 감정에도 통용됩니다. 먼저 자신의 감정이 무엇인지 알아야 다스릴 수 있습니다. 현재 감정을 더 부정적인 감정으로 발전시키지는 않는지, 극적 행동으로 표현하지는 않는지를 알고 선택할 수 있습니다.

예를 들어서 남동생은 세뱃돈을 2만 원 받았는데 나는 만 원만 받았다면 실망할 수 있습니다. 그리고 '내가 나이는 더 많은데 여자라는 이유로 남동생보다 세뱃돈을 덜 받다니' 하면서 실망감이 불공평함에 대한 분노로 이어질 수 있습니다. 심한 경우 소리를 지르거나 물건을 던지거나 하는 식으로 감정을 극적 행동으로 표현할 수 있습니다.

이런 극적 행동을 하기 전에 실망감과 분노의 감정을 알아차리고, 자신의 감정을 적절하고 정확하게 표현하거나 말하여 이해나 공감을 받는다면 감정의 악화나 극적 행동을 방지할 수 있습니다.

비록 상대로부터 이해나 위로를 받지 못한다 하더라도 스스로 할 수 있는 선택의 폭이 넓어집니다. 걷거나, 음악을 듣거나, 운동을 하거나, 책을 읽거나 하며 감정을 다스릴 수 있습니다. 자신은 나중에 부모가 되면 아들과 딸을 차별대우 하지 말고 공평하게 대해야겠는 긍정적 교훈을 얻을 수도 있습니다. 이 같은 감정 처리 과정이나 행동을 통해 좀더 차분하게 좋은 방향으로 문제를 해결할 수 있습니다.

감정을 알아차리는 법을 배우면 스스로의 감정을 잘 조절할 수 있을 뿐 아니라 스트레스 상황이나 대인 관계 상황에서 훨씬 유리합니다. 훨씬 여유 있고 유연성이 있으니까요.

위에서 예로 든 경우, 세뱃돈이 남동생보다 적다고 화를 내다가 오히려 꾸지람을 들을 수도 있고, 동생만도 못하다는 핀잔을 받을 수도 있으며, 세뱃돈을 안 받겠다고 투정을 부리다가 실제로 못 받는 경우가 생길지 모릅니다. 그러면 억울함, 분노, 미움, 원망이 더 커지겠지요.

하지만 일차적으로 감정을 알아차려 조율한다면 동생보다 세뱃돈을 더 많이 받을 수 있는 방법을 생각하거나, 누나로서 존중을 받고 차별 대우를 받지 않을 방법 등을 좀더 큰 시야에서 생각할 수 있습니다. 그후 자신의 생각이나 감정을 알리거나 가족 회의를 함으로써 가정 문화를 좀더 민주적이고 긍정적으로 바꿔나가는 계기를 만들 수도 있을 것입니다.

이렇게 감정적 에너지의 수위를 조절할 수 있으면 불필요한 감정적 피로를 막을 수 있고, 극적인 의사소통으로 인한 더 큰 스트레스도 막으면서 평정심을 되찾을 수 있는 감정적 균형을 빨리 회복할 수 있습니다.

행복 에너지 충전법
감정날씨 파악하기

나의 감정을 날씨에 비유하여 파악하고 표현하는 방법입니다. 네 칸으로 나뉜 감정날씨 그래프에 32개의 감정카드를 각각 놓고 이야기해 봅니다.

자신의 감정을 잘 알아차리는 사람들이 있지만 그렇지 못한 사람들도 많습니다. 연구에 의하면 군인, 경찰, 법조인, 엔지니어, 회계사 그리고 일반적으로 여자보다 남자들이 감정 알아차리기를 어려워하거나 불편해하는 비율이 높다고 합니다. 자신의 감정을 알아차리는 데 도움이 되는 방법이 있습니다. 감정을 색깔이나 소리, 맛 등으로 느껴보고 표현해 보는 것입니다.

예를 들어 어떤 사람은 사랑에 빠질 때 분홍빛을 연상하고 희망을 가질 때는 파란색을 떠올리지요. 기분이 좋을 때는 새소리를 연상하기도 하고 슬플 때는 이별의 곡이 떠오르기도 합니다. 또한 어떤 사람을 만난 뒤에 박하향이 입 안에 감도는 듯한 기분이 들기도 하고 입맛이 쓰기도 합니다. 이렇게 감정은 구체적인 오감(五感)으로 느낄 수 있습니다.

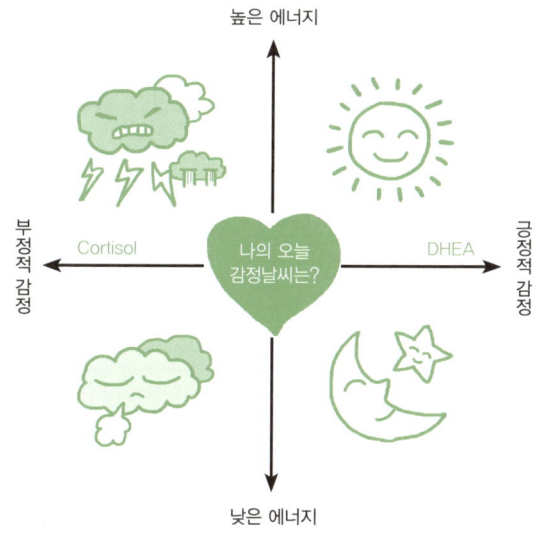

5-1 감정날씨 그래프

그 가운데 특히 도움이 되는 방법이 감정을 날씨로 표현해 보는 것입니다. HD행복연구소에서 디자인하여 사용하는 5-1의 감정날씨 그래프를 보겠습니다. 그림 한가운데에 가로축과 세로축이 있는데, 가로축은 호르몬계, 세로축은 자율신경계를 나타냅니다.

세로축에서 위로 올라갈수록 자율신경계의 각성 상태를 나타내고 내려올수록 이완 상태를 나타냅니다. 가로축에서 왼쪽은 에너지가 고갈되는 상태이며 이때는 스트레스 호르몬이 몸에서 생성됩니다. 오른쪽은 에너지가 충전되는 상태이며 활력 호르몬인 DHEA가 몸에서 생성됩니다.

감정날씨는 네 칸으로 나뉘어 있습니다. 왼쪽 상단칸은 에너지가 높은 부정적인 감정을 느낄 때를 나타냅니다. 큰 두려움을 느끼거나 엄청나게 화가 났을 때입니다. 왼쪽 하단칸은 에너지가 낮은 부정적인 감정을 느낄 때입니다. 우울하거나 슬플 때의 에너지는 격노할 때만큼 높지는 않지만 그래도 낮은 수준의 스트레스 호르몬이 나옵니다.

오른쪽 상단칸은 감정이 긍정적이면서 에너지가 높은 경우입니다. 기쁨, 즐거움, 환희, 극도의 행복감 등 에너지가 충만하고 고조되는 감정을 느낄 때입니다. 오른쪽 하단칸은 긍정적이지만 에너지는 낮은 감정을 느낄 때입니다. 편안하고 차분하고 침착한 상태라서 긍정적이면서도 안정적인 에너지입니다.

감정날씨 그래프를 펴놓고 감정카드 32개를 날씨 그림 위에 배치합니다. 감정을 날씨로 보았을 때, 에너지가 높으면서 천둥번개가 치면 왼쪽 상단칸에 해당되고, 안개가 끼거나 비가 오거나 구름이 잔뜩 낀 날씨 같은 감정은 왼쪽 하단칸에 해당됩니다. 반면에 오른쪽 상단칸의 감정은 해가 쨍쨍 비치고 화창한 날씨 같고, 오른쪽 하단칸은 달과 별이 떠 있는 밤처럼 고요하고 편안한 상태입니다.

여기서 어떤 감정을 어떤 칸에 놓느냐에 옳고 그름은 없습니다. 자랑스러운 감정을 느낄 때 에너지가 확 올라가는 사람이 있고, 차분해지는 사람이 있습니다. 마찬가지로 슬픔을 목놓아 울만큼 높은 에너지로 경험할 수도 있고, 조용히 눈물이 흐르는 낮은 에너지 상태로 느낄 수도 있습니다. 자기 나름대로 32개의 감정카드를 네 칸 중 해당되는 곳에 배치하면 됩니다. 감정카드에 적힌 32개의 감정은 다음과 같습니다.

슬픔, 기쁨, 평화로움, 감동 받음, 차분함, 사랑 받는 기분, 들뜸, 자랑스러움, 안전함, 고마움, 외로움, 짜증, 따분함, 기분 나쁨, 화, 걱정, 귀찮음, 불안함, 수치, 실망, 분개, 질투, 행복, 열광, 자신감, 연민, 거슬림, 압도당함, 마음 상함, 단호함……

감정카드를 네 칸에 배치한 후, 지난 3일 동안 느껴본 감정카드만 남겨놓고 나머지 카드들은 상자에 넣어둡니다. 지난 3일 동안 짜증, 불안, 화, 슬픔, 걱정, 외로움, 편안함, 차분함, 사랑 받는 기분, 고마움 등을 느꼈다면 자신의 감정도 알아차릴 수 있고, 어떤 상황에서 내적 에너지가 고갈되었는지, 반대로 충전되었는지도 한눈에 알아차릴 수 있습니다.

저는 감정날씨를 파악하면 명료하고 후련한 기분이 듭니다. 목욕탕에 다녀온 기분이 들기도 하고 상쾌합니다. 회복탄력성 워크숍에 참석하셨던 한 분은 이렇게 말씀하셨습니다.

"저는 이과 출신이라 그런지 제 감정에 대해 얘기하는 게 어려웠습니다. 좋다, 싫다, 화가 난다, 안 난다, 짜증난다 정도로밖에 이야기하지 못했습니다. 그런데 감정날씨 그래프에 감정날씨를 나타내보면서 이렇게 다양하게 감정을 표현할 수 있구나 하는 걸 깨달았습니다. 평소에는 부정적인 감정이 많아서 집에서는 끊임없이 잔소리를 하고 아이들하고 싸우기도 했지만, 막상 감정카드를 배치해 놓고 보니, 가족으로부터 긍정적인 에너지를 많이 받고 있다는 생각이 들어서 기뻤습니다."

다음과 같이 말씀하신 분도 계십니다.

"저는 항상 긍정적으로 생각하며 산다고 생각했는데, 막상 해보니 부정적인 생각을 많이 하고 있었습니다. 지난 며칠간은 방학인데도 할 일, 신경 쓸 일이 많아서 부정적인 감정이 많았던 것 같습니다. 하지만 여전히 긍정적인 생각들이 적지 않고, 에너지를 넘치게 하는 부분들이 있구나 하는 안도감이 들었습니다."

이렇게 감정날씨를 파악하는 연습을 하고 나면 자신의 감정 세계와 일상의 에너지와의 상관관계를 쉽게 알아차릴 수 있게 됩니다. 이것이 감정적 자기 조절의 첫걸음입니다.

감정을 알아차리면 자신에 대해서 많은 것을 알게 됩니다. 백 마디 말하는 것보다 빨리 자신을 돌아볼 수 있고 자기 상태를 알 수 있습니다. 연필로 흑백의 그림을 그릴 수도 있지만, 색연필, 크레용, 물감의 색이 다양할수록 그림을 더 선명하고 자세히 묘사할 수 있듯이, 감정 언어가 다양해지면 자기 감정을 좀더 정확히 알고 명확하게 표현할 수 있습니다.

감정날씨 알아차리기

지난 3일 동안 자신에게 벌어진 일, 상황, 활동 등을 적고 당시의 감정을 옆에 적어봅니다.

남편과 쇼핑을 감 → 기분 좋음

남편이 쇼핑을 빨리 하라고 채근함 → 짜증남

딸이 어깨를 주물러줌 → 기쁘고 감사함

오랜만에 동창에게서 전화가 옴 → 반가움

지인의 반려견이 세상을 떠났다는 소식을 들음 → 슬픔

빈 종이에 가로, 세로 줄을 그어 4등분하여 감정날씨 그래프를 만든 후

남편이 쇼핑을 빨리 하라고 채근함 → 짜증남	남편과 쇼핑을 감 → 기분 좋음 딸아이가 어깨를 주물러줌 → 기쁘고 감사함
지인의 반려견이 세상을 떠났다는 소식을 들음 → 슬픔	오랜만에 동창에게 전화 옴 → 반가움

지난 3일 동안 느낀 감정을 네 칸에 적어봅니다. 그리고 자신의 감정날씨를 바라봅니다.

위의 사례자는 왼쪽 상단의 감정을 느꼈을 때는 에너지를 많이 소모했고, 왼쪽 하단이었을 때도 에너지 소모가 있었습니다. 그러나 오른쪽 하단의 감정을 느꼈을 때는 에너지가 충전되었고, 특히 오른쪽 상단의 상황에서 많이 충전이 되었습니다. 전체적으로 볼 때 에너지의 고갈보다는 충전이 더 많은 것으로 보입니다.

자기 에너지 모니터링하기

위처럼 감정날씨를 파악하는 것 외에 0~10의 척도로 하루 중의 에너지 변화를 알아차릴 수 있는 쉬운 방법이 있습니다.

에너지가 아주 낮은 상태라면 1~2 정도에 표시 하고, 중간 정도라면 5~6, 매우 충전된 상태라면 9~10 정도로 표시합니다. 주유소에서 자동차에 주유를 하고 나면 계기판에 연료의 저장 수준이 나타나는 것과 흡사합니다.

이런 방법으로 자신의 순간순간의 에너지 수준을 모니터링할 수 있습니다. 에너지 레벨이 바닥이면 0, 최상이면 10이라고 했을 때, 0부터 10 사이에서 에너지 수준이 어느 정도인지를 표시해 봅니다.

아침, 점심시간 전, 오후, 저녁, 잠들기 전 등으로 하루에 5~6차례 점검해 보면 됩니다. 여기에는 옳고 그른 것도 없고 좋고 나쁜 것도 없습니다. 무조건 에너지 레벨이 높아야 좋은 것이 아닙니다. 따라서 최대한 솔직하게 자신의 에너지를 가늠해 봅니다.

그리고 숫자 옆에 당시의 감정을 적어봅니다. 편안하다, 기쁘다, 담담하다, 행복하다, 상쾌하다일 수도 있고, 우울하다, 지루하다, 불안하다, 슬프다, 절망스럽다, 암담하다일 수도 있습니다. 어떤 감정이라도 괜찮습니다.

날씨처럼 우리의 감정도 시시각각 달라질 수 있습니다. 단지 감정을 몸과 마음으로 느끼고 알아차리는 게 중요합니다. 이렇게 되면 컴퓨터나 휴대전화 배터리가 다 고갈되기 전에 충전하듯, 몸이 회복할 수 있는 기회가 있을 때 에너지를 충전하면 됩니다.

행복 에너지 충전법
스스로 감정의 배경음악 정하기

매일 마음을 편안하거나 활기차게 해주는 음악을 한 곡 골라서 하루를 시작할 때, 중간에 휴식할 때, 심신이 피로할 때 들으면서 감정을 다스립니다.

〈택시 라이드〉라는 단편 영화가 있습니다. 어떤 사람이 택시를 타고 뉴욕 시내로 들어가는 모습을 담은 작품입니다. 2분짜리 영화인데, 전반 1분과 후반 1분이 영상은 동일하지만 배경음악이 다릅니다. 첫 1분의 배경음악은 시끄러운 도시의 소음이고 나중 1분의 배경음악은 편안함과 상쾌함을 주는 파헬벨의 〈캐논 변주곡〉입니다.

이 영화를 본 사람들은 대부분 첫 1분 동안은 '몸이 앞으로 쏠리면서 긴장이 됐고, 짜증이 나고 불편하고 두통이 약간 생기려고 했다'는 반응을 보였고, 나중 1분 동안은 '세상이 아름답게 보였고, 편안해졌고, 부드러워지는 느낌이었다. 몸이 의자 등받이에 자연스레 기대지면서 긴장이 풀리고 편안했다'는 반응을 보였습니다.

이처럼 같은 장면이라도 배경음악에 따라서 전혀 다른 기분이 느껴집니다. 이 영화의 마지막에는 '어떻게 느끼는가에 따라 세상이 달리 보인다'라는 자막이 나옵니다.

감정에 따라서 이처럼 우리의 지각이 달라집니다. 지각뿐 아니라 태도와 행동도 달라집니다.

감정은 마치 배경음악처럼 일상의 인식, 결정, 관계 등에 영향을 줍니다. 그럼에도 우리는 일상에서 연주되고 있는 이 배경음악을 알아차리지 못한 채 영향을 받을 때가 많습니다.

스트레스를 많이 받을 때, 편안하게 스트레스를 조절할 수 있는 방법이 있습니다. 바로 감정적 배경음악을 스스로 선정하는 것입니다. 스트레스의 핵심이자 본질은 감정이라고 했습니다. 어떤 감정 상태냐에 따라서 스트레스를 더 받을 수도 있고, 덜 받을 수도 있지요.

제가 시카고대학교에서 박사 과정 밟을 당시 무척 힘들었습니다. 첫 두 해 동안 책 100권과 논문 200편을 읽은 다음 그것을 다섯 과목으로 압축해서 자격시험을 보아야 했습니다. 자격시험에서 두 번 떨어지면 더 이상의 기회 없이 학교를 떠나야 했죠. 그 압박감은 말로 할 수 없을 정도였습니다.

하루하루 수강 과목(코스워크) 공부와 발표 준비를 해야 하고, 과제물도 제출해야 했습니다. 그러면서 동시에 자격시험을 준비했습니다. 그런 초조감과 압박감 속에서 어떻게 견뎌냈을까요? 그때 저를 지탱해 준 것이 바로 음악이었습니다.

매일 아침 음악을 한 곡 선정해서 학교에 가기 전이나 과제 준비로 피곤할 때마다 들었습니다. 그렇게 감정적 배경음악의 도움을 받아 어려운 시기를 무사히 견뎌낼 수 있었습니다.

음악 선정 기준은 그때의 기분에 맞는 곡이나, 기분을 편하게 해주는 곡이나, 부모님과 친구들에 대한 그리움과 추억이 담긴 곡이나, 기도나 명상하기 좋은 곡, 웅장하거나 영감을 주는 곡 등 그때그때 달랐지만, 돌이켜보면 압박감, 초조감, 불안감, 외로움을 편안함, 느긋함, 안정감, 충만감으로 변화시키는 데 도움을 주었습니다.

여러분도 매일 감정적 배경음악을 정해서 하루를 시작해 보세요. 차분한 음악을 배경음악으로 삼고 싶은 날도 있을 것이고, 활기찬 음악을 배경음악으로 삼고 싶은 날도 있을 것입니다. 그날그날의 기분과 상황에 따라 적당한 음악을 고릅니다.

그 음악을 출근하기 전이나 등교하기 전에 몇 번 듣습니다. 그렇게 그 음악의 느낌이 충분히 몸에 스며들게 합니다. 그러면 하루의 감정을 어느 정도 자신이 원하는 방향으로 설정할 수 있습니다. 하루 중 잠깐 쉴 때 감정을 편하게 해주거나 즐겁게 해주는 음악을 들으면서 감정적 배경음악을 새롭게 설정할 수도 있습니다. 이 책을 쓰는 지금 저는 쇼팽의 피아노 모음곡을 듣고 있습니다.

🍀 행복 에너지 충전법
음악과 감정적 기억 연결하기

마음속으로 과거의 기억들을 떠올리며 그 장면에 연상되는 음악을 생각해 봅니다. 음악을 통해 해소되지 못한 과거를 치유할 수 있습니다.

자기 안에 있는 감정적 기억과 노래를 연결해 보는 심리치료법이 있습니다. 음악이 기억이나 감정과 어떻게 연관을 맺는가를 체험해 볼 수 있는 방법이지요. '노래 게슈탈트(singing gestalt)'라고 하는 이 심리치료법은 미국 에살렌 연구소(Esalen Institute)의 낸시 휠러(Nancy Wheeler)가 개발한 방법입니다. 몇 해 전 낸시 휠러가 HD행복연구소의 초청으로 한국에 와서 이 내용에 대해 워크숍을 실시한 적이 있습니다. 그 방법은 다음과 같습니다.

하나, 눈을 감고 천천히 호흡을 한다
눈을 완전히, 혹은 반쯤 감고 시선은 자기 코 아래를 바라본다고 생각합니다. 천천히 심장으로 숨을 들이마시고, 천천히 숨을 내쉬기를 몇 번 반복합니다.

둘, 상상 속에서 어린 시절의 장면을 사진처럼 한 장 한 장 넘겨본다
호흡을 하면서 상상 속에서 출생 후부터 유치원 시절까지의 앨범을 열고 사진을 한 장 한 장 본다고 생각합니다. 백일이나 돌 무렵, 유치원 시절의 재롱잔치 등 여러 장면들이 떠오를 겁니다.
상상 속에서 앨범을 한 장 한 장 천천히 넘기면서 가장 뚜렷하게 남는 장면을 머릿속에 내려놓습니다. 그리고 그 사진을 앨범에서 꺼내놓고, 앨범은 덮어서 다시 책장에 꽂아둔다고 상상합니다. 이때 호흡은 천천히 계속합니다.
이번에는 초등학교 시절 앨범을 상상 속에서 한 장 한 장 넘겨봅니다. 입학식이나 친구들과 놀던 장면, 소풍이나 운동회 장면 등이 떠오를 겁니다. 학년별로 앨범 속 사진을 한 장 한 장 쭉 훑어봅니다. 그중 가장 선명하게 떠오르는 장면이나 상황의 사진을 한 장 골라서 어린 시절에 가장 뚜렷하게 남은 사진 옆에 놓아둡니다.
이번에는 중·고등학교 시절로 갑니다. 역시 상상 속에서 중학교 앨범을 열어본다고 생각하고, 천천히 한 장 한 장 넘깁니다. 사진 속 장면과 함께 떠오르는 감정도 느껴봅니다. 그리고 좋았든 나빴든 중학교 시절의 가장 뚜렷한 장면을 한 장 선정해서 초등학교 시절의 사진 옆에 놓아둡니다.

마찬가지로 고등학교 앨범을 봅니다. 그리고 고등학교 시절을 통틀어서 자신에게 가장 뚜렷한 인상으로 남아 있는 사진을 한 장 선정해서 중학교 때 선정한 사진 옆에 놓습니다.

이번에는 20대 초반으로 가봅니다. 그때부터 결혼하기 전까지의 앨범을 마음속에서 천천히 한 장 한 장 넘겨보면서 가장 뚜렷하게 마음에 남거나 가장 강한 감정을 일으키는 사진을 한 장 골라서 고등학교 사진 옆에 놓습니다.

그다음에 결혼을 했다면 결혼한 후부터 오늘까지의 앨범을 넘겨봅니다. 결혼식이든, 아기가 태어났을 때든, 가장 선명하게, 가장 강한 감정적인 반응을 일으키는 사진을 한 장 선정합니다. 역시 호흡은 천천히 계속합니다.

셋, 가장 강한 감정적 반응을 일으킨 사진을 한 장 고른다

사진이 대여섯 장 선정되었으면, 기쁨이든 슬픔이든 분노든 만족스러움이든 고마움이든, 가장 큰 감정적 반응을 일으키는 사진을 한 장만 고릅니다. 선정하기가 쉽지 않을 수 있습니다. 고른 사진 속의 자신 옆에 부모님이나 형제자매, 배우자, 자녀, 친구, 연인, 동료처럼 중요한 사람이 있을 수도 있습니다.

넷, 그 사진을 보면서 연상되는 음악을 하나 떠올린다

그 사진을 바라볼 때 떠오르는 음악이 있다면 어떤 곡일까요? 어떤 음악이 지금 자신이 선정한 사진의 장면과 가장 연결되나요? 동요일 수도 있고, 애창곡일 수도 있고, 사진 속의 주인공이 가장 좋아하는 음악일 수도 있습니다.

다섯, 그때 어떤 감정이 드는지 느껴본다

마음속으로 그 사진을 보면서 연상되는 음악을 조용히 불러보거나 들어봅니다. 그때 어떤 감정이 느껴질 겁니다. 슬픔, 그리움, 기쁨, 미안함, 후회, 사랑, 환희…… 어떤 감정도 괜찮습니다.

그 음악을 자신의 감정적 배경음악으로 느끼면서 조용히 눈을 뜹니다. 그리고 자신이 선정한 장면이 어떤 시절의 어떤 장면이었는지를 노트나 수첩에 짧게 적고, 그때 떠오른 배경 음악을 적어봅니다. 그리고 그 음악을 사진과 함께 떠올렸을 때 어떤 감정이 느껴졌는지도 적어봅니다.

감정이 강해서 눈물이 나올 수도 있습니다. 눈물이 나오는 것은 좋은 신호입니다. 혹은 떠오르는 감정이 약해서 이것이 맞는지 틀린지 머리로 생각해야 할 수도 있습니다. 어떤 반응도 괜찮습니다.

이것은 새로운 경험이기 때문에 낯설기도 하고, 어떤 면에서는 두려울 수도 있습니다. 이러다가 내 감정에 압도되면 어쩌나 하는 두려운 마음이 들 수도 있습니다. 혹은 바로 이거였구나, 내가 그리워하는 것, 내가 갈망하는 것, 내가 사랑하는 것이 이거였구나, 이 사람이었구나, 이러한 감정이 있구나 하고 깨달을 수도 있습니다.

이 연습은 10~20분 안에 자기 생애를 돌아보면서 강한 장면을 떠올리고 거기 관련된 감정까지 엿볼 수 있는 연습입니다. 이때 떠오른 장면과 감정은 스스로가 꼭 알아차려주기를 바랐던 것입니다. 늘 대기하고 있던, 언제 알아주나 했던 감정이 먼저 떠오르는 경우가 많습니다.

좋은 감정이든 나쁜 감정이든 그 감정을 만나보는 것은 굉장히 중요한 일입니다. 그것은 나라는 사람을 형성한 중요한 순간이기 때문입니다. 나는 나의 경험, 기억, 감정들로 이루어진 독특하고 유일한 존재이니까요.

이것은 치료로도 좋은 방식입니다. 굳이 사연을 다 이야기할 필요도 없고, 그때의 일을 다 파헤치고 분석할 필요도 없고, 무슨 일이 벌어졌는지를 낱낱이 확인하지 않아도 됩니다.

단지 그때의 감정과 깊이 맞닿을 수 있다면, 그 감정의 정체가 그리움인지 슬픔인지 미안함인지 사랑인지만 명료하게 알 수 있다면, 그 자체로 엄청난 치유 효과가 있습니다.

심리치료에서는 이를 미해결 과제의 처리 과정이라고도 하고, 성장이 정지된 상황에서 벗어나 다시 성장이 가능해지는 계기가 된다고도 봅니다.

한 예를 들어보겠습니다. 38세의 여성이 있었습니다. 그녀는 일곱 살 때 어머니를 잃고 열심히 살아왔지만 왠지 모를 감정적 허기에 불안감과 우울감을 느끼고 자녀에게 집착하는 자신으로 인해 힘들어했습니다. 또한 남편에게 불만이 쌓이면서 이혼을 해야 하나 말아야 하나 고민하고 있었습니다.

그녀는 상담 중에 이 연습을 했는데, 상상 속의 앨범에서 할머니의 손을 잡고 초등학교 입학식에 갔던 장면이 떠올랐습니다. 그리고 그 사진 속에 슬픈 얼굴을 하고 있는 자신을 뚜렷이 보았습니다. 그리고 갑자기 엄마가 좋아하시던 〈울밑에 선 봉선화〉라는 곡이 떠오르면서 눈물이 하염없이 흘렀습니다. 초등학교, 중·고등학교, 대학교 입학식과 졸업식, 결혼식 등 중요한 날에는 늘 비어 있던 어머니의 존재에 대한 아쉬움과 그리움이 어머니의 생전 애창곡과 함께 떠오르면서 감정이 올라온 것이지요.

노래를 부르면서 어머니가 가까이에서 미소와 함께 늘 자신을 지켜봐

주신 것이 느껴져 30여 년 만에 깊은 편안함을 느꼈다고 합니다. 그리고 더 이상 뭔지 모를 허기를 채우고자 아등바등 살지 않아도 된다는 것을 깨달았다고 합니다. 몇 달 혹은 몇 년이 걸릴지 모르는 치유 작업이 노래 한 곡을 통해 이루어진 것입니다.

행복 에너지 충전법
최악과 최상의 업무 경험 떠올려보기

최악과 최상의 업무 경험을 각각 떠올리며 그때 나의 신체, 감정, 두뇌 활동, 관계가 어떤 상태였는지 생각해 봅니다. 그리고 그때를 떠올릴 때 에너지 레벨이 어떻게 달라지는지 느껴봅니다.

짜증과 피로감만 쌓이면서 업무 성과가 최악이었을 때를 떠올려봅니다. 그리고 그때의 신체, 감정, 두뇌 활동, 관계가 어떤 상태였는지 생각해 봅니다. 아울러 그때를 떠올릴 때 자신의 에너지 레벨은 어떻게 변하는가요? 스스로 아래와 같은 질문을 묻고 답해봅니다.

- 그때 자신의 몸 상태는 어땠나요?
  어깨가 뻣뻣했다, 머리가 지끈지끈 아팠다, 위가 쓰리고 아팠다 등.
- 감정 상태는 어땠나요?
  불안하고 초조했다, 답답했다, 쫓기는 기분이 들었다, 압박감이 들었다 등.
- 두뇌 활동 상태는 어땠나요?
  집중이 잘 되지 않았다, 두뇌 회전이 느렸다 등.
- 다른 사람과의 관계는 어땠나요?

공감이나 인간적 교류가 이루어지지 않았다, 협력이 잘 이루어지지 않았다 등.

- 그때를 떠올리니 지금 에너지 레벨이 어떻게 달라지나요?

  에너지가 떨어지는 느낌이 든다.

이번에는 혼자서든 동료들과 함께든 몰입의 즐거움을 느끼면서 시간 가는 줄 모르고 신나게 일하고 최상의 성과를 얻었을 때를 떠올려봅니다. 꼭 최근의 경험일 필요는 없습니다. 그때의 신체, 감정, 두뇌 활동, 관계가 어떤 상태였는지 적어봅니다. 아울러 그때를 떠올릴 때 자신의 에너지 레벨이 어떻게 변하는지 봅니다.

- 그때 신체 상태는 어땠나요?

  머릿속이 상쾌하고 가벼웠다, 몸이 가뿐하게 느껴졌다 등.

- 감정 상태는 어땠나요?

  즐거웠다, 상쾌했다, 행복했다, 황홀했다 등.

- 두뇌 활동 상태는 어땠나요?

  아이디어가 막 떠올랐다, 업무를 신속하고 정확하게 처리할 수 있었다 등.

- 다른 사람과의 관계는 어땠나요?

  협력이 잘 이루어졌다, 고마운 마음이 들었다, 인간적 교류가 느껴졌다 등.

- 그때를 떠올리니 에너지 레벨이 어떻게 달라지나요?

  에너지가 올라가는 느낌이 든다.

감정을 통해서 우리의 에너지는 순간순간 빠져나가기도 하고 충전되기도 합니다. 위의 간단한 활동을 통해 알 수 있듯, 지금 이 순간 벌어지는 일이 아니라 예전 일을 생각하기만 해도 에너지가 떨어지거나 올라가는 것을 체험할 수 있습니다. 그만큼 평소에 감정을 잘 관리하는 것이 얼마나 중요한지 다시 한 번 확인할 수 있습니다.

행복 에너지 충전법
심장 호흡으로 감정 중화시키기

부정적 감정이 느껴지고 스트레스를 받을 때 심장으로 호흡을 합니다. 심장에 집중하며 5초 정도 천천히 숨을 들이마시고 5초 정도 천천히 내쉽니다.

스트레스는 감정적 불편함이라고 했습니다. 하지만 감정을 누르고 부인하고 회피한다고 스트레스가 사라지지는 않습니다. 적절하고 효과적인 대응을 통해서 해소되거나 사라집니다. 다행인 것은, 앞에서도 말했듯 스트레스에 대응하는 힘인 회복탄력성은 키울 수 있다는 사실입니다.

스트레스를 받을 때 가장 먼저 해야 하는 일은 스트레스로 인해서 에너지가 빠져나가는 것을 막는 것입니다. 바로 스트레스로 인해 몸에서 나오는 독을 차단하고 중화시키는 것입니다.

제일 먼저 부정적 감정, 즉 짜증, 분노, 초조감, 불안감, 걱정, 좌절감 등을 낮추어야 합니다. 이를 위한 매우 효과적인 방법이 '심장 호흡'입니다. 말 그대로 심장을 통해서 호흡하는 것이지요. 심장 호흡 방법은 다음과 같습니다.

1단계 : 심장에 집중하며 천천히 호흡을 한다

부정적인 감정은 몸에서 스트레스 호르몬을 분비시키고, 스트레스 호르몬은 독처럼 우리 몸을 망가뜨립니다.

스트레스 상황에 있을 때, 즉 짜증, 분노, 초조감, 좌절감 등의 감정을 느낄 때 잠시 멈추고 천천히 깊이 호흡합니다. 심장으로 숨을 들이마시고, 심장으로 숨을 내쉬는 상상을 하면서 호흡합니다.

5초 정도 숨을 들이마시고 5초 정도 숨을 내쉬는 것이 적절한 속도이지만 대체로 자신에게 편안한 속도로 하면 됩니다. 그렇게 몇 번 심장집중 호흡을 하면 심장이 규칙적이고 질서 있는 패턴으로 뛰면서 점차 스트레스 호르몬의 분비가 중단되며 감정적인 중립 상태로 갈 수 있습니다.

2단계 : 스트레스를 유발하는 상황에서 멀어지는 상상을 한다

계속 천천히 심장으로 호흡을 하면서 스트레스를 유발하는 생각과 감정, 상황으로부터 멀어지는 상상을 합니다. 조금 여유를 두고 바라보는 것입니다. 실제로 마음으로부터 그 장면이나 상황에서 뒷걸음으로 조금씩 멀어지는 것을 상상해 봅니다. 시야가 조금 넓어지고 더 큰 그림에서 볼 수 있는 여지가 생길 것입니다.

3단계 : 부정적 감정이 낮아질 때까지 심장 호흡을 계속한다

부정적인 감정이 줄어서 감정이 중화될 때까지 심장 호흡에 집중합니다. 약 5초 동안 숨을 들이마시고, 약 5초 동안 숨을 내쉬는 정도로 평소보다 약간 느리고 깊게 호흡을 하되, 고르게 하는 것이 요령입니다.

3단계로 나누긴 했지만, 핵심은 천천히 고르게 심장으로 호흡하는 것입니다. 쉽고 간단하지요. 스트레스를 유발하는 일에 대해서 감정이 중화될 때까지 계속 심장 호흡에 집중하는 것입니다.

얼마 전에 이런 일이 있었습니다. 급하게 어디를 다녀오는데 토요일이어서 교통 체증이 심했습니다. 약속시간에 맞춰 돌아와야 했는데 길이 막히니 초조하고 짜증도 났습니다. 그런데 앞에 있던 차가 좌회전을 할 듯하다가 뒤늦게 유턴을 하는 바람에 제가 간발의 차이로 유턴 신호를 놓쳤습니다. 그래서 또다시 2~3분을 기다려야 했습니다. 순간적으로 굉장히 짜증이 났지요.

그때 저는 심장 호흡을 하기 시작했습니다. 앞 차의 운전자에게는 나름의 이유가 있었을 거라고 생각하면서 마음의 여유를 찾고, 계속해서 심장 호흡을 했습니다. 그러다 보니 생각보다 빨리 다음 신호가 찾아왔습니다.

그러지 않았다면 부정적으로 충전된 감정 때문에 몸에서 스트레스 호르몬이 나오면서 에너지가 빠져나갔을 겁니다. 그러나 신속하게 심장 호흡을 함으로써 빠져나가는 에너지를 차단할 수 있었습니다.

이렇게 간단한 방법으로 감정을 중화시키면 스트레스가 몸과 마음에 미치는 악영향을 멈출 수 있습니다. 그렇게만 해도 에너지 고갈을 막을 수 있습니다. 고갈을 막아야 재충전도 가능합니다.

6장 심장을 통해 몸과 마음을 최적의 상태로 조율한다

하트매스 연구소의 맥크레이티 박사의 연구에 의하면 우리 몸에서 심장은 가장 큰 전기장과 자기장을 분출하는 기관이며, 감정의 미세한 변화는 이 전자기장에 영향을 주면서 동시에 주변의 존재에게도 영향을 미친다고 합니다. 또한 첨단 과학은 심장이 단순히 혈액만을 공급하는 게 아니라 감정을 통해 두뇌와 정교하고 복잡한 의사소통(Heart-Brain Communication)을 한다는 사실을 밝혀냈습니다.

서양에서는 지난 200여 년간 심장을 단지 혈액을 공급하는 기관으로, 위장, 소장, 대장, 방광 같은 내장 기관의 하나로만 생각했습니다. 그러나 고대로부터 많은 인류 문화에서 심장은 소중한 기관으로 여겨져 왔습니다.

예를 들어 고대 이집트에서는 미라를 만들 때 뇌는 제일 먼저 두개골에서 빼냈지만 심장은 소중히 다뤘다고 합니다. 고대 이집트 사람들은 생각을 뇌가 아니라 심장으로 한다고 믿었고, 사후에 대지의 신 오시리스가 심장을 저울에 달아 선악을 판별하고 지옥 또는 천국으로 보내는 증거로 삼는다고 믿었기 때문입니다.

따라서 심장은 꺼낸 다음 붕대로 싸서 다시 미라에 넣거나 실로 꿰맸다고 합니다. 나중에 영혼이 왔을 때 자기 심장을 찾아갈 수 있도록 한 것이지요.

동양에서도 한자를 보면 사랑(愛)이라는 단어에도 마음 심(心) 자가 들어 있고, 지혜(智慧), 창의력(創意力), 배려(配慮) 등의 단어에 모두 마음 심 자가 들어 있습니다. 마음을 굉장히 중요하게 여겼다고 볼 수 있습니다.

하트매스 연구소의 맥크레이티 박사의 연구에 의하면 우리 몸에서 심장은 가장 큰 전기장과 자기장을 분출하는 기관이며, 감정의 미세한 변화는 이 전자기장에 영향을 주면서 동시에 주변의 존재에게도 영향을 미친다고 합니다.

또한 첨단 과학은 심장이 단순히 혈액만을 공급하는 게 아니라 감정을 통해 두뇌와 정교하고 복잡한 의사소통(Heart-Brain Communication)을 한다는 사실을 밝혀냈습니다.

심장은 자체 내에 두뇌와 별개로 작동하는 복잡한 신경체계를 지니고 있습니다. 그것을 두뇌의 신경체계인 뉴런과 비슷하다고 해서 '심장두뇌(heart-brain)'라고 합니다. 심장두뇌의 뉴런 수는 두뇌의 뉴런 수보다 적지만 정보량을 보면 심장에서 뇌로 가는 정보의 양이 뇌에서 심장으로 가는 정보의 양보다 훨씬 많다고 합니다. 대략 10배 정도 많은 것으로 알려져 있습니다.

무언가를 선택해야 할 때, 머리로 계산했다가도 막상 마음이 끌리는 것을 선택하는 경험을 해보셨을 것입니다. 이것이 바로 심장에서 두뇌로 가는 정보량이 두뇌에서 심장으로 가는 정보량보다 많다는 증거입니다.

❂ 심장과 감정의 관계

그러면 심장은 주로 무엇에 의해서 영향을 받을까요? 감정에 의해서 즉각 영향을 받습니다.

짜증, 분노, 좌절감, 걱정, 불안 등의 감정이 에너지를 고갈시킨다고 했습니다. 그런 감정을 느낄 때는 심장이 뛰는 패턴이 매우 불규칙합니다. 심박변동률을 그래프로 나타내면 오르락내리락 삐죽삐죽하며 불규칙한 패턴이 나타납니다.

그런 상태는 자동차에 비유하면 가속기와 감속기(액셀러레이터와 브레이크)를 동시에 밟는 상태와 같습니다. 그러면 속력이 나지 않을 뿐 아니라 에너지만 많이 빠져나가고 엔진이 망가지겠죠.

심장이 부정적인 감정을 느낄 때, 특히 짜증과 좌절감, 분노를 느낄 때 우리 몸의 교감신경계와 부교감신경계는 이와 비슷한 상황이 됩니다. 효율적이거나 조화롭게 작동하지 못하면서 에너지가 많이 빠져나가고 몸이 망가집니다.

그런데 문제는 앞에서 말했듯이 작은 스트레스만 받아도, 예컨대 차가 막히지 않을까 하고 조금만 걱정해도 큰 스트레스를 받을 때와 동일한 스트레스 반응이 나옵니다. 심장이 무척 불규칙하게 뛰는 것이죠.

반대로 행복, 감사, 기쁨, 즐거움, 평화 같은 긍정적인 감정을 느낄 때는 심장이 고른 패턴으로 뜁니다. 그중에서도 가장 힘 있게 안정된 패턴으로 심장이 뛰게 해주는 것이 깊은 고마움이라고 합니다.

약 3분 정도 분비된 스트레스 호르몬이 우리 몸에서 머무는 시간은 두 시간 정도 된다고 합니다. 3분 동안 내 몸에서 발생한 스트레스 호르몬이 그후로 약 두 시간 동안 몸 안에 남아서 몸을 망가지게 할 수 있다는 것입니다.

마찬가지로 3분 동안 고맙고 다행스러운 일을 생각하면 그 3분 동안 우리 몸에서 발생하는 DHEA라는 활력/안정 호르몬의 지속 효과도 두 시간입니다.

만일 부부싸움을 해서 스트레스를 많이 받았다면, 잠시 멈추고 심장 호흡을 몇 번 한 뒤에 무언가라도 다행스럽거나 고마움을 느끼면 나쁘던 기분이 가라앉고 마음이 편안해집니다. 한 부인은 남편이 너무 미워서 고마울 것이 하나도 없다고 생각했는데 천천히 고르게 심장 호흡을 하면서 다행한 것을 떠올리니, '그래도 살아있어서 아직 싸울 수 있으니 다행이고, 부부 싸움을 하고도 회사에는 결근하지 않고 출근하니 다행이고, 아이들에게 아빠라는 존재가 있다는 것이 다행이고……' 하면서 점차 고마움을 느낄 수 있었다고 합니다. 그렇게 함으로써 스트레스로 인한 에너지 소모를 줄일 수 있습니다. 이것은 습관화 될 때까지는 어느 정도 의도적으로 노력해야 합니다.

저는 아침에 일어나면 거의 매일 습관적으로 15분 정도 고마움을 떠올리며 느껴봅니다. 그 15분 동안 발생한 활력 호르몬이 몸 안에 열 시간에서 열두 시간 정도 머뭅니다. 그러면 그 활력 호르몬이 낮 시간 내내 영향을 미칠 수 있습니다. 그리고 저녁 때 다시 한 번 15분 정도 고마움을 느끼면서 소모된 에너지를 충전합니다.

결과적으로 활력 호르몬이 24시간 몸속에 지속될 수 있습니다. 그러면 깨어 있는 동안 활동을 잘할 수 있을 뿐 아니라 잠도 편하게 잘 수 있습니다. 편안한 마음으로 하루를 보내고 잠을 잘 자면 값비싼 크림을 바르지 않아도 피부가 좋아집니다.

정합 상태와 부정합 상태란?

심장이 안정적으로 고르게 뛰면 우리 몸 전체의 호르몬계, 면역계, 신경계가 일치와 조화를 이루게 됩니다. 그렇게 일치 조화를 이루고 협응이 잘 이루어지는 상태를 '정합하다(coherent)'고 합니다. 모든 면에서 최적의 상태이죠.

하트매스 연구소의 맥크레이티 박사는 정합한 상태를 심장, 두뇌, 감정이 균형과 조화를 이루는 최적의 상태라고 정의했습니다.

정합한 상태에서는 심장만 안정적으로 뛰는 것이 아니라 두뇌 활동과 감정이 모두 조화를 이룹니다. 생각 따로 몸 따로 마음 따로가 아니라 세 가지가 조화를 이루죠. 우리 몸 안의 면역계, 호르몬계, 신경계가 활력 있게 박자를 맞춰가면서 조율을 잘하고, 통일이 잘되는 상태입니다. 이렇게 면역, 호르몬, 신경 등 세 가지 체계가 활력적으로 협응할 때 정신적, 정서적 유연성이 증가되며, 자신을 잘 조절할 수 있습니다.

예를 들어 김연아 선수의 경우, 평소에 굉장히 연습을 많이 해서 배경음악과 동작, 감정이 완벽하게 맞아 떨어집니다. 그런 상태가 바로 정합한 상태입니다. 그런데 평소에 아무리 연습과 준비를 많이 하더라도 박자를 놓치거나 실수를 할 수 있습니다. 그때 아마 스트레스를 굉장히 많이 받을 겁니다.

하지만 김연아 선수는 그런 일이 있더라도 금방 회복하고 나머지 경기나 공연을 무리 없이 해냅니다. 심장, 두뇌, 감정이 일치 조화를 이루며 몰입하는 상태로 다시 돌아가는 것이죠. 이는 회복탄력성이 높은 덕분입니다. 그래서 유연하게 대처할 수 있는 것이지요.

그런 상황에서 초보 선수들이나 스트레스 관리를 잘 못하는 선수들은 유연하게 대처하지 못합니다. 사실 올림픽에 출전하는 선수들이라면 실력 차이가 크지 않습니다. 하지만 회복탄력성은 개인별로 차이가 많이 납니다. 실수를 했을 때, 예기치 못한 상황이 찾아왔을 때, 압박감에 쫓길 때, 유연성이 있느냐, 즉 정합 상태로 빨리 돌아갈 수 있느냐가 차이를 만들어냅니다.

정합 상태에서는 몰입이 잘되고 좋은 결과를 얻을 수 있습니다. 심리학자 미하이 칙센트미하이(Mihaly Csikszentmihalyi) 박사는 '몰입'의 즐거움에 대해 연구했습니다.

그가 주장한 몰입은 영어로는 'flow'입니다. 물과 같이 유연한 흐름(flow)을 가리키죠. 물이 흐르는 것처럼 유연하고 자연스럽게, 힘을 들이지 않아도 되는 몰입 상태, 그 속에서 감정적으로 극치감을 느끼는 상태를

'flow'라고 했습니다. 그런 몰입의 상태도 정합 상태와 흡사합니다.

정합 상태에 도달하려면 신체적 유연성과 정서적, 정신적 유연성을 키워야 합니다. 캘리포니아대학교 샌프란시스코 캠퍼스의 건강및상담센터 소장인 헨리 칸 박사는 유연성을 테니스 선수에 비유했습니다.

노련한 테니스 선수는 날아오는 공에 따라 몸을 전후좌우 자유자재로 움직입니다. 이런 상태에서는 흐름을 따라가기 때문에 경직되지 않고, 상황이 바뀌어도 흐름에 몸을 맡길 수 있습니다. 무용을 하는 사람도 그렇고, 음악을 하는 사람도 그렇고, 연구를 하는 사람도 그렇고, 운동을 하는 사람 또는 가르치는 사람도 그렇습니다.

정합에 반대되는 상태가 부정합(incoherence) 상태입니다. 불일치, 부조화의 상태죠. 이 상태에서는 심장, 두뇌, 감정이 균형과 조화를 이루지 못합니다.

인체생리학적으로도 정합과 반대 상태입니다. 면역계, 호르몬계, 신경계가 균형과 조화를 잃어버립니다. 지나친 각성 상태가 되거나, 지나치게 무감각하거나, 무감동하거나, 불안하거나, 초조하거나, 화가 나는 등 균형과 조화가 깨집니다.

이럴 때는 감정적으로 매우 경직되고, 인지적으로나 신체적으로나 영적으로도 유연성이 무척 줄어듭니다. 몸이 경직되고, 감정은 불쾌하고 불안하고, 인지적으로도 혼란스럽고, 생각이 얽히고설키고, 행동도 지지부진한 것이 부정합 상태의 특징입니다.

비유를 들자면, 조정 선수들은 여러 명이 함께 배를 저어 갑니다. 그런데 선수들이 각자 자기 박자대로 간다면 배가 제대로 갈까요? 힘만 들고 에너지는 많이 빠져나가면서 속력은 나지 않을 것입니다. 그런 상태가 부정합 상태죠.

반대로 선수들이 한마음으로 박자와 속도를 맞추면서 일치단결해서 잘 가는 상태가 정합 상태입니다. 각 선수를 우리 몸의 면역계, 신경계, 호르몬계에 비유해 볼 수 있을 것입니다.

행복 에너지 충전법
정합 상태를 빨리 회복하는 QCT

정합 상태를 회복해서 평정심을 되찾아야 하는데 시간이 없는 경우에 활용할 수 있는 방법입니다. 심장 호흡과 긍정적 감정 느끼기가 핵심입니다.

피겨 스케이트 선수가 넘어졌다고 해서 울며 스트레스를 받다 보면 이미 경기가 끝났을 수 있습니다. 이처럼 시간이 없거나 쫓기는 상황에서 빨리 평정심을 되찾고 정합 상태를 회복하는 기술이 있습니다.

평상시에도 이용할 수 있지만, 갑자기 예기치 않은 일을 당해서 큰 충격이나 스트레스를 받았을 때 빨리 평정심을 되찾는 방법입니다. 그 기법은 'QCT(Quick Coherence Technique)'입니다. 말 그대로 재빨리 정합 상태를 되찾는 기법입니다.

QCT는 스트레스에 휘말려 중심을 잃고 일치 조화를 못 이룰 때 빨리 중심을 찾게 해줍니다. 시간은 1~2분 정도밖에 걸리지 않습니다. 업무 중, 업무 전후, 혼자 있을 때, 여럿이 있을 때, 언제든 혼자서 조용히 할 수 있습니다.

가끔 방송 녹화를 하다가 부정합 상태에 빠지는 경우가 있습니다. 방송은 PD, 카메라맨, 작가, 출연자 등 여러 사람이 함께 일을 하기 때문에 NG

가 나는 등 조화 일치가 잘 이루어지지 않는 경우가 많습니다. 그로 인해 녹화 시간이 예상보다 길어지는 경우도 적지 않은데, 그러면 다음 일정에 시간이 쫓겨서 스트레스를 받기 쉽습니다.

그럴 때는 저는 눈에 띄지 않게 QCT를 합니다. 자리에 가만히 앉아서 하는 경우도 있고, 무대 뒤나 화장실에 가서 하기도 합니다. 심장 호흡을 몇 번 하고, 다행스러운 상황을 생각해 보고, 고마운 사람을 떠올려보면 빨리 정합 상태로 돌아갈 수가 있습니다.

특히 표 안 나게 일을 많이 하는 막내 작가에게 깊은 고마움을 느끼면 신속하게 정합 상태로 돌아가 평정심을 되찾을 수 있습니다.

그럼 QCT를 하는 방법을 구체적으로 살펴보도록 하겠습니다.

QCT 1단계 : 심장 호흡을 한다

QCT는 두 단계로 이루어집니다. 첫 번째 단계는 심장 집중 호흡입니다. 5초 정도 심장으로 천천히 숨을 들이마시고 5초 정도 천천히 숨을 내쉽니다. 들숨과 날숨이 각각 5초여서 합해서 10초입니다.

얼마 전에 컨퍼런스에서 맥크레이티 박사를 만나서 왜 5초씩 들이마시고 내쉬는지 물어보았습니다. 그분 말씀이, 대자연에도 주파수가 있는데, 주파수가 0.1헤르츠라고 합니다. 0.1헤르츠를 속도로 치면 10초 안에 한 번의 들숨과 날숨을 하는 것인데, 들숨 날숨을 각각 5초씩 하면 자연의 반복적이고 규칙적인 움직임의 주파수와 거의 속도가 맞는다는 것입니다. 호흡의 주파수를 자연에 맞추기만 해도 마음이 편안해집니다.

이처럼 평소보다 약간 천천히, 고르게 몇 번만 호흡을 해도 자율신경계가 스트레스 호르몬 분비를 차단합니다. 스트레스를 중화해 주는 것이지요.

QCT 2단계 : 좋아하거나 고마운 대상을 떠올리며 감정을 느낀다

호흡만 해서는 부족합니다. 심장에서 일정한 패턴이 지속되려면 감정까지 움직여야 합니다. 심장에서 긍정적인 감정을 느껴야 활력 호르몬인 DHEA가 분비되어 몸속에 오래 지속되기 때문입니다. 그러자면 자신이 좋아하는 대상이나 활동, 고마운 사람이나 감사한 상황을 떠올리면서 그 감정을 느껴보면 됩니다. 그런 일들을 떠올리면서 그 감정을 느끼면 심장은 저절로 최적의 주파수에 맞춰서 뜁니다.

저는 미국 유학 시절, 박사 과정 자격시험을 앞두고 힘든 시기에 남편을 소개받았습니다. 그때 남편이 많은 의지가 되어주었죠. 언젠가 예전 앨범을 보다 보니, 당시에 제가 남편에게 '저는 이 세상에서 가장 부유한 사람입니다'라고 쓴 카드를 보냈더군요. 고마운 사람, 좋아하는 사람을 떠올리기만 해도 마음이 풍요로워진다는 것을 그때 이미 느꼈던 것 같습니다.

자연을 떠올려도 좋습니다. 저는 미국에서 26년 살다가 한국에 돌아와서 경주에서 약 1년 정도 살았습니다. 그때 보았던 경주의 벚꽃은 환상적이었습니다. 밤에 보는 벚꽃은 특히 아름다웠죠. 지금도 벚꽃을 떠올리면 그때의 황홀했던 기분이 떠오르면서 제 심장이 바로 정합 상태로 갑니다. 여러분도 그런 사람이나 대상이나 장소나 물건이 있을 겁니다. 그런 대상을 떠올리면서 마음으로 깊이 느껴보세요.

스트레스를 오래 받다 보면 호흡이 얕아질 수 있습니다. 폐 깊숙이 들이마시고 내쉬지 않거나, 호흡 주기가 짧은 사람들은 특히 QCT 훈련이 필요합니다. 호흡을 천천히 하면 부교감신경을 안정시켜 주는 미주신경이 활성화된다고 합니다. 그리고 안정적 호흡은 심장에도 안정 신호를 보내서 심박변동률이 정합적으로 변하게 된다고 합니다.

QCT를 하기에 좋은 상황은 잠에서 깼을 때, 운전 중, 출퇴근할 때, 업무나 수업 시작 전, 업무 중 스트레스 상황, 회의 중 잠시 쉬는 시간, 은행이나 상점 등에서 차례를 기다릴 때, 운동 전후, 잠들기 직전 등입니다.

이런 때에는 자신도 모르게 무료함, 짜증, 불안, 초조 등의 감정으로 에너지를 소모하고 있을지 모릅니다. 그럴 때마다 QCT를 하면 내적 에너지를 비축할 수 있고, 회복탄력성을 높일 수 있습니다.

❂ 심장이 두뇌에 보내는 신호

평정심을 유지하면 좀더 차분하고 지혜롭게 반응할 수 있는 권한을 스스로에게 부여하는 것입니다. 그런데 그런 권한을 부여하려면 머리에서 하는 것보다는 심장에서 하는 것이, 즉 감정을 통하는 것이 훨씬 효과적입니다. 심장에서 두뇌로 가는 신호가 두뇌에서 심장으로 가는 신호보다 훨씬 많기 때문이지요.

심장에서 두뇌로 가는 신호는 대개 감정 처리, 주의 집중, 지각, 기억, 문제 해결 등 두뇌에서 중대한 역할을 하는 부위에 영향을 미칩니다. 특히 기억이나 판단, 우선순위, 전략적 사고, 반응 시간, 사회적 알아차림, 자기조율 능력 등을 담당하는 부위가 뇌의 시상(thalamus)인데, 그 부위로 심장 리듬이 신호를 보냅니다.

만약 심장에서 불일치되는 패턴을 보내면 두뇌는 '두뇌피질 억제' 상태가 됩니다. 두뇌피질 억제란 공포, 불안, 고통, 원망 등 감정적 스트레스를 받으면 심장이 불규칙하게 뛰면서 두뇌로 가는 신경 신호가 고도의 인지 기능을 저지하는 상태입니다. 이때는 파충류 반응이 나옵니다. 즉, 원시적인 반응으로 싸우거나, 도망가거나, 얼어붙는 반응이 나옵니다. 명료한 사고, 기억, 학습, 이성적인 생각, 효율적 결정이나 판단을 할 수가 없습니다. 충동적이고 어리석은 행동을 하게 됩니다. 극단적인 행동을 취하기도 하고요.

한편, 심장 패턴이 고르게, 규칙적이고 조화롭게, 질서 있게 뛰면 두뇌는 '두뇌피질 촉진' 상태가 됩니다. 두뇌피질 촉진은 긍정적이고 안정적인 감정이 심장을 규칙적이고 질서 있게 뛰게 함으로써 두뇌 피질의 기능을 촉진하고 원활하게 하는 상태입니다.

이럴 때는 인지 기능도 활성화되고, 생각을 좀더 넓게, 깊게 잘할 수 있게 되고, 생각, 감정, 행동이 일치와 조화를 이룹니다. 단기 기억과 장기 기억이 모두 향상되고 집중력이 좋아집니다. 창의력, 직관력, 판단력과 문제해결 능력이 향상되고, 업무 수행도 최적으로 할 수가 있습니다. 자연히 전반적인 건강 상태도 좋아지겠지요.

두뇌피질을 촉진하기 위해서는 정합 상태가 되어야 합니다. 심장이 조화롭게 뜀으로써 면역계, 신경계, 호르몬계 등 신체의 모든 작동들이 서로 조화, 일치, 균형을 이루는 정합 상황을 만들어야 하지요.

정합 상태로 가려면 먼저 호흡에 집중하고 그다음에 긍정적 감정으로 가라고 했습니다. 그것을 이완이나 명상 등으로 생각하기 쉬운데, 그와는 전혀 다릅니다. 이완을 하면 긴장이 풀려 자칫하면 휴식을 취하다가 잠이 들게 됩니다. 그러면 두뇌피질이 작동을 잘 못합니다. 예를 들어 병원에 응급 환자들이 들어왔는데 의료진이 이완하고 있으면 재빨리 적절한 처리나 판단을 할 수가 없습니다. 또한 명상을 하다보면 초보자들은 자칫 '잡념'에 빠지기 쉬우나 정합 상태는 감정을 통해 직접적으로 심장패턴과 신체 신호들을 변화시킬 수 있기에 즉각적인 변화(shift)가 일어날 수 있습니다.

두뇌피질을 촉진하는 정합 상태가 되려면 마음이 편안해야 합니다. 그래야 정신이 명료해져서 수정을 통해서 바라보듯 깨끗하고 집중력 높은 고도의 사고를 할 수 있되 평정심을 유지할 수 있습니다. 많은 일을 효과적으로 재빨리 해낼 수 있는 상태입니다. 따라서 정합한 상태란 긴장이 이완되어 잠에 빠져들거나 눈감고 사색하며 생각에 머무는 것이 아니라 내적 고요함 속에 신속 정확하게 흐름을 타는 상태라고 할 수 있습니다.

한 교사는 교사 초년생 시절에 학부모님 앞에서 수업을 진행한 적이 있는데, 너무 떨려서 머릿속이 텅 비고 수업 내용이 아무것도 기억나지 않았다고 합니다. 두뇌피질 억제의 예로 볼 수 있겠지요.

한 교사의 경우, 소풍을 갔는데 갑자기 한 학생이 보이지 않았다고 합니다. 나머지 학생들을 두고 그 학생을 찾자니 다른 학생들이 걱정되고, 그렇다고 찾지 않을 수도 없고, 난감했겠지요.

이때 불안과 초조감을 심장 호흡으로 진정시키고 잠시 침착하게 생각한 후, 나머지 학생들을 동료 교사에게 맡긴 다음 안 보이는 아이를 무사히 찾을 수 있었다고 합니다. 어려운 상황에서 심장 호흡을 통해 정합 상태를 회복하여 두뇌피질을 촉진한 사례로 볼 수 있습니다.

심박변동률과 회복탄력성

병원에 가면 맥박을 재는 경우가 있습니다. 그렇게 재는 맥박은 1분 안에 맥이 몇 번 뛰느냐를 보여줍니다. 1분 안에 80번 뛸 수도 있고, 90번 뛸 수도 있고, 달리기를 하거나 굉장히 흥분했을 때는 140번 뛸 수도 있습니다. 하지만 이것은 각각 맥박 간의 뛰는 속도의 차이를 무시한 채 평균적으로 일 분 동안 총 몇 번 뛰는지만 측정하는 것입니다.

그런데 자세히 보면 맥박이 뛸 때마다 맥박과 맥박 사이의 간격이 다릅

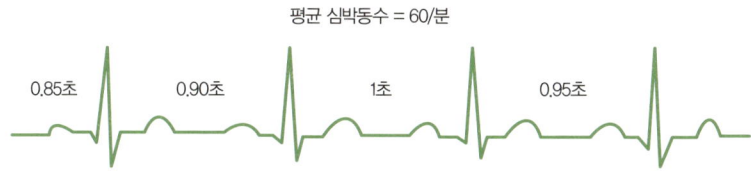

6-1 심박변동률 그래프

니다. 이와 같은 심장 박동과 박동 사이의 길이 변화를 심박변동률이라고 합니다. 영어로는 'HRV(Heart Rate Variability)'라고 합니다.

예전에는 의사들이 건강의 기본 지표로 혈압과 혈당을 쟀는데, 지금은 심박변동률도 측정합니다. 맥박수가 아니라 심박변동률이 규칙적인지가 중요합니다. 즉, 1분에 총 몇 번 뛰는 것이 중요한 게 아니라 뛸 때마다 그 간격이 일정하게 빨라지고 일정하게 느려지느냐가 중요합니다.

심장이 점점 빨리 뛰다가 점점 늦게 뛰다가 할 수 있는데, 그 간격이 일정한 것이 건강의 지표이고, 대개 마음이 편할 때의 상태입니다.

공격을 당하거나 위험을 느끼면 심장 박동이 빨라져야 하는데 동시에 브레이크도 걸립니다. 그러면 심장 박동이 불규칙하게 빨라졌다 느려졌다 합니다. 심박변동률이 불규칙한 것이죠. 이럴 때는 자동차로 치면 액셀러레이터와 브레이크가 한꺼번에 걸리는 상황이 되면서 몸에서 스트레스 호르몬이 많이 나옵니다.

짜증이 나거나, 불안하거나, 우울하다면 심장의 심박변동률이 불규칙적이고, 편안하거나 즐겁거나 행복하다면 심박변동률이 규칙적이라는 걸 하트매스 연구를 통해서 이제는 알 수 있습니다.

심박변동률을 불규칙한 쪽에서 규칙적인 쪽으로 바꾸는 방법을 배우면 효과적으로 활력 에너지와 행복 에너지를 충전해 나갈 수 있습니다.

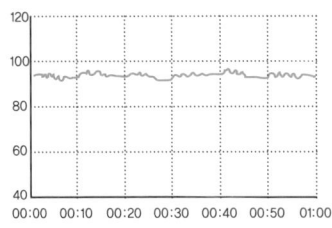 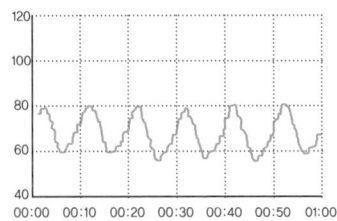

중년 남성
· 직장에서 오랜 기간 스트레스를 받음
· 당뇨병 9년차
· 고혈압 · 과체중

젊은 남성
· 운동을 많이 함
· 건강한 라이프스타일을 유지함

6-2 심박변동률의 파고와 건강 상태의 관계

한편, 심박변동률의 파고가 높거나 낮을 수 있습니다. 파고가 높으면 변동폭이 큰 것이고 파고가 낮으면 변동폭이 작은 것입니다. 그런데 변동폭이 큰 사람과 작은 사람 중 누가 더 건강할까요?

연구 결과, 대개 폭이 큰 사람이 더 건강하고 젊습니다. 여기서 젊다는 것은 실제 나이만이 아니라 신체 연령이 젊다는 뜻입니다. 심박변동률의 변동폭이 크다는 것은 대개 회복탄력성과 유연성이 크다는 것을 뜻합니다. 탄력이 크면 유연성도 크겠죠. 스프링을 상상해 보면 됩니다. 반대로 탄력이 작으면 유연성도 작을 것입니다.

그래프 6-2에서 위의 그래프는 직장에서 오랜 기간 스트레스를 받아왔고, 현재 고혈압과 과체중이며, 9년째 당뇨병을 앓고 있는 중년 남성의 심박변동률입니다. 심박변동률의 파고가 낮죠.

아래 그래프는 운동을 많이 하며 건강한 라이프스타일을 유지하는 사람의 심박변동률입니다. 위 그래프와 달리 심박변동률의 파고가 높습니다.

이 두 그래프를 보면 심박변동률이 건강 상태를 반영함을 알 수 있습니다. 하트매스 연구소의 연구 결과에 따르면 심박변동률의 높은 파고는 신체적 회복탄력성과 행동적 유연성을 나타내는 중요한 지표입니다. 반대로 심박변동률의 낮은 파고는 노화나 질병과 관련이 높습니다.

하트매스 연구소의 제프 겔리츠(Jeff Goelitz)는 할리우드의 한 감독을 엠웨이브 기계로 측정해 보니 심박변동률이 거의 없어서 의사에게 가보라고 했답니다. 하지만 의사는 예전 의과대학 때 배운 방식으로 혈압, 맥박 등을 재고 맥박이 80이라며 정상이라고 했답니다. 그는 안심하고 병원에서 나오자마자 횡단보도를 건너던 중에 심장마비로 사망했습니다. 이미 심박변동률이 거의 0에 가깝다는 것은 심각한 건강 이상 신호였지만 맥박만으로는 알 수가 없었던 것이지요.

심박변동률의 변동폭을 높이는 방법을 배우고 실천하면 점점 더 젊어지고 건강해집니다. 하지만 심박변동률의 변동폭이 반드시 나이와 비례하지는 않습니다. 보통 젊으면 심박변동률의 변동폭이 크지만 오랫동안 스트레스를 받은 사람은 변동폭이 좀 작습니다. 하지만 회복탄력성을 키우는 법을 배우면 나이가 적든 많든 심박변동률의 변동폭이 다시 커질 수 있습니다.

🍀 행복 에너지 충전법
감사하는 마음 느끼기

사람이나 동물, 자연, 상황, 사건을 떠올리며 고마움을 마음으로 깊이 느껴봅니다. 고마운 대상을 향해서 '감사 일기'를 쓰는 것도 좋습니다.

하트매스 연구소에서 청소년 교도소에 수감되어 있는 청소년들의 심박변동률을 측정해 보니 그들의 미래를 예측할 수 있었다고 합니다. 실제로 나이가 젊더라도 심박변동률의 변동폭이 작은 젊은이들은 출소 후에 다시 범죄를 저지르는 경우가 많았습니다.

고마운 것도 모르고, 사랑도 모르고, 세상을 원망하기만 하는 사람들은 대개 심박변동률의 변동폭이 아주 작습니다. 하지만 그런 사람들도 훈련을 통해서 변동폭을 키울 수 있습니다. 실제로 하트매스 방식으로 청소년 교도소의 수감자들에게 심장집중 호흡과 고마움 느끼기 훈련을 한 후 재범률이 현저히 주는 성과를 얻었다고 합니다. 가장 효과가 있는 것이 감정을 심장으로 '느껴보는' 것입니다. 생각하는 게 아니라 느껴야 효과가 있습니다.

그중에서도 감사하는 감정의 힘이 가장 큽니다. 감사하는 마음을 많이 가질수록 심박변동률에 탄력이 붙습니다. 이것은 인지적, 정서적, 사회적 회복탄력성을 키워주며 곧 인성 교육의 핵심은 '감사'라고 생각합니다.

의례적으로 어버이날이니 카네이션을 보내야겠다는 것은 감정이 아닙니다. 하지만 어머니나 아버지가 자식들을 키우느라 희생하고 고생하셨던 기억을 떠올리고 부모님을 기쁘게 해드리고 싶어 정성 어린 편지나 선물을 드린다면 이것은 고마움을 깊이 느끼고 표현하는 것입니다.

이처럼 감사(appreciation)는 단지 고맙다는 '생각'만이 아니라 깊이 고마움을 '느끼는 것'을 가리킵니다.

감사하는 마음을 느끼면 심신의 에너지가 증가하고, 회복탄력성이 증가하며, 인지적 유연성, 기억력, 면역 기능, 업무 수행 능력, 문제 해결 능력, 통찰력, 창의력, 행복 등이 모두 향상됩니다. 그렇다면 감사하는 마음을 갖는 법을 어려서부터 가르치고 훈련시킬 필요가 있습니다.

미국에서 가정교육을 제대로 하는 부모들은 아이들이 어려서 말을 배울 때 물이나 우유를 달라면서 그냥 "Water!" "Milk!"라고 하면 주지 않습니다. "뭐라고 해야 하지?" 하면서 아이에게 다시 말하게 합니다. "Water, please."라고 할 때까지 반복해서 묻습니다.

그리고 물이나 우유를 줬을 때 아이가 그냥 받으면 다시 빼앗습니다. 그리고 "뭐라고 해야 하지?" 하고 묻습니다. 그래서 아이가 "Thank you."라고 말하도록 합니다. "고맙습니다"가 습관적으로 입에 붙도록 훈련하는 것입니다.

우리도 감사의 문화가 있습니다. 부모님의 은혜에 깊은 고마움을 느끼는 '효'가 있고, 선생님에 대한 고마움을 표하는 '스승의 날'이 있습니다. 그런 문화는 지키고 살릴 가치가 있습니다.

감사는 사람에게만 할 수 있는 것이 아닙니다. 자연이나 반려동물에게도 고마운 마음을 느낄 수 있습니다. 어떤 상황이나 사건을 떠올리며 감사의 마음을 가질 수도 있습니다. 예를 들어, 대자연에서 깊은 마음의 평화를 느끼며 감사하는 마음을 가지면 그런 마음이 심박변동률을 규칙적으로 해주며 정합 상태로 가게 해줍니다.

사진을 보면서 감사의 마음이나 따뜻하고 흐뭇한 마음을 느끼는 것도 좋습니다. 저희 부부가 멕시코, 과테말라, 브라질 등의 마리아 수녀회에서 운영하는 무상 기숙학교에서 중학생에게 강의를 한 적이 있습니다. 그들은 그곳에서도 가장 하층민인 아이들이었습니다. 극도로 가난한 가정에서 태어나 방치되거나 학대당한 아이들을 구출해서 수녀님들이 보살펴주고 기숙학교에서 공부할 수 있게 해준 것이었습니다.

그 아이들은 대부분의 시간을 자기들끼리 보내다 보니 외부인들이 방문하면 무척 좋아했지요. 그때의 사진 속 아이들의 천진난만하고 순수한 표정을 보면 절로 미소가 지어지고 마음이 따뜻해집니다. 그러면 심장이 안정적이고 규칙적으로 뛰지요.

돈이 들거나 지식이나 기술이 필요한 것이 아닙니다. 주변을 보면 얼마든지 감사하는 마음을 갖게 하는 사람들, 장면들을 만날 수 있습니다.

감사하는 마음을 갖게 하는 것을 열 가지만 적어보세요. 사람이든, 반려동물이든, 자연이든, 어떤 상황이든, 활동이든 상관없습니다.

감사 일기 쓰기

감사의 힘에 대한 연구 결과를 바탕으로 제가 만든 것이 바로 '감사 일기'입니다. 행복하게 살고, 건강하게 살고, 남들과 더불어서 성공적으로 산다면 감사하지 않을 이유가 없지요.

매일 고마운 대상을 한 명씩 정해서 그 사람에게 구체적으로 어떤 것이 고맙게 느껴졌는지를 적어봅니다. 감사 일기의 예를 하나 들어보겠습니다.

경비 아저씨, 오늘 제가 외출한 사이에 도착한 택배를 잘 받아두었다가 전해주셔서 감사합니다. 시골에 사시는 친정 엄마가 제가 좋아하는 오이김치를 담가 보내주신 건데, 요즘 날씨가 더워서 냉장 보관하지 않으면 시어 버렸을지도 몰라요. 제가 올 때까지 경비실의 냉장고에 보관해 주셔서 엄마의 맛있는 오이김치를 잘 먹을 수 있게 해주신 것 정말 고맙습니다.

감사 일기는 진심을 담아 고마움을 느끼고 표현하는 것이 핵심입니다.

다행 일기 쓰기

긍정적인 감정, 즉 기쁨이나 고마움을 떠올리기 힘들다는 사람들이 적지 않습니다. 학부모나 교사는 신경이 많이 쓰이는 자녀나 학생이 한두 명만 있어도 부정적인 모습이 주로 눈에 들어오고 기쁨이나 고마움과는 거리가 먼 기억과 생각들만 떠오릅니다. 또한 학생들은 고마운 일을 떠올려보라고 하면 "고마운 거 없는데요"라고 반응하는 경우가 많습니다.

이처럼 고마움이나 감동, 사랑 같은 긍정적인 감정이 느껴지지 않을 때 하면 효과적인 방법이 있습니다. 바로 '다행 일기' 쓰기입니다. 다행스러운 일을 세 개 정도만 떠올리면 자연스럽게 고마운 마음이 들면서 긍정적인 에너지가 충전됩니다.

- 나는 ~라서 다행이다

  나는 가족이 있어서 다행이다, 일할 수 있는 직장이 있어서 다행이다, 산책을 할 수 있어서 다행이다, 음악을 들을 수 있어서 다행이다 등.

- 나는 ~가 아니라서 다행이다

  나는 문맹자가 아니라서 다행이다, 나는 북한 주민이 아니라서 다행이다, 나는 사랑을 모르는 사람이 아니라서 다행이다, 차 한 잔 같이 마실 친구가 없는 사람이 아니라서 다행이다, 큰 병을 앓고 있지 않아서 다행이다 등.

- 나는 비록 ~지만 ~가 아니라서 다행이다

  나는 비록 부자는 아니지만 빚이 없어서 다행이다, 나는 비록 큰 집은 아닐지언정 내 집이 있어서 다행이다, 나는 비록 학기 중에는 바쁘지만 다른 직장인들보다 더 긴 방학을 가질 수 있어서 다행이다 등.

'나는 ~라서 다행이다.' '나는 ~가 아니라서 다행이다.' '나는 비록 ~지만 ~가 아니라서 다행이다.' 이 세 문장을 기억하고, 매일 새로운 내용으로 다행 일기를 써봅니다. 자신이 처해 있는 상황이 원하던 상황이 아니더라도 다행인 상황을 찾을 수 있는 힘이 키워질 것입니다.

7장 감정코칭으로 행복 에너지를 만드는 법

마음에 여유가 있느냐 없느냐, 에너지의 여유가 있느냐 없느냐에 따라 감정노동이 될 수도 있고, 감정코칭이 될 수도 있습니다. 본인이 어떤 일을 하면서 무척 피곤하고, 힘들고, 스트레스를 받는다면 감정노동일 것입니다. 먼저 교육자나 부모나 상담사가 회복탄력성을 갖춰야 감정노동이 아닌 감정코칭을 제대로 할 수 있습니다.

최근 들어 감정노동이라는 말을 자주 듣습니다. 속은 새까맣게 타는데도 겉으로는 웃어야 하는 감정노동자들의 고충은 미디어에서도 자주 다루고 있습니다. 감정노동을 하는 사람들, 대표적으로 서비스업 종사자들은 때로 겉으로는 미소를 지으면서 속으로는 욕을 하는 자신을 발견한다고 합니다. 생각과 감정, 행동의 불일치 상태입니다. 이런 상태에서는 스트레스를 많이 받습니다.

특히 감정노동이 심한 직업들이 있습니다. 감정노동 직업 상위 10개를 보면 1위가 항공기 객실 승무원, 2위가 홍보 도우미입니다. 요즘은 감정노동 상위 직업에 속하는 사람들만이 아니라 대부분의 직업인들이 감정노동을 하고 있는 듯합니다.

감정노동 직업 중 상위 20위 안에 드는 직업 중 하나가 사회복지사입니다. 얼마 전, 우리나라 한 중소도시 시청에 근무하는 사회복지사 세 명이 1~2년 사이에 잇따라 자살한 사건이 있었습니다.

이런 비극이 일어난 것은 그들이 특히 약한 사람이라서가 아니라, 고갈된 심신 에너지를 재충전할 수 있는 방법을 몰랐기 때문이 아닐까요? 그

1. 항공기 객실 승무원
2. 홍보 도우미
3. 통신 서비스 및 이동통신기기 판매원
4. 장례 상담원, 장례 지도사
5. 아나운서와 리포터
6. 음식 서비스업 관리자
7. 검표원
8. 마술사
9. 패스트푸드 식당 종업원
10. 고객 상담원(콜센터 상담원)

출처 : 한국직업능력개발원, 2013

7-1 감정노동 직업 상위 10

런 여유나 기회를 갖지 못해서 스트레스에 시달리고 과로에 눌리다 극단적인 선택을 하지 않았을까 생각합니다.

교사도 감정노동 강도가 결코 낮지 않은 직업입니다. 특히 유치원 교사들이 감정노동에 많이 시달린다고 호소합니다.

대학교수인 저희 남편은 감정코칭에 대한 강의를 자주 하는데, 참석하신 분들이 종종 감정노동과 감정코칭이 어떻게 다른지 질문한다고 합니다. 이는 마음에 여유가 있느냐 없느냐, 에너지의 여유가 있느냐 없느냐에 따라 감정노동이 될 수도 있고, 감정코칭이 될 수도 있습니다.

본인이 어떤 일을 하면서 무척 피곤하고, 힘들고, 스트레스를 받는다면 감정노동입니다. 먼저 교육자나 부모나 상담사가 회복탄력성을 갖춰야 감정노동이 아닌 감정코칭을 제대로 할 수 있습니다.

감정코칭을 제대로 한다면 어떤 이득이 있을까요? 가트맨 박사에 의하면 감정코칭은 아이들에게 여러 감정에 대해 알게 해주고 이로써 아이들은 감정 상황에서 내적 통제력과 감정 조절 능력을 키워나갈 수 있는데, 이 능력은 성인의 삶에서도 중요합니다.

감정코칭은 정서지능을 키우는 효과가 검증된 방식입니다. 우선 부모나 교사는 감정코칭을 함으로써 바람직한 양육 결과를 얻을 수 있고, 아이의 행동 한계를 명확히 함으로써 안전하게 키울 수 있습니다. 또한 상호 신뢰와 존중이 쌓이고 부모나 교사의 역할이 보람되고 즐거워집니다. 이 같은 효과는 가트맨 박사의 연구뿐 아니라 저의 '감정코칭' 연수를 들은 수많은 교사들이 연수 후기에 올려주신 글에서도 반복적으로 입증되고 있습니다.

그렇다면 아이에게도 감정코칭의 효과가 있을까요? 가트맨 박사의 연구에 의하면 감정코칭을 받은 아이들은 부교감신경계를 활성화시키는 미주신경이 발달하며 정서지능의 핵심인 공감 능력이 뛰어나다고 합니다. 즉 자신의 감정을 잘 조절하고 타인의 감정을 감지하고 생각, 감정, 행동의 관계를 이해함으로써 성공적인 인간관계를 유지할 수 있습니다.

감정코칭은 비단 부모나 교사들뿐 아니라 누구라도 배우고 실천할 수 있는 방법입니다. 특히 감정노동에 시달리는 사람들은 감정코칭을 배우면서 동시에 회복탄력성을 키우는 방법까지 배운다면 행복 에너지를 늘릴 수 있습니다.

나아가 관계를 행복하게 하는 기술을 사용함으로써 자신의 내적 에너지를 현명하게 사용할 수 있을 뿐 아니라 관계적 에너지도 긍정적으로 활용할 수 있습니다. 그러면 일이 즐거워지고 생활에 생동감이 살아나며 일과 관계에서 의미와 가치를 더욱 느낄 수 있을 것입니다.

☼ 활력과 생명의 에너지, 행복 에너지

행복 에너지는 내적 에너지를 채워주고 생각, 행동, 감정이 조화와 일치를 이루는 최적의 상태를 유지시켜 주는 활력과 생명의 에너지라고 할 수 있습니다.

행복 에너지가 충만할 때 우리는 안전감, 편안함, 충만감, 감사, 감동, 평화, 자신감, 자부심, 연민, 배려, 신뢰, 사랑 같은 감정을 느낍니다. 동시에 이런 긍정적인 감정을 느낄 때 내적으로 행복 에너지를 충전할 수 있습니다.

앞에서 부모, 교사, 상담사가 평정심과 내적 에너지를 충전하면 감정노동이 아닌 진정한 감정코칭을 할 수 있다고 했습니다.

무엇보다 교사들은 학생들에게 감정코칭을 해주려는 마음만 갖고 성급하게 시작하기보다는 먼저 스스로 얼마나 스트레스를 받고 있는지, 얼마나 자신의 에너지가 고갈되고 있는지를 알아차리는 것이 중요합니다. 마치 물에 빠진 사람을 구하려면 자신의 수영 실력을 키우는 것이 우선이듯 말입니다.

자신의 감정을 모르면서 다른 사람의 감정을 이해하거나 공감하기는 어렵습니다. 또한 자신의 감정과 타인의 감정을 혼동하여 더 곤란한 지경에 빠질 수도 있습니다.

EBS 〈우리 선생님이 달라졌어요〉에 참가했던 한 교사는 "내가 월급을 받으려고 선생님 노릇을 하는 거면 정말 선생님을 그만두고 싶다"라고 말했습니다. 당시에 그 교사는 심신이 너무 피로했기 때문에 스스로를 감정노동자로 느끼고 있었습니다. 표정만 봐도 알 수 있을 정도로 심한 탈진 상태에 빠져 있었습니다.

그는 감정의 고갈을 최소화하고 에너지가 빠져나가지 않게 하기 위해서 아이들과 눈을 맞추지 않았습니다. 일부러 피한 것입니다. 학생들이 숙제 검사를 받으러 와도 단 한 명도 눈을 마주치지 않았습니다. 그렇게 거리를 두고 가능한 한 정서적인 교류나 접촉을 피했습니다. 그에게는 교실이 고된 노동 현장이나 전쟁터 같았을 겁니다.

그러나 감정코칭과 마이크로 티칭 훈련을 받고 난 후에는 이렇게 이야기했습니다. "이제는 피곤하지 않고 내년이 더 기대가 돼요."

또다른 교사는 학생들을 공격적으로 대했습니다. 말도 격하게 했죠. 본인은 알아차리지 못했지만, 습관적으로 쓰는 경멸과 비웃음의 말투로 학생들은 상처를 받았습니다. 표정도 굉장히 무서웠습니다. 그래서 학생들은 선생님의 얼굴을 보면 겁을 냈습니다.

학생들이 선생님에 대해 솔직하게 보고 느낀 대로 말한 모습을 담은 동영상을 보면서 그 교사는 놀랐습니다. 본인은 스스로를 유능한 교사라고 생각했고, 실제로 교과목은 잘 가르쳤습니다. 그런데 본인이 하고 있는 행동이 아이들을 경멸하고, 상처를 주는 것임을 알게 되자 눈물을 흘렸습니다.

이 교사는 처음 교사가 될 때 '30년 후에도 학생들이 인정해 주고, 따라 주고, 좋아해주는 선생님이 되고 싶다'고 생각했습니다. 그런데 방법을 몰랐던 것입니다.

자신이 의도와 다른 행동을 하고 있다는 것을 알게 된 후 그 선생님은 감정코칭 연수와 훈련을 통해 달라지기 시작했습니다. 진정으로 학생들을 존중하고 아끼게 되었고, 표정도 편안해져서 이제는 무서운 선생님이 아니라 학생들의 존경과 사랑을 받는 교사가 되었습니다.

♣ _행복 에너지 충전법
다른 사람에게 도움을 주기

> 타인에 대해 관심을 갖고 배려하고, 연민을 갖고 아픔의 치유에 도움을 주고, 선행을 베풀면 스스로의 행복 에너지를 충전할 수 있습니다.

행복 에너지를 채우는 방법으로 대표적인 것은 고마움을 진정으로 느끼는 것이라고 했습니다. 그 외에도 여러 가지가 있습니다. 타인에 대해 관심과 배려를 갖는 것, 타인의 아픔에 연민을 갖고 치유에 도움을 주는 것, 선행을 베푸는 것, 자신과 다른 사람의 장점을 생각해 보는 것 등. 그 방법들을 한 가지씩 살펴보겠습니다.

타인에 대한 관심과 배려

타인에 대해 긍정적인 관심을 갖고 배려하는 마음을 가지면 심장이 규칙적으로, 안정적으로 뜁니다. 그러면 행복 에너지가 충전될 수 있습니다. 타인을 미워하거나, 원망하거나, 탓할 때와는 정반대입니다. 타인을 배려하느냐 비난하고 미워하느냐는 스스로 선택할 수 있습니다.

하버드대학교 졸업생들을 장기 추적 연구한 그랜트 스터디의 결과를 분석하던 조지 베일런트 교수는 행복한 노년기에 대한 예측 인자가 무엇인지 살펴보다가 두 가지를 발견했습니다.

하나는 40세 전후로 자신의 자녀만이 아니라 다른 사람의 아이에게도 관심과 배려를 갖는 마음, 다른 하나는 감사하는 마음입니다. 하트매스 연구소와는 무관하게 진행된 연구였지만, 결론은 비슷합니다.

타인에 대한 관심과 배려는 어린이날, 장애인의 날, 크리스마스 등 특별한 날에 관심과 도움이 필요한 사람들에게 봉사활동을 함으로써 실천할 수도 있습니다.

하지만 우리가 살아가는 매순간이 주변 사람들에게 작은 배려와 애정을 베풀 수 있는 기회입니다. 무거운 짐을 들고 가는 할머니의 짐을 버스 정류장까지 들어다 드리거나, 지하철에서 출구를 못 찾는 어르신을 안내해 드리거나, 길에 떨어진 휴지를 줍거나, 버스에서 임산부에게 자리를 양보하는 등, 약간의 관심으로 작은 선행을 베풀 수 있습니다.

타인에 대한 연민과 스스로를 위한 치유

타인에게 연민을 갖고 아픔을 위로해 주고 도움을 주는 것 역시 스스로 행복 에너지를 만드는 방법입니다.

상담은 상대방에게 많은 보살핌을 주는 일입니다. 이야기를 들어주고, 이해해 주고, 공감해 주는 것이니까요. 그런 일을 감정노동으로 하면 상담사가 힘듭니다. 몸과 마음의 건강이 모두 안 좋아지죠. 그래서 상담사들 중에는 5년, 10년 지나서 보면 '저런!' 하는 생각이 드는 사람이 있고, '아~!' 하는 마음이 드는 사람이 있습니다.

전자는 감정노동에 허덕이면서 몸이 무거워지고, 얼굴이 망가진 경우겠지요. 후자는 더 아름다워지고, 맑아진 경우이고요. 전자 같은 경우라면 스스로 치유를 받거나 재충전하고 회복탄력성을 배울 필요가 있습니다.

에살렌 연구소에는 치유자를 위한 치유 프로그램이 있습니다 저도 이 프로그램에 참가한 적이 있는데, 주로 의사, 성직자, 심리치료사, 간호사 등이 참가합니다. 이들처럼 다른 사람을 치유하다 보면 자신을 잘 돌보지 못하고 과로나 정신적 고갈을 경험하기 쉽습니다. 건강을 위협받을 수도 있고, 가족이나 친구 관계에서 고립되거나 갈등을 빚을 수도 있습니다. 그래서 치유자들도 재충전과 휴식의 시간을 가져야 하고, 스스로를 사랑으로 보살필 필요가 있습니다.

예를 들어, 말기암 환자들을 다루는 의사들은 에너지가 고갈되기 쉽습니다. 늘 죽음 앞의 환자들을 대하는 것은 의사로서도 힘든 일입니다. 노력과 정성을 다했던 환자가 사망한 후에 느껴지는 죄책감, 미안함, 허무감 등으로부터 벗어날 수 있는 치유가 필요합니다.

선행을 베풀기

우울한 사람들은 시간을 자신만의 문제에 대해 고민하고 괴로워하는 데 쓴다는 연구가 있습니다. 이럴수록 모든 문제가 자기 탓으로 여겨지고(자책감), 이 문제뿐 아니라 다른 문제들도 감당하기 어려울 것 같고(과잉 일반화), 문제가 앞으로도 계속될 것이라는 생각(절망감)이 든다고 합니다.

우울증에서 벗어나는 가장 좋은 방법은 남을 돕거나 남에게 선행을 베푸는 것입니다. 그러는 동안 자신도 무언가 할 수 있다는 자기효능감이 생기고, 자신이 유익한 사람이라는 자부심과 자신감도 생기며, 무엇보다 기분이 좋아집니다. 자책감, 과잉 일반화, 절망감 등에서 벗어나서 자신의 문제를 더 큰 그림에서 볼 수 있는 안목이나 여유가 생기고, 타인의 변화를 통해 자신의 변화도 기대할 수 있게 됩니다.

제가 상담했던 한 여고생은 중학생 때부터 술을 마시고 담배를 피우며 지각과 결석을 반복해서 모든 교사들에게 기피 대상 1호였습니다. 그러던 중 이 학생이 후배를 때려서 정학을 당할지 한 달 동안 양로시설에서 봉사활동을 할지 선택하게 되었는데, 후자를 택했습니다. 그리고 힘 없는 할머니와 할아버지를 돌보다 보니 보람을 느꼈습니다.

그 학생은 봉사활동을 마치고 온 후에는 훗날 미용사가 되어 복지관 할머니 할아버지의 머리를 손질해 드리는 일을 하고 싶다고 했습니다. 물론 학교생활에 충실해지고 교우 관계도 좋아졌습니다.

그 학생은 선행을 하면서 자신의 가치를 알게 되고 자신이 가진 젊음과 힘이 사용하기에 따라 얼마나 유용한 것인지를 깨달은 것입니다.

달라이 라마는 다른 사람을 도우면서 자신도 구원할 수 있는 이런 방법을 '현명한 이기주의'라고 부릅니다. 다른 사람에게 베푸는 일은 스트레스를 줄여주고, 삶의 질을 높여주며, 인생의 의미와 목적을 부여해 주고, 심지어는 수명을 늘려준다고 합니다.

일반적으로 말을 안 듣고 말썽을 피우는 학생일수록 선생님의 관심과 존중을 받기를 바랍니다. 그들의 장점을 찾아주고 잘하는 일을 하게 하거나 심부름을 믿고 맡길 때 최고의 조력자로 변하는 경우를 종종 봅니다. 선행을 할 수 있는 기회를 주는 것이 훈계나 엄벌보다 더 효과적입니다.

나의 장점 적어보기

행복 에너지를 충전하는 방법 중 가장 효과적인 것이 긍정적인 감정을 느끼는 것이라고 했습니다. 자신의 장점에 대해 생각해 보는 것도 긍정적인 감정을 느낄 수 있는 방법입니다.

자신의 장점을 떠오르는 대로 50가지만 적어보라고 하면 "나는 장점 같은 거 없어요"라고 반응하는 경우가 있습니다. 우울하거나, 탈진 상태에 빠졌거나, 큰 상실이나 외상성 사건을 겪은 후 높은 스트레스 증상을 보이는 사람들이 종종 그런 말을 합니다.

아들이 중학교를 중퇴한 후 자책감에 시달리던 어머니를 상담한 적이 있습니다. 그분에게 장점 찾기 과제를 드렸더니 "차라리 단점을 써 오라면 100가지도 더 쓸 수 있어요"라고 하시더군요. 이 어머니의 스트레스 지수는 상당히 높은 상태였습니다. 그래서 제가 상담 중에 들었거나 보았던 이 어머니의 장점을 열 가지 정도 말씀해드렸습니다.

음식을 잘 만든다, 부지런하다, 책임감이 강하다, 검소하다, 피부가 좋다, 목소리가 곱다, 자신의 생각을 조리 있게 잘 표현한다, 남을 잘 도와준다, 헌신적이다, 술이나 담배를 하지 않는다 등.

그러자 그 어머니는 자신이 예전에는 노래도 잘 불렀고, 초등학교 때는 우등상을 받을 정도로 공부도 잘했고, 얼굴이 예쁘다는 소리도 많이 들었다며 자신의 장점을 하나둘씩 떠올렸습니다. 점점 얼굴이 환해지고 자신감이 되살아나는 것 같았습니다.

자신의 장점을 잘 아는 사람이 다른 사람의 장점도 잘 볼 수 있습니다.

다른 사람의 장점 적어보기

다른 사람들의 좋은 점을 떠올려보는 것도 행복 에너지를 충전하는 데 도움이 됩니다. 일반적으로 자신에게 우호적이거나 자신이 좋아하는 사람의 장점은 떠올리기 쉽습니다. 하지만 자신에게 큰 어려움을 주거나 스트레스의 원천이 되는 사람의 장점은 찾기가 어렵습니다.

그런 사람을 나에게 '도전이 되는 사람'이라고 표현합니다. 우리는 대부분 누군가로부터 스트레스를 받으며 삽니다. 그 사람이 배우자일 수도, 시어머니일 수도, 친구일 수도, 형제일 수도, 동료일 수도, 이웃일 수도 있습니다. 그중 한 사람을 골라서 그 사람의 장점을 생각나는 대로 적어보세요. 다음은 워크숍 참가자가 쓴 그 분 남편의 장점 리스트입니다.

• 내 남편의 장점

동작이 빠르다. 두뇌 회전이 빠르다. 정보 수집력이 뛰어나다. 안정감이 있다.

성실하다. 침착하다. 운전을 잘한다. 효심이 있다. 눈썹이 짙다. 에릭의 옆모습을 닮았다. 춤을 잘 춘다. 유연하다. 유머감각이 있다. 가정적이다. 묵묵히 일한다. 일을 믿고 맡길 수 있다. 따뜻하다. 자주색 옷이 잘 어울린다. 아이와 잘 놀아준다. 비싸지 않지만 선물을 자주 해준다. 친절하다. 분위기를 잘 맞춘다. 컴퓨터 관련한 전자기기를 잘 다룬다. 문제 해결 능력이 뛰어나다. 무인도에서도 살아남을 만큼 생존력이 높다. 음악을 다양하게 듣는다. 나를 사랑해 준다.

행복 에너지를 채우는 것은 어렵지 않습니다. 비만인 사람이 적정 체중을 만들려면 운동과 식이요법을 병행하는 것처럼 의도적이고 꾸준한 노력이 필요합니다. 저는 불행감을 '부정적 감정의 비만 상태'라고 표현합니다. 원망, 불평, 투사, 탓 등으로 쌓인 부정적 감정을 오랫동안 저장해 두기 때문에 불행감을 느끼는 것입니다.

우리 몸이 달고 기름진 음식을 좋아하고 지방을 쉽게 축적할 수 있듯, 우리 뇌는 부정적인 것을 긍정적인 것보다 더 빨리 인식하며 두 배 더 오래 기억한다는 뇌과학 연구가 있습니다.

따라서 기름지고 단 음식을 먹더라도 운동을 하면서 적정 체중을 유지하듯이, 부정적인 감정은 긍정적인 감정이나 활동으로 상쇄시킬 필요가 있습니다. 그래야 긍정적인 에너지의 유출을 막고 행복 에너지를 비축할 수 있기 때문입니다.

8장 '직관은 우리를 속이지 않는다'

생각이나 말은 하면 할수록 본질에서, 진실에서 멀어질 수 있습니다. 그런데 직관이나 마음은 속일 수가 없습니다. 무엇이 맞는지 틀리는지 잘 모르겠으면 틀린 겁니다. 맞는 일이면 그런 의문이 들지 않습니다.

많은 사람들이 직관을 기발한 발명품을 만드는 힘이나 초능력 비슷한 것으로 오해합니다.

하트매스 연구소의 연구자들에 의하면 직관(直觀, intuition)은 머리로 깊이 생각하고 계산해서 알게 되는 게 아니라 에너지적으로, 암묵적으로, 비국소적으로 한눈에 간파하거나 몸이나 심장으로 알아차리는 것입니다. 따라서 직관은 특이한 재주나 비상함이라기보다 일상에서 도전과 스트레스에 유연하게 대처하고, 불편한 상황에서 적절한 언행을 하고, 문제를 좀더 크고 넓게 관망할 수 있게 해주는 힘입니다.

따라서 직관의 힘을 이용하면 좀더 지혜로운 생각과 행동을 하고, 에너지의 고갈을 방지하고, 대인 관계를 긍정적으로 이끌 수 있습니다.

하트매스 연구소의 맥크레이티 박사와 연구팀은 직관에 대해서도 연구를 했습니다. 직관의 전기신체생리학(electrophysiology)을 연구하기 위해 뇌파, 심장 활동, 피부전도도, 기타 신체 반응을 측정했습니다. 그리고 놀라운 결과를 얻었습니다.

심장에서는 자신에게 감정적으로 중요한 사건이 일어나기 전에 측정 가능한 변화가 일어난다는 사실입니다. 심장이 두뇌에 사전 경고 신호를 보내는 거라고 볼 수 있겠지요. 이 결과를 보고 과학자들은 심장이 일종의 레이더처럼 자신에게 위험한 것, 안전한 것, 편안한 것을 끊임없이 감지하는 것으로 해석했습니다. 심장은 밤이든 낮이든 주말이나 휴일도 없이 죽을 때까지 뛴다는 것을 기억하시죠?

심장이 어떤 것을 감지하여 뇌로 신호를 보낸다고 했는데, 실제로 심장에서 감지하는 것이 두뇌에서 감지하는 것보다 빠릅니다. 가령 깊은 산속에서 호랑이가 나를 향해 돌진하는 것을 발견했을 때, 머리로 호랑이가 시속 몇 킬로미터로 달려오고 있는데 호랑이와 나와의 거리는 얼마이니 내가 어느 정도의 속도로 뛰어야 하는지를 계산하기 전에 심장이 위험을 바로 감지해야 도망가든 맞서든 반응할 수 있으니까요.

또한 미래에 일어날 사건이 자신에게 감정적으로 중요한 일일 때 심장이 사전 경고를 한다고 했습니다. 예를 들어, 조용하고 한적한 시골길을 운전하고 가다가 생각을 한 것이 아니라 왠지 모르게 속력을 줄였는데, 가다 보니 길 위에 누가 쓰러져 있을 수 있습니다.

우리는 보통 그런 것을 '우연의 일치'라고 넘깁니다. 그런데 그런 상황에서 심장이나 피부나 뇌파의 활동을 확인해 보니, 자신에게 감정적으로 중요한 일이라면 사건이 일어나기도 전에 측정이 가능할 정도로 심장 활동에 변화가 일어난다는 것입니다.

또한 사업과 관련하여 중요한 결정을 내려야 할 때, 어떡해야 하나 머리로는 계산이 안 되는데 마음속에서 답이 들리는 경우도 있습니다.

대개 직관의 신호는 미약하고 미묘합니다. 저는 상담할 때 가끔 그런 느낌을 받습니다. 상담을 머리로 하는 경우도 있지만, 대개는 흐름을 따라갑니다. 영혼의 소리라고 할까, 마음에서 들리는 소리가 있을 때도 있습니다.

말로 표현하지 않아도 내담자와의 사이에 에너지의 흐름이 통할 때는 놀라운 변화가 일어납니다.

직관의 힘

하트매스의 연구를 요약해 보면, 인간에게는 모두 직관지능(intuitive intelligence)이 있다고 합니다. 직관도 지능의 일부라는 뜻입니다. 지능을 계발하고, 훈련하고, 발전시키지 않으면 잘 활용할 수 없겠죠. 직관의 힘도 제대로 계발해서 잘 활용할 수 있어야 합니다.

직관지능이 사람들을 현혹하거나, 착취하거나, 지배하거나, 조종하는 데 악용되는 경우도 있기 때문에, 직관의 힘에 관심을 가지면서 동시에 그것을 검증할 수 있는 체계도 갖춰야 합니다. 비행기에 날개가 하나면 제대로 날 수 없듯이 균형과 조화를 잘 이뤄야 하지요.

저는 중요한 결정을 할 때 직관의 힘을 믿는 편입니다. 미국에서 26년을 살다가 2005년에 한국에 영구 귀국했을 당시에는 공적 활동을 하고 있지 않았고, 대학에 소속된 것도 아니었습니다.

어떤 일을 해야 할까 생각하다가 가봐야겠다고 문득 떠오른 곳이 있었습니다. 바로 '소년의 집'이었습니다. 지금은 '꿈나무 마을'로 이름이 바뀐 이 곳은 우리나라에서 단위 시설로는 가장 큰 보육 시설입니다.

사실 그곳은 1970년대 제가 고등학생과 대학생이었을 때 자원봉사를 한 적이 있는 곳이었습니다. 1997년에 한국의 한 대학교에 교환 교수로 나왔을 때 아기를 돌보는 봉사를 했던 곳이기도 합니다.

그곳에 가서 자원봉사 신청서를 쓰는데, 전문 봉사라는 것이 있었습니다. 한 분야의 전문가로서 할 수 있는 일이 있으면 그것으로 봉사를 하는 것이었지요. 그래서 그곳 아이들의 상담을 하게 되었습니다.

상담을 시작하면서 아이들에게 가장 필요한 것이 무엇일까, 어떻게 해야 도움이 될까 고민했습니다. 아이들이 의식주는 보살핌을 잘 받고 있었지만, 그 외에 무엇인가가 절실하게 필요한 것 같았습니다. 그것이 감정코칭이었고 감정코칭을 아이들에게 적용하고 보육사들에게도 알려주다가 우연히 방송을 통해 더 많은 사람들에게 알리게 되었습니다.

그후에는 방송뿐 아니라 집필과 심리치료사 전문가 훈련 등 많은 일을 하면서도 보육 시설 안의 중학교 교장으로 자원한 저의 남편과 함께 다른 선생님들이 포기한 학생들을 맡기로 했습니다. 그때도 그 일을 해야겠다는 영혼의 소리 같은 것 제 안에서 들려왔습니다. 어렵겠지만 한번 시작해 보자는 마음으로 중2 여학생들의 담임을 맡았습니다.

21명의 고위험군 여학생들과의 넉 달간의 생활은 매일, 매순간 어떤 돌발 사건이 벌어질지 모르는 상황이었습니다. 그때 보조 교사를 맡으셨던 분들과 저는 직관의 힘을 많이 활용했습니다.

아침저녁으로 회복탄력성을 위한 심장 호흡을 하고, 여러 가지 방법으로 행복 에너지를 충전했습니다. 이러한 과정을 통해 학생들과의 관계도 긍정적으로 이끌 수 있었습니다.

지나고 보니, 한국에 돌아와서 '꿈나무 마을'에서 봉사를 하게 된 것이나, 중2 여학생반을 맡았던 것이나, 최근에 동화중학교 프로젝트에 참여했던 것이나 모두 직관의 힘이었다는 생각이 듭니다. 생각하고 계산했더라면 도저히 할 수 없는 일이지요.

그 외에도 많은 일을 결정할 때 저는 조용한 상황에서 아무 욕심이나 계획이나 의도 없이, 의도가 있다면 누군가에게 도움이 되겠다는 진지한 마음만으로 한동안 가만히 앉아 있습니다. 그러면 어떤 마음의 소리가 들려옵니다. 저는 그것을 직관의 힘이라고 생각합니다.

직관에 대해서는 물론 점검이 필요합니다. 먼저, 결정한 후에 마음이 편안한지 불편한지가 첫 번째 점검입니다. 뭔가 찜찜하거나 불편하다면 아직 때가 아니거나 잘못된 방향일지 모릅니다.

그 다음 직관에 의해 어떤 일을 결정할 때는 믿을 만한 사람의 확인을 구합니다. 저는 대부분 남편에게 확인을 합니다. 믿을 만한 사람의 확인이 있다면 오판의 가능성을 줄일 수 있으니까요.

직관적 감정을 느꼈던 상황 떠올려보기

자신이나 주변 사람이 직관을 통해서 감정적으로 중대한 사건을 미리 감지한 경험이 있는지 생각해 보세요. 사건이 일어나기 몇 초 전일 수도 있고, 몇 분 전, 몇 시간 전일 수도 있습니다. 직관으로 그런 일을 미리 감지한 적이 있는지 생각해 보세요.

혹은 학과를 선정하거나, 이사를 하거나, 직업을 바꾸거나, 결혼을 결정하거나, 배우자와 헤어지려는 등 중대한 결정을 내릴 때 머리로는 도저히 계산이 안 나오는데 직관의 힘으로 결정을 내려본 적이 있나요? 그런 경우 결과적으로 어땠는지 생각해 보세요. 다음은 워크숍 참가자의 발표입니다.

어느 날 아이가 밤에 "엄마, 나 눈에 뭔가 들어간 것 같아"라고 말하는데 갑자기 이상한 느낌이 든 적이 있습니다. 그래서 눈을 절대 만지지 말라고 하고는 아이의 손을 잡고 밤을 꼬박 샜습니다. 아침 일찍 안과에 갔더니 아이 눈에 유리 조각이 들어갔다는 겁니다. 문질렀으면 큰일 날 뻔했다고요. 그때 아이를 보호하기 위해서 그런 직관력이 발휘된 게 아닌가 하는 생각이 듭니다.

☀ '마음과 직관을 따를 용기를 가져라'

　한 연구에 따르면, 여러 차례 성공한 기업인들, 다시 말해서 한 번만 큰 성공을 거둔 게 아니라 반복해서 하는 일마다 성공한 사람들을 보니, 그들의 약 80퍼센트가 중대한 일을 결정할 때 직관의 힘을 사용했다고 합니다. 두뇌만을 따른 것이 아니죠.

　세계적으로 유명한 사람들 중에 직관의 힘을 많이 활용한다고 공공연히 말하는 사람이 있습니다. 바로 미국 토크쇼의 여왕 오프라 윈프리입니다. 그녀가 한 말이 있습니다. "자기 마음과 직관을 따를 용기를 가져라" 또한 "직관은 거짓말을 하지 않는다. 직관은 우리를 속이지 않는다"는 말도 했습니다.

　오프라 윈프리는 중대한 일을 결정할 때 직관의 힘을 많이 사용하는데, '이게 맞나, 아닌가?' 하는 불편함이 느껴지면 하지 않는다고 합니다. 말로 표현할 수는 없지만 마음이 편하지 않은 것은 심장에서 무엇인가를 감지하고 경고를 하는 것이라고요.

　생각이나 말은 하면 할수록 본질에서, 진실에서 멀어질 수 있습니다. 그런데 직관이나 마음은 속일 수가 없습니다. 무엇이 맞는지 틀리는지 잘 모르겠으면 틀린 겁니다. 맞는 일이면 그런 의문이 들지 않습니다. 어떤 사람과 결혼을 할까 말까 망설이는 마음이 들면 97퍼센트 정도는 아닌 것이 답일 수 있습니다. 3퍼센트의 오차는 남겨둔다 하더라도요.

　알버트 아인슈타인도 직관의 힘을 강조했습니다. 그는 이런 말을 했습니다. "직관은 성스러운 선물이고 합리적 마음은 충직한 종이다. 우리는 종을 중요하게 생각하고 선물은 잊어버린 사회를 만들었다."

　뇌는 종이고 심장이 주인이라는 말입니다. 뇌가 마음을 따르는 종이라는 것은 미국의 하트매스 연구소에서 밝혀낸 사실과도 일치합니다. 그만큼 심장이 더 중요한 역할을 하는데, 우리는 심장을 따르는 종인 뇌의 계산이나 판단에만 의존하는 경우가 많습니다.

성폭행 피해자들을 조사한 경찰관들의 이야기를 들어보면, 피해자들은 대개의 경우 사고 전에 직감이 있었다고 합니다. 엘리베이터를 타거나 지하 주차장에 들어갈 때 뭔가 위험하다는 느낌이 들었다는 것이죠.

그런 느낌이 드는데도 머리로, 생각으로, '아니야. 지금이 몇 신데. 8시밖에 안 됐는데. 괜찮아'라든지 '저쪽에 다른 사람들이 있을 거야' 하면서 직관의 소리를 외면한 경우가 많았다는 것입니다. 마음속에서 무엇인가 이상하다는 소리가 들릴 때는 그 소리가 아무리 작더라도 외면하지 않는 것이 좋습니다.

✺ 정보의 홍수 속에서 직관을 따르기

요즘 사람들은 대부분 '정보 피로증'을 어느 정도 느끼고 있습니다. 정보 피로증은 과도한 정보로 인해 무감각, 무감동, 정신적 소진 상태를 느끼는 증세를 말합니다. 인터넷을 비롯한 각종 미디어, 업무와 관련한 과한 정보를 소화하느라 스트레스를 받는 상황을 말하지요.

하루 동안 알게 모르게 우리 눈을 스쳐가는 광고가 약 3,000개 정도라고 합니다. 텔레비전이나, 인터넷이나, 버스나, 어디를 가도 계속해서 광고가 나옵니다. 그렇게 수많은 정보가 우리 안에 들어오기 때문에 정보 과부하 상태에 빠지기 쉽죠.

광고 문구를 보면 언뜻 들으면 멋있고 기지가 번뜩이는 것 같지만 사실은 우리에게 편견을 심어주고 시야를 왜곡시키는 문구들이 많습니다.

스티브 잡스는 이런 말을 했습니다. "너의 시간은 한정되어 있으니, 남의 삶을 사느라고 인생을 허비하지 마라." 다른 사람의 삶을 산다는 것은 다른 사람의 기대, 평가, 목표에 맞춰 사느라 애쓰는 것을 말합니다.

"남들 의견의 소음이 자기 내면의 소리를 삼키게 하지 마라." 역시 스티브 잡스의 말입니다. 직관은 대개 조용하다고 했습니다. 고요한 마음에서 떠오를 수 있는 영혼의 소리, 지혜의 소리를 다른 사람들의 이래라 저래라 하는 소리가 덮어버리게 하는 경우가 적지 않습니다.

스티브 잡스는 "용기를 갖고 자신의 심장과 통찰, 직관을 따를 수 있어야 한다. 심장과 통찰은 자신이 진정 원하는 것을 이미 알고 있다"라고도 말했습니다.

여러분의 심장과 직관은 이미 여러분이 원하는 게 뭔지를 알고 있습니다. 저는 우리가 진실로 원하는 것은 대개 진실하고, 선하고, 아름다운 것이라고 믿습니다. 단지 그것이 겉으로 드러날 기회를 갖지 못했거나, 드러나려고 할 때 편견이나 선입견, 고정관념에 묻혀버렸을 뿐입니다.

♣ 행복 에너지 충전법
직관지능 키우기

작은 일에도 마음을 기울여 정성을 다하고 남을 배려하고 감사하고 연민을 갖는 등 마음을 잘 쓰는 연습과 훈련을 합니다.

직관지능은 타고나는 것일까요? 아니면 후천적으로 키울 수 있을까요? 답은 둘 다입니다. 음악, 미술, 운동, 언어 등에 대한 지능이 어느 정도는 선천적으로 타고나지만 후천적 학습과 노력, 경험을 통해 발달시킬 수 있는 것과 마찬가지입니다.

직관을 키우는 방법은 무엇일까요? 이에 대한 하트매스 연구팀의 답은 '고대인의 지혜를 따르라'는 것입니다. 즉, 직관의 힘은 마음(heart)에 있으니 마음에 충실하라는 것입니다.

영어에 'put your heart into it'이라는 표현이 있습니다. 어떤 일을 할 때 마음을 담아서 하라는 뜻입니다. 우리나라에서는 '정성(精誠)'이라고 하는데, 정성의 뜻은 '온 힘을 다하려는 참되고 성실한 마음'입니다.

또한 '성심성의(誠心誠意)'라는 말도 있습니다. 그 뜻은 '참되고 성실한 마음과 뜻'인데, 한자를 살펴보면 마음 심(心) 자가 두 번이나 들어갑니다.

직관은 심장에서 키워지고, 그러려면 마음을 잘 쓰는 연습과 훈련이 필요합니다. 남을 배려하고, 감사하고, 연민을 갖는 것이 바로 마음을 잘 쓰는 훈련입니다. 한자와 뜻을 살펴보면 '마음(心)'이 다 들어가 있습니다.

배려(配慮) : 남을 도와주거나 보살펴주려고 마음을 씀
감사(感謝) : 고맙게 여기는 마음
연민(憐憫/憐愍) : 불쌍하고 가련하게 여기는 마음
인내(忍耐) : 괴로움이나 어려움을 참고 견딤
창의(創意) : 새로운 의견을 만들어냄
애국애족(愛國愛族) : 자기 나라와 겨레를 사랑하는 마음

이처럼 직관의 힘은 정성과 성심성의로 사람과 일을 대할 때 키워집니다.

9장 장면정지법으로 문제 해결력을 키운다

인생은 결정과 선택의 연속이라 해도 과언이 아닙니다. 그런데 중대한 결정을 충분한 정보도 없이 내려야 하는 경우가 적지 않습니다. 그런 경우에 도움이 되는 방법이 장면정지법(Freeze Frame Technique)입니다. 여기서 frame은 영화나 영상의 한 장면을 말합니다. 영화는 수많은 정지 화면들을 빠른 속도로 연속해서 보여줌으로써 움직이는 것처럼 보이게 하는 것입니다.

시카고대학교 교육심리학과 필립 잭슨(Philip W. Jackson) 교수는 『아동의 교실생활(Life in Classrooms)』이라는 책에서 초등학교 교사들은 매시간 학생들과 200~300회의 교류(exchanges, 대화, 질문과 응답 등)를 한다고 말합니다.

하루 여섯 시간 근무한다면 일일 교류량은 1,200~1,500회가 될 텐데, 그중 상당수는 예기치 못한 질문이나 갑자기 선생님을 부르는 것에 대한 응답입니다. 이처럼 교사들은 교실 상황에서 그때그때 바로 결정을 내려야 할 때가 많습니다.

수업을 준비하는 것과 실제 수업을 진행하는 것 사이에는 많은 차이가 있습니다. 수업 중에는 교과 내용의 전달뿐 아니라 출석 점검, 숙제 점검, 예상치 못한 질문, 아이들의 반응, 아이들끼리의 다툼, 교재나 컴퓨터가 제대로 작동하지 않는 상황 등 무수한 일들이 발생할 수 있습니다. 그럴 때도 교사는 즉각적으로 결정을 내리며 학급을 운영해야 합니다.

교사들뿐만 아니라 대부분 사람들은 충분한 정보 없이 문제를 해결하거나 중요한 결정을 내려야 하는 상황을 종종 겪습니다. 또한 마감 시간,

정보 과부하, 시험 등은 두뇌피질을 억제시키거나 명료한 사고를 할 수 없는 스트레스 반응을 일으킵니다. 때로는 문제의 핵심보다 극적인 상황들과 관계로 인해 시간을 낭비하고, 효과적으로 의사소통을 하지 못하며, 에너지만 고갈시키는 경우도 있습니다.

그런 상태는 모두 부정합 상태입니다. 부정합 상태는 두뇌피질 억제를 일으킨다고 했습니다. 중요한 결정을 내리거나 문제를 해결해야 할 때 정합 상태로 가면 직관을 좀더 활용할 수 있고, 생각과 판단을 더 명료하게 할 수 있습니다. 정합 상태로 가는 것 외에 문제를 해결하고 중요한 결정을 내릴 때 도움이 되는 방법들이 몇 가지 있습니다. 이 장에서는 그런 방법들을 살펴보도록 하겠습니다.

☀ 상황을 영화 속 한 장면처럼 바라보기

매일 우리는 여러 가지 크고 작은 결정들을 내려야 합니다. 작게는 오늘 무슨 옷을 입을지, 출근할 때 대중교통을 이용할지 말지부터, 크게는 회사를 그만둘 것인지 말 것인지, 이 사람과 결혼을 할 것인지 말 것인지 결정을 내려야 합니다. 우선순위를 정해야 하는 일들도 많습니다.

사실 인생은 결정과 선택의 연속이라 해도 과언이 아닙니다. 그런데 중대한 결정을 충분한 정보도 없이 내려야 하는 경우가 적지 않습니다.

그런 경우에 도움이 되는 방법이 장면정지법(Freeze Frame Technique)입니다. 여기서 frame은 영화나 영상의 한 장면을 말합니다. 영화는 수많은 정지 화면들을 빠른 속도로 연속해서 보여줌으로써 움직이는 것처럼 보이게 하는 것입니다.

우리의 일상도 그렇게 영화 속 한 장면처럼 볼 수 있습니다. 어떤 장면을 정지시켜서 조금 거리를 두고 천천히 보면서 그때 동작을 어떻게 할지 대사를 어떻게 할지 생각해 보는 것이 장면정지법입니다.

장면정지법은 짜증, 좌절, 압도감 등 강한 스트레스 반응으로부터 한 걸음 물러서서 문제나 결정에 대해 조금 더 명료한 시각을 갖게 도와줍니다. '상황 속'에서 갇히는 게 아니라 '상황 밖으로 나와 문제를 조금 떨어져서' 바라볼 수 있게 해주는 방법입니다.

이처럼 한 걸음 물러서서 자신의 상황을 좀더 크고 균형 잡힌 시각으로 본 다음 상황을 타개할 최선책은 무엇일까를 묻는 것입니다. 새롭게 생각할 수 있는 여지를 만드는 것이죠.

장면정지법은 하트매스 연구소에서 신체생리학과 정합 상태의 두뇌-심장-행동의 최적 기능에 관한 수년간의 연구를 통해 개발한 기법입니다. 미국에서는 기업의 CEO, 의료인, 경찰, 군인, 소방관, 운동선수 등이 이 방법을 사용하도록 훈련을 받고 있습니다.

이 방법은 스트레스로 압박감이 클 때나 중요한 결정을 내려야 할 때, 결정을 빨리 내려야 할 때, 어떤 틀을 벗어난 해결책이 필요할 때, 창의력이 필요할 때 유용합니다. 그럴 때는 신체를 정합 상태, 즉 생각, 말, 감정이 일치하는 상태로 만들어야 하는데, 이때 장면정지법이 도움이 됩니다.

예를 들어 운동 경기가 한창 진행 중인데 경기의 흐름이 뜻대로 안 될 때가 있습니다. 그런 상황을 내버려두면 경기에 패할 확률이 높을 것입니다. 그럴 때 코치가 잠깐 타임아웃을 신청하고 거리를 두고 다른 각도에서 작전을 다시 살핍니다. 뛰고 있을 때는 전체 그림을 보기 어려워서 결정을 내리기 어렵기 때문입니다. 잠시 물러서서 작전을 조정하고, 때로는 선수도 교체합니다. 게임의 흐름을 달리 해보는 것이죠.

장면정지법은 에너지 고갈을 중단시키고, 명료함을 증진하며, 문제 해결 능력을 향상시키는 다목적 도구입니다. 어떤 기술이나 도구도 모든 사람이 즉각적으로 원하는 것을 얻게 해주지는 못합니다. 하지만 이 방법을 제대로 사용한 사람들은 생각이 맑아지고, 상자 안에 갇혔던 생각 밖으로 나와 더 크게 볼 수 있고, 무엇보다 같은 문제라도 훨씬 편하고 유연하게 대할 수 있게 되었다고 합니다.

처음에는 장면정지법이 낯설고 효과를 느끼기 어려울 수 있습니다. 그러나 반복해서 연습하다 보면 자연스럽게 몸에 익으면서 효과를 느낄 수 있습니다.

행복 에너지 충전법
장면정지법의 5단계

우선 스트레스를 주는 것이 무엇인지 규명하고 심장 호흡을 한 후 긍정적 감정을 작동시킵니다. 그렇게 마음이 편안해진 상태에서 문제와 조금 거리를 두고 답이 무엇일지 스스로에게 묻고 마음속에 떠오르는 통찰을 조용히 관찰합니다.

장면정지법은 어떻게 하는지 구체적으로 알아보겠습니다. 장면정지법은 5단계로 이루어져 있습니다.

1단계 : 스트레스의 원인을 알아내기(문제 규명하기)

우선 자신이 지금 무엇 때문에 스트레스를 받는지 알아냅니다. 예를 들어, 출근길에 길이 막혀서 스트레스를 느낀다고 합시다. 그때 스트레스가 느껴지는 이유를 생각해 봅니다.

지각했을 때 상사의 따가운 눈초리 때문일 수도 있고, 지각하면 승진을 못할 수도 있다는 걱정 때문일 수도 있습니다. 아침에 나올 때 음식 쓰레기를 버려달라던 배우자에 대한 원망 때문일 수도 있습니다. 이처럼 지금 자신에게 스트레스를 주는 것이 무엇인지 규명하는 것이 첫 단계이며 이때 문제와 함께 느껴지는 감정을 주목하시기 바랍니다.

2단계 : 심장으로 호흡하기

스트레스의 원인을 규명했으면, 심장 호흡을 합니다. 눈을 감고 심장이 뛰는 것을 상상하면서 5초 동안 천천히 심장으로 숨을 들이마시고, 5초 동안 천천히 숨을 내쉬는 것을 서너 번 실시합니다.

평소보다 약간 천천히, 고르게, 깊이 호흡합니다.

심장 호흡은 숨쉬기가 자연스럽게 느껴질 때까지 몇 번 하는 게 좋습니다. 심장 호흡을 하면 심박변동률이 규칙적으로 변하면서 몸과 마음이 정합 상태로 가기 시작합니다.

3단계 : 긍정적 감정 작동시키기

심장 호흡을 하고 나면 마음이 편안해집니다. 하지만 그것으로는 부족합니다. 심장을 좀더 정합 상태로 만들기 위해서 긍정적 감정을 작동시켜야 합니다.

고마운 사람이나 대상이나 상황을 떠올립니다. 자연, 동물, 신이나 우주적인 존재도 괜찮습니다. 따뜻하고 편안한 느낌을 주는 상황이나 경험을 떠올려도 좋습니다. 산책을 하거나 노래를 부르거나 기도하는 순간을 떠올려도 좋고, 행복했던 순간을 떠올려도 좋습니다. 몰입의 즐거움에 빠져서 최적의 컨디션을 유지하면서 무엇인가 해냈을 때를 떠올려도 됩니다.

이때 중요한 것은 생각하는 게 아니라 느끼는 것입니다. 심장은 감정에 의해서 움직이지 생각으로 움직일 수 있는 것이 아니기 때문입니다.

생각하는 것과 느끼는 것은 어떤 차이가 있을까요? 쉽게 예를 들면, 식당에 가서 메뉴판에 적혀 있는 '된장찌개'를 볼 때, '된장찌개를 먹을까, 김치찌개를 먹을까?' 하는 것은 그냥 생각하는 것입니다.

반면에 느끼는 것은 구수한 냄새, 진한 맛, 따뜻함, 그리고 그와 함께 어머니나 할머니에 대한 뭉클하고 고마운 마음을 떠올리는 것입니다. 머리로 생각하는 것이 아니라 마음으로 가치와 노고를 느낄 때 비로소 심장이 고른 심박변동률을 보이면서 두뇌피질이 촉진됩니다.

심장이 따뜻하고 편안하게 느껴질 때까지 긍정적인 감정을 충분히 마음으로 느껴봅니다. 심장에서 깊은 고마움을 느끼면 자율신경계뿐 아니라 호르몬계까지 영향을 주어 정합의 상태가 좀더 깊게 지속적으로 유지됩니다.

처음에는 어색하고 잘하고 있는 건지 의문이 들 수 있습니다. 하지만 여러 번 하다 보면 자연스러워집니다. 행복을 느낄 때 가슴이 벅차오른다는 말을 쓰는 것처럼 점차 가슴이 커지고 에너지가 나를 채워주는 느낌이 듭니다. 그 느낌이 충분해지면 네 번째 단계로 넘어갑니다.

4단계 : 스스로에게 묻기

심장 호흡을 한 후 긍정적 감정을 작동시켜서 마음이 편안해지고, 생각이 더 명료해지고 넓어지면, 문제와 조금 거리를 두고 바라보는 느낌으로 스스로에게 진심 어린 마음으로 묻습니다.

이 문제(또는 상황이나 사람)에 대해 '어떻게 대하는 것이 효과적인 태도이며 행동인가? 어떤 참신하고 효과적인 해결책이 있을까? 어떻게 하는 것이 최선일까?'라고 스스로에게 묻습니다.

이때 아주 소중한 일을 대하듯 성심성의껏 질문을 해야 답이 떠오릅니다.

5단계 : 관찰하기

스스로에게 물은 다음에는 답이 자연히 떠오르도록 내버려둡니다. 마음속에서 아주 미묘한 영혼의 소리가 들릴 수도 있고, 무엇인가 명료하게 떠오르는 것이 있을 수 있습니다. 생각을 복잡하게 하지 말고 떠오르는 통찰을 조용히 관찰합니다. 아무런 답이 떠오르지 않아도 괜찮습니다. 이럴 때라도 자신의 감정을 느껴보면 같은 문제에 대하여 전보다 편안하고 여유로운 기분이 들 것입니다. 이것만으로도 큰 소득이지요.

5단계까지 했는데도 해결책이 잘 떠오르지 않고 계속 머리가 복잡하면 다시 1단계로 돌아갑니다.

장면정지법이 익숙해지기 전에는 습관적으로 생각하던 방식이 머리를 비우는 것을 방해할 수도 있습니다. 그러면 다시 처음부터 시작하면 됩니다.

🍀 행복 에너지 충전법
목표를 명료하게 보여주는 콜라주 작업

답을 찾고 싶은 주제를 정한 후 잡지를 보면서 주제와 관련하여 눈에 들어오는 사진이나 그림, 글귀를 오려냅니다. 도화지에 그것들을 적절히 배치해서 붙입니다. 그 결과물을 보면 답이 보일 것입니다.

살다 보면 자기가 무엇을 원하는지 정확히 모르는 때가 있습니다. 지금 다니고 있는 직장을 떠나야 할지 말아야 할지, 결혼 생활을 그만두어야 할지 계속해야 할지, 아이를 더 낳을지 말지, 결정을 내리기 어려울 때가 있지요.

그런 중요한 결정을 내릴 때 장면정지법 외에 도움이 되는 방법이 하나 더 있습니다. 특히 진로나 직업, 배우자를 선택할 때 명료하게 답을 찾을 수 있는 방법입니다. 바로 '콜라주(collage)'라는 방법입니다.

콜라주는 원래 미술 용어로, 화면에 종이, 인쇄물, 사진 등을 오려 붙이고 일부에 가필하여 작품을 만드는 일을 뜻합니다.

콜라주를 하는 방법은 다음과 같습니다.

먼저 잡지를 몇 권 준비합니다. 그다음 답을 찾고 싶은 주제를 정합니다. '나의 미래', '나의 커리어', '나의 결혼', '내가 만들고 싶은 가족', '내가 살고 싶은 집' 등. 주제를 정한 다음 잡지를 넘겨 보면서 주제와 관련해서 눈에 들어오는 사진이나 글이 담긴 페이지를 찢어냅니다.

잡지를 넘겨 볼 때 사진이나 그림을 보면서 자기 안에서 많은 대화가 이루어질 것입니다. '맞아, 이런 집에서 살고 싶어.' '맞아 내가 원하는 사람은 이런 사람이야.'

콜라주를 하는 동안에는 이렇게 자신과 대화를 나누기 위해 가능하면 다른 사람과 대화하는 것은 피하십시오. 내적 대화의 흐름을 방해할 수 있으니까요.

눈에 들어온 사진이나 그림, 글이 담긴 페이지를 모두 찢어서 한 곳에 모아둡니다. 어느 정도 모이면 필요한 사진이나 그림, 글만 가위로 잘라냅니다. 도화지 위에 그것들을 배치해 봅니다. 가장 좋은 구도가 정해지면 풀로 붙입니다.

콜라주의 결과물을 보면 자신이 진정으로 원하는 것이 무엇인지를 명료하게 볼 수 있습니다. 30~40분이라는 짧은 시간 안에 잡지 속 사진과 그림을 통해서 삶의 중요한 목표가 드러날 수 있습니다. 한 가지 주제에 몰입된 에너지가 사진과 그림을 통해 드러나는 것입니다.

얼마 전에 한 법대생을 멘토링한 적이 있습니다. 그 학생은 부모님의 기대에 따라 최고의 법대에 합격은 했지만, 막상 법대생이 되자 자신이 원하는 게 무엇인지 알 수 없었습니다. 대학 생활은 혼란스럽고 무의미했습니다. 결국 그 학생은 깊은 우울증에 빠졌습니다.

저는 그 학생에게 콜라주 작업을 권했습니다. 작업 후, 포스터 한 장 정도의 종이에 담긴 여러 장의 사진과 글들에 대해 물었습니다.

로봇 사진을 붙인 이유는 자신이 초등학교 때 그 로봇이 유행이어서 또래 친구들이 로봇을 연구하는 공학자가 되는 꿈을 꾸었는데, 자신도 어린 학생들에게 꿈이나 비전을 줄 수 있는 일을 하고 싶다고 했습니다.

텔레비전 사진도 있었는데, 그것은 영상이나 미디어를 통해 중요하지만 잘 알려지지 않은 현상이나 사실들을 알려서 사람들을 일깨우고 좀더 공정하고 행복한 사회를 만들고 싶다는 것이었습니다.

이 밖에도 마음 깊이 묻혀 있던 가치관과 꿈들이 이 작업을 통해 빛을 보게 되었습니다. 그 결과 그 학생은 자신이 무엇을 원하는지, 어떤 목표로 살아야 하는지 알게 되었습니다.

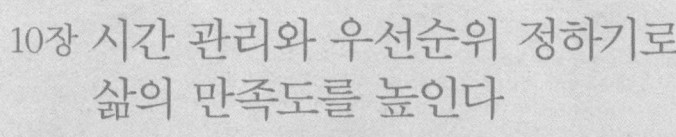

10장 시간 관리와 우선순위 정하기로 삶의 만족도를 높인다

25년 가까이 굿 (워크) 프로젝트를 진행하면서 데이터를 분석해 본 결과에 따르면 장기적으로 성공하고 행복하면서 남들에게 선한 일을 많이 하는 사람들에게는 공통점이 있습니다. 그중 하나가 일과 개인 생활, 즉 건강이나 가족과의 관계, 친구 관계 등에서 균형과 조화를 이뤘다는 점입니다. 일이 바빠서 가족과 시간을 보내지 못하고 친구들도 등한시했던 사람들은 장기간 성공하지 못하고, 단기간 성공했다 하더라도 쉽게 허무감에 빠졌습니다.

할 일은 많은데 시간이 부족한 경험을 해 보신 적이 있으신가요? 21세기를 살아가는 우리는 자주 시간에 쫓깁니다. 그렇다 보니 스트레스를 많이 받습니다. 그런 만큼 시간을 잘 관리하고 우선순위를 정해서 지키는 것이 생활에서 에너지를 유지하는 데 필수적입니다. 잘못된 시간 관리로 에너지 비축량을 탕진하다 보면 당연히 회복탄력성도 떨어지고 결과적으로 활력을 잃을 수 있습니다.

시간 관리를 못하면 스트레스가 증가하고, 우선순위에 혼동이 옵니다. 우선순위에 혼동이 오면 업무 수행에서 실력 발휘를 잘 못합니다. 쉬운 예로, 중요한 보고서를 써야 하는 날, 보고서를 쓰기 전에 TV 드라마를 보거나 친구를 만나 수다를 떨거나 하면 시간이 부족해서 보고서를 충분히 잘 쓰지 못하겠지요.

네브라스카대학교의 앨리슨 라이스빅(Allison Reisbig) 교수는 자기가 좋아하는 일만 하다 보면 해야 할 다른 일들을 못하게 되고, 그러면 스트레스를 받게 된다고 했습니다. 따라서 일, 집안일, 육아, 취미, 인간관계 등 중요한 일들에 대한 시간 배분과 균형이 굉장히 중요합니다.

삶의 만족도가 높은 사람들

미국에서 조사를 해보니, 50대 이상 중년 여성들 중 삶의 만족도가 가장 낮은 사람들은 커리어를 위해서 가족이나 육아를 포기하거나 희생한 사람들이었다고 합니다. 그리고 삶의 만족도가 평균 정도 되는 사람들은 가정을 위해서 자아실현이나 커리어를 포기하거나 희생한 사람들이었습니다. 삶의 만족도가 가장 높았던 사람들은 일과 개인 생활 사이에 균형을 이뤘던 사람들이라고 합니다.

오래전부터 시카고대학교의 미하이 칙센트미하이 교수와 스탠퍼드대학교의 윌리엄 데이먼 교수, 하버드대학교의 하워드 가드너 교수는 '굿 워크 프로젝트(Good Work Project, 최근에 Good Project로 확장됨)'를 진행했습니다. 이는 정치, 경제, 사회, 문화, 교육, 예술 등 다양한 분야에서 질적으로도 우수하고 탁월하며 자신과 사회에 유익하고 가치 있는 일을 하는 사람들의 가치, 생활습관, 선의 등을 많은 학생들과 사람들에게 가르치고 전파하기 위한 연구 프로젝트입니다.

25년 가까이 굿 (워크) 프로젝트를 진행하면서 데이터를 분석해 본 결과에 따르면 장기적으로 성공하고 행복하면서 남들에게 선한 일을 많이 하는 사람들에게는 공통점이 있습니다.

그중 하나가 일과 개인 생활, 즉 건강이나 가족과의 관계, 친구 관계 등에서 균형과 조화를 이뤘다는 점입니다. 일이 바빠서 가족과 시간을 보내지 못하고 친구들도 등한시했던 사람들은 장기간 성공하지 못하고, 단기간 성공했다 하더라도 쉽게 허무감에 빠졌습니다.

이는 장기적으로 성공하고 이타적이면서 자신도 행복한 삶을 이루기 위해서는 우선순위와 균형, 그리고 일과 가정의 조화가 중요하다는 것을 일깨워줍니다.

미국에서는 대학 신입생들에게 시간 관리 방법을 중요하게 가르칩니다. 미국 학생들은 대학 가기 전까지는 대부분 부모님과 생활하기 때문에 어느 정도 시간 관리가 됩니다. 하지만 대학에 들어가면 많은 경우 집을 떠나 기숙사 생활을 하거나 혼자 삽니다.

그래서 시간 관리 방법을 제대로 배우지 못하면 우선순위가 엉키거나 한 영역에 집중하다가 다른 영역을 못하게 되기도 합니다. 동아리 활동에 너무 빠져서 과제를 내지 못한다든지, 시험 준비를 못 하기도 합니다. 그로 인해 굉장한 스트레스를 받고, 심한 경우에는 병을 얻거나 학교를 중퇴하는 경우도 있습니다.

마찬가지로 교사나 학부모, 일반 직장인들도 업무상 술을 마시다가 건강을 잃기도 하고, 게임이나 주식 등에 빠져 관계가 망가지거나 일중독으로 배우자로부터 이혼을 당하는 경우도 있습니다. 좀 극단적인 예이기는 하지만 몇 해 전 한국의 한 젊은 부부가 인터넷 게임에 빠져 아이를 돌보지 않다가 아이가 영양실조로 굶어 죽은 사건도 발생했습니다. 이처럼 시간 관리를 잘하고 우선순위를 정하고 지키는 일은 모든 이들에게 필수적인 생존 전략입니다.

행복 에너지 충전법
우선순위 정하기

하루 동안 해야 할 일들을 떠오르는 대로 적은 후 중요하고 급한 일, 중요하지만 급하지 않은 일, 중요하지 않지만 급한 일, 중요하지도 급하지도 않은 일로 분류합니다.

시간 관리와 우선순위 사이에는 밀접한 관계가 있습니다. 모든 사람들에게는 하루에 24시간이 주어집니다. 돈으로 치자면 매일 2만 4천 원씩 받는다고 할 때, 2만 원짜리 옷을 한 벌 구입한다면 나머지 4천 원으로 교통비, 식비, 집세, 통신비 등을 충당하기란 어려울 것입니다.

시간도 마찬가지입니다. 그래서 해야 할 일들, 하고 싶은 일들 사이에 충돌이 생기지 않도록 우선순위를 정하는 것이 내적 갈등을 줄이고 제한된 시간 자원을 효과적으로 현명하게 사용할 수 있는 길입니다.

『성공하는 사람들의 7가지 습관』의 저자 스티븐 코비는 이 책에서 우선순위를 정할 때는 한편으로는 그 일이 얼마나 중요한지를 보고, 한편으로는 그 일이 얼마나 시급한지를 보라고 말했습니다.

그렇게 보면 중요하면서 급한 일이 있을 것이고, 급하지만 별로 중요하지 않은 일이 있을 것이고, 중요하지만 급하지 않은 일이 있을 것이고, 급하지도 중요하지도 않은 일이 있을 것입니다.

예를 들어, 중요하면서도 급한 일은 어떤 것이 있을까요? 시험이 내일이나 다음 주면 중요하고도 시급하겠죠. 전화를 받는 일이라면 누구에게서 온 전화인가에 따라 급하긴 해도 중요하지 않을 수 있습니다. 독서나 가족과 보내는 시간 등은 중요하지만 급하지 않은 일입니다. 마지막으로 급하지도 않고 중요하지도 않은 일은 어떤 게 있을까요? TV 광고 보기, 신변잡기에 대한 인터넷 검색, 어슬렁거리며 하는 윈도 쇼핑 등이 있을 것입니다.

스티븐 코비가 말한 네 가지 기준대로 할 일들을 분류해서 우선순위를 정해보겠습니다. 우선, 아침에 일어나서 오늘 할 일들을 떠오르는 대로 적어봅니다. 예를 들어 다음은 한 주부가 하루 동안 할 일 목록입니다.

장보기, 공과금 내기, 동생 생일 선물 사기, 강아지 밥 사기, 화초에 물 주기, 물고기 밥 주기, 세탁소에 겨울 코트 맡기기, 아이 간식 준비하기, 김치 담그기, 저녁 식사 준비하기,

드라마 시청하기, 이메일 확인하기, 운동하기, 동창생들과 카톡하기 등

위의 목록을 1. 중요하고 급한 일, 2. 중요하지만 급하지 않은 일, 3. 중요하지 않지만 급한 일, 4. 중요하지도 않고 급하지도 않은 일로 분류했습니다.

1. **중요하고 급한 일** : 공과금 내기, 장보기, 아이 간식 준비하기, 저녁 식사 준비하기
2. **중요하지만 급하지 않은 일** : 동생 생일 선물 사기, 김치 담그기(아직 먹을 김치가 남아 있음), 이메일 확인하기(밤에 해도 됨), 운동하기
3. **중요하지 않지만 급한 일** : 강아지 밥 사기, 화초에 물 주기, 물고기 밥 주기, 드라마 시청하기(못 보면 궁금함), 동창생들과 카톡하기(확인해야 할 일이 있음)
4. **중요하지도 않고 급하지도 않은 일** : 세탁소에 겨울 코트 맡기기

이렇게 적고 보면 무엇부터 해야 할지 분명히 알 수 있습니다. 그리고 중요한 일을 먼저 하고 나니 마음이 가볍고, 시간의 주인이 된 것 같고, 하루를 훨씬 여유롭게 보낼 수 있습니다.

얼마 전 남편과 옛 앨범을 보다 보니 첫아이가 태어났을 때가 생각났습니다. 그때 힘든 시기를 저희는 다음과 같이 보냈습니다. 저의 하루 24시간과 남편의 하루 24시간을 합하면 48시간입니다. 그 48시간에서 아이에게 필요한 시간에 우선순위를 뒀습니다. 아이에게 필요한 노는 시간, 자는 시간, 목욕하는 시간 등을 먼저 할당하고 나머지 시간을 다른 일에 사용했습니다.

남편이 학교에서 업무를 마치고 돌아와서 9시쯤 자면 저는 12시까지 아기를 재우고 정리한 다음 잠자리에 듭니다. 대신 남편은 일찍 일어나서 아이가

깼을 때 돌보고, 같이 놀아줍니다. 그러면 제가 또 7시쯤 일어나서 아이를 돌봅니다. 그렇게 아이가 필요한 보살핌을 충분히 받을 수 있도록 했습니다.

이제 위 분류법으로 자신의 생활에 우선순위를 매겨보는 연습을 해보세요. 네 가지로 분류한 것 가운데 자신이 가장 많이 시간을 할애하는 곳에 동그라미를 쳐보세요.

만약 자신이 가장 시간을 많이 보내는 일이 별로 중요하지도 않고 급하지도 않은 일이라면, 그 일 말고 중요하고 급한 일을 먼저 해보기 바랍니다.

🍀 행복 에너지 충전법
시간 관리의 다섯 가지 기초 기술 익히기

아래에서 소개하는 시간 관리의 다섯 가지 기초 기술을 명심하고, 시간 관리표를 만들어 자신이 시간을 제대로 사용하고 있는지 확인해 봅니다.

시간 관리에는 다섯 가지 기초적인 기술이 있습니다.

첫째, 계획을 세웁니다. 자신이 가치를 두는 일에 따라 우선순위를 매겨서 계획을 세우는 게 중요합니다.

둘째, 거절할 줄 알아야 합니다. 중요한 일을 해야 하는데 남들이 어떤 요청을 할 때가 있지요. 그럴 때는 적절하게 거절해야 합니다. 그런데 그것이 쉽지가 않습니다. 현명하게 거절하는 방법은 뒤에서 알아보도록 하겠습니다.

셋째, 업무 환경을 개선합니다. 어수선하고 부산한 상황에서 일을 시작하는 것보다는 정리나 청소를 하고 나서 시작하는 게 좋습니다. 이렇게 하면 시각적으로 분산되는 에너지를 줄일 수 있습니다. 창밖이 시끄러우면 창문을 닫는다든지, 외부의 복잡한 것들이 보이면 보이지 않게 한다든지 하는 것도 업무 환경을 개선하는 데 도움이 됩니다.

넷째, 우선순위를 정한 후 거기에 나의 시간을 맞춥니다. 언제 어디서 어떤 일을 하기로 했으면 그 시간에 맞춰서 평소보다 일찍 일어난다든지 해야 합니다.

다섯째, 운동, 수면, 섭식 등 생활의 기본을 점검합니다. 운동 일지를 쓰면 자기 점검에 도움이 됩니다. 바쁘게 지내다 보면 운동을 미뤄서 몸이 안 좋아지거나 과체중이 되기도 합니다. 마찬가지로 급한 일을 하다가 수면 부족이 누적되면 짜증이 나고 쉽게 피곤해질 수 있지요.

또한 바쁘다고 식사를 거르거나 인스턴트 식품으로 대충 때우다 보면 위가 상하거나 변비 등으로 고생할 수 있습니다. 마라톤 같은 인생을 완주하려면 기본적인 체력 관리는 필수입니다.

시간 관리표 만들어보기

수면, 식사, 자기 관리, 직장, 가정, 잡일, 건강 관리, 휴식, 사교, 종교 등 항목들 각각에 자신이 하루에 몇 시간 정도를 보내는지 적습니다. 각 항목을 일주일에 몇 번씩 하는지 적습니다. 각 항목에 일주일간 들이는 시간을 적습니다. 총 시간을 더합니다.

총 합한 시간은 168시간이 되어야 합니다. 하루 24시간씩 7일이니 일주일간 우리에게 주어진 시간은 168시간이죠. 그런데 총합 시간이 168시간보다 적거나 많다면 어딘가에 시간을 잘못 쓰고 있다는 증거입니다.

168시간보다 훨씬 많은 시간이 나왔다면 착각하고 사는 거겠죠? 반대로 168시간보다 훨씬 적은 시간이 나왔다면 자기가 시간을 어디에 쓰는지 모른다는 이야기입니다. 대개 중요하지도 않고 급하지도 않은 일에 시간을 허비하고 있으면서 깨닫지 못하는 것입니다.

오차가 열 시간 이상 난다면 우선순위나 가치를 두는 일, 혹은 자신이 어디에 어떻게 시간을 쓰는지를 점검해 봐야 합니다.

이 연습의 의미는 자신이 시간의 주인으로 살고 있는지 그렇지 못한지를 알아보는 데 있습니다. 주인은 자신의 재산이 얼마인지 알고 아끼며 잘 관리합니다. 하인이나 남은 그런 관심과 노력을 덜 들이거나 아예 하지 않습니다. 자신의 시간에 주인의식을 갖는 것은 충실한 삶을 사는 방법의 하나입니다.

행복 에너지 충전법
다른 사람의 부탁을 효과적으로 거절하기

부탁을 받았을 때 어떤 기분이 드는지를 잘 보고, 거절해야겠다면 단호하고 부드럽게 거절합니다. '당신은/너는'이 아니라 '저는/나는'으로 말을 시작하는 게 좋고, 필요한 경우 상황을 먼저 설명합니다.

시간을 잘 관리하고 현명하게 사용하기 위해서는 앞에서 말했듯 남들의 부탁을 거절할 줄도 알아야 합니다. 거절하는 일이 쉽지 않을 수 있습니다. 특히 우리나라에는 양보를 미덕으로 생각하는 분위기가 있어서 더 그렇습니다.

저는 미국 유학 중에 '자기주장 훈련(assertive training)'이라는 과목을 들은 적이 있습니다. 자기가 원하는 것, 자신의 욕구, 자신의 생각을 적절하게 말하는 훈련이었습니다. 자기 욕구와 생각을 표현할 때 감정을 섞어서 화를 내지 않고, 무조건 참지도 않고, 적절하게, 품위 있게, 상대를 배려하면서도 자기주장을 하는 연습이지요. 심리 치료를 하는 요즘 그때 받은 자기주장 훈련이 도움이 됩니다.

예를 들어, 어떤 내담자는 보험설계사라면서 저에게 보험을 몇 개 들어 달라고 요청했습니다. 그때 "보험 고객을 모집해야 하는 절박한 상황은 이해가 됩니다. 하지만 원칙적으로 심리 치료사는 내담자와 심리 치료 외의 돈 거래나 이중 관계를 맺어서는 안 됩니다. 대단히 죄송하지만 그 부탁은 들어드리기 어렵습니다. 양해를 구합니다"라고 정중하게 거절할 수 있었습니다. 미안한 마음도 들었지만, 역할과 관계의 경계를 분명히 설정함으로써 난처한 상황을 방지할 수 있었지요.

하기 어려운 일이나 들어주기 힘든 부탁을 품위 있게 거절하는 것도 연습하면 좀더 잘할 수 있습니다. 그러면 효과적으로 거절하는 방법을 구체적으로 알아보겠습니다.

첫째, 부탁이나 요청을 받았을 때 자신의 어떤 기분을 잘 알아 차립니다

앞에서부터 여러 번 강조했지만, 어떤 상황에서든 자신의 감정과 기분을 알아차리는 것이 문제 해결의 시작입니다.

자기 기분을 모르면 뭐라고 답해야 할지 몰라서 주저하게 되거나, 자기도 모르게 화가 날 수 있습니다. 상대의 부탁을 들어주면서도 속이 부글부글 끓고, 들어주지 않고도 기분이 나쁠 수 있지요. 영역을 침범당한 기분이 들 수도 있고, 나의 노력이나 가치를 하찮게 여긴다는 기분을 느낄 수도 있고, 억울한 기분이 들 수도 있습니다.

부탁을 받았을 때 어떤 기분이 드는지를 분명하게 알면 훨씬 담담하고 의연하게 대처할 수 있습니다. 그렇지 못하면 중언부언 설명을 하면서 말이 길어지고, 불필요한 말도 나올 수 있고, 그러다 보면 양쪽 다 기분이 안 좋아질 수 있습니다.

둘째, 말을 할 때는 단호하고도 부드럽게 합니다

"너는 지금 몇 신데 엄마한테 책을 읽어달래?" "다섯 권이나 읽어줬잖아! 이제 그만 자. 네가 엄마한테 한번 읽어줘 봐. 그게 얼마나 피곤한지 알아?" 이렇게 아이에게 짜증을 내면 아이는 엄마가 자기를 미워한다고 여기거나 죄책감이 들거나 자기가 무가치하고 나쁜 아이라고 느낄 것입니다. "미안하지만 지금 엄마는 책을 더 읽어줄 상황이 안 돼." "엄마가 지금 많이 피곤하니까 오늘은 여기까지만 읽자." 이렇게 말하면 아이들이 받아들이기 쉽습니다.

상대가 어른인 경우에도 마찬가지입니다. 휴대전화를 바꾸라거나 보험에 가입하라고 할 때, "죄송하지만 휴대전화를 바꿀 마음이 없습니다" 또는 "이미 보험을 들었고, 다른 보험에는 관심 없습니다"라고 간단히 말하면 됩니다.

'당신은'이나 '너는'으로 시작하지 말고, '저는'이나 '나는'으로 시작해야 합니다. "당신은 도대체 어떻게 된 사람이 나한테 그런 부탁을 할 수가 있어요?" 이렇게 말하면 상대방을 공격하는 것이 됩니다.

반면에 "저는 지금 그걸 할 시간이 없어요" "제가 그 일을 할 능력이 안 되는데요" "저는 그 일이 좀 부담스러운데요" 이런 식으로 주어를 '나'로 해서 이야기합니다. 그다음에 "그래서 지금은 못하겠어요"라고 말합니다.

셋째, 부드럽게 시작해야 합니다

필요한 경우 상황을 먼저 설명하는 것도 좋습니다. 가령 계산대 앞에서 누가 줄에 끼어들었을 때 느닷없이 '나는'으로 말을 시작하면 상대가 당황할 수 있습니다.

그럴 때는 먼저 상황에 대해서 얘기하는 게 좋습니다. "지금 줄을 서 있는데 그러면 순서가 뒤로 밀리잖아요"라는 식으로 상황을 얘기합니다. 그후 "저도 지금 바쁜데 늦어질까봐 초조해요"처럼 그에 대한 기분을 얘기하고, 그다음에 "그러니 순서를 지켜주시면 고맙겠습니다"라고 원하는 바를 얘기하면 됩니다.

이것은 가트맨 방식의 '부드럽게 시작하기'라는 대화법 중 하나입니다. 이렇게 상황에 대해 중립적으로 말한 뒤에 기분을 설명하고 요청 사항을 말하면 말하는 사람도 자신의 뜻을 차분하고 정확하게 전달할 수 있고, 듣는 사람도 공격당하는 처지가 아니라 상대의 입장과 기분을 이해할 수 있기에 요청을 들어주기가 쉬워집니다.

여기서 또 하나 중요한 것은 거절할 때 유연하게 말하는 게 좋다는 점입니다. "나는 절대 못해요"라고 하지 않고 "지금은 힘들 것 같아요" "지금은 어려울 것 같아요" "그만큼은 안 될 것 같고요. 조금 더 생각해 볼게요" 등으로 말하는 게 좋습니다. 단, 그렇게 말할 때는 진정성이 있어야 합니다.

상대가 부탁한 일이 자신의 가치관과 맞지 않아서 반드시 거절해야 할 때는 이렇게 말합니다. "이 일을 하면 제가 굉장히 불편할 것 같아요." "저는 그 일이 부담돼요." 이렇게 자기 기분만 말하되 설명을 덧붙일 필요는 없습니다. 생각이 들어가면 불필요하게 말이 길어집니다.

기분은 굉장히 정직하고, 사람에 따라 다릅니다. 어떤 일을 부탁받았을 때 압도감을 느낄 수도 있고, 거절해야 한다면 미안함이나 죄책감이 들 수도 있고, 창피할 수도 있습니다. '그것도 못하다니……' 하면서요. 그렇게 여러 가지 기분이 들 수 있습니다.

넷째, 당위주의를 버립니다

상대가 어떤 요청을 했을 때 기분으로는 진짜 힘들고 싫은데 전체적인 상황을 보면 들어줘야 할 것 같은 때가 있습니다. 그렇게 기분과 상황이 충돌할 때는 먼저 '반드시 ~해야 한다'라는 생각, '슈디즘(shouldism)', 즉 당위주의를 버리십시오. 그런 태도가 필요할 때도 있고 적절할 때도 있지만, 그렇지 않을 때가 훨씬 많습니다.

모든 것을 당위적으로 하려고 하면 속박을 받게 됩니다. 상대의 입장에서도 마지못해 해주는 것보다는 솔직하게 "저는 지금 그거 하고 싶지 않아요"라고 말해 주는 것이 편할 수 있습니다. 생각, 감정, 행동의 불일치는 하는 사람이나 보는 사람 모두 불편하고 어색하게 만들지만, 솔직하게 표현하면 상황을 조율하기가 쉬워지기 때문입니다.

그렇다고 모든 사람이 모든 상황에서 거절해야 한다는 건 아닙니다. 시간에 쫓겨 허덕이면서 이것저것 하다가 진짜 중요한 걸 못할 수 있기 때문에 필요할 때는 적절하게 거절할 수 있어야 한다는 이야기입니다. 자신의 핵심 가치를 위배하는 요청이라면 거절해야 할 것이고, 양보나 타협이 가능한 주변적인 가치라면 유연성을 가져도 됩니다.

우리나라에서는 자기주장이나 거절을 하는 것이 익숙하지 않습니다. 어디까지가 정당한 나의 주장이고 어디까지가 이기적인 태도인지를 구별하기가 쉽지 않습니다.

이때는 자신의 기분과 핵심 가치에 위배되는지, 주변 가치라서 양보와 타협이 어느 정도 가능한지를 스스로 묻고 답하는 연습을 해보면 자신의 중심도 지키면서 상대도 존중하는 균형감과 유연성을 지닐 수 있습니다.

효과적으로 거절하는 연습을 해보기

상대방이 들어주기 힘든 부탁을 해 왔을 때 효과적으로 거절하는 연습을 해보겠습니다. 두 사람이 짝을 지어서, 한 사람당 2분씩 역할을 바꿔가면서 해봅니다.

- 어떤 요청을 받았을 때 자기 기분을 파악합니다.
- 그 기분을 표현합니다. '너는'이 아니라 '나는'으로 말을 시작합니다.
  그렇게 자기 기분을 간결하고 단호하게, 하지만 부드럽게 얘기합니다.
- 거절을 합니다.

교실 상황의 예를 들어보겠습니다.

학생 : 선생님, 졸음이 오는데 노래 한 곡 불러주세요.
교사 : 그래, 지금이 졸릴 시간이지. 그런데 난 음치라서 남 앞에서 노래를 부르는 게 불편하고 창피하거든. 노래 말고 졸음을 깨우는 다른 방법 제안해볼까?
학생 : 뭔데요?
교사 : 수수께끼 놀이는 어떨까?
학생 : 좋아요!

🍀 행복 에너지 충전법
하기 싫지만 해야 하는 일을 기쁘게 하기

하기 싫지만 해야 하는 일을 할 때는 '그 일을 하면 ~을 할 수 있다, 그렇게 되면 또 ~을 할 수 있다, 그렇게 되면 또 ~을 할 수 있다' 등으로 그 일을 하면 생길 좋은 일들을 연상해 봅니다.

콜로라도주립대학교 상담심리학과 마이클 스테거(Michael Steger) 교수는 '의미'에 관한 연구로 많이 알려졌습니다. 그가 얼마 전에 한국에서 워크숍을 개최했습니다. 거기서 하기 싫은 일을 해야 할 때 기쁘게 하는 방법을 연습했습니다. 그 방법은 간단합니다.

먼저 하기 싫은 일들을 서너 가지 정도 적습니다. 설거지일 수도 있고, 정리 정돈일 수도 있고, 시댁에 가는 일일 수도 있고, 고3 담임을 맡는 일일 수도 있습니다. 그렇게 하기 싫은 일을 몇 가지 적어봅니다.

그중에서 특히 하기 싫은 일, 그러나 하지 않으면 스트레스를 받는 일을 하나만 고릅니다. 아니면 하기 싫은 정도가 그렇게 심하지 않은 일을 골라도 됩니다. 하나를 선택한 다음, 다음과 같이 생각하고 적어봅니다.

'그 일을 진짜 하기 싫지만, 만약 그 일을 한다면 나는 ~을 할 수 있게 될 것이다.' 그리고 '그걸 하고 나면 또 ~을 할 수 있게 될 것이다.' 그다음에는 '그걸 하면 또 ~을 할 수 있게 될 것이다.' 이런 식으로 서너 단계 정도 생각해 봅니다.

저는 가장 하기 싫은 일이 제가 운영하는 HD행복연구소의 재정 관리였습니다. 미국에 있을 때는 가계부만 쓰면 됐는데, 한국에 와서 연구소를 운영하면서 재정 관리가 큰일이 됐지요. 처음에는 그 일을 믿을 만한 분께 몇 년 동안 맡겼습니다.

그런데 그분이 건강 문제로 더 이상 관리를 해주지 못하게 되었습니다. 그래서 제가 직접 해야 할지 어떡해야 할지 고민을 하게 됐지요. 재정 관리 일은 저에게는 굉장히 부담이었습니다.

그래서 제일 하기 싫은 일을 재정 관리라고 써놓고, 만일 내가 시간을 들여 재정 관리를 해서 우리 연구소의 재정이 어떻게 돌아가고 있는지를 알게 된다면 내가 무엇을 할 수 있게 될까 생각해 보았습니다.

제가 재정 관리를 직접 하면 직원들이 하는 일이 공정하고 투명하다는 것을 알게 될 것입니다. 그리고 적자가 나지 않음을 알게 되면 직원들에게 월급이나 보너스를 더 줄 수 있게 될 것입니다. 그렇게 되면 직원들은 신이 날 것이고 더 많은 사람들이 우리를 신뢰하며 우리가 하는 일에 참여할 수 있겠다는 생각이 들었습니다.

올해가 우리 연구소가 세계화하는 원년입니다. 우리나라를 넘어서 중국이나 미국 등 다른 나라에서 감정코칭 연수를 요청하는 곳들이 많은데, 그곳에 많은 사람들이 파견될 수 있을 것이고, 그러면 세계화도 가능하겠다는 생각이 들었습니다.

이렇게 몇 가지를 쓰다 보니 기분이 좋아졌습니다. '이건 정말 중요한 일이구나. 내가 하고 싶지 않은 일이지만 중요한 일이구나' 하는 생각이 들었습니다.

또 알게 된 사실이 있습니다. 내가 가치를 두는 일이 서로가 신뢰할 수 있는 일이라는 점, 공정함과 투명성을 통해 사람들이 하는 일에 대해 정당한 대가를 받고 더 많이 참여하게 되는 일이라는 점, 그렇게 더 많은 사람들에게 좋은 것을 알리는 일이라는 점이 그것이었습니다. 신뢰, 투명성, 정직성 같은 가치가 분명해지자 재정 관리를 직접 해야겠다는 생각이 확실히 들었습니다.

게다가 하고 싶지 않은 일을 통해서 내가 소중하게 여기는 가치와 만날 수 있었고 더 크고 먼 미래를 내다볼 수 있었으니, 이 연습에 대해 감사한 마음까지 들었습니다.

여러분들도 하기 싫은 일을 서너 가지 적어본 다음 그중 하나를 골라보세요. 그 일을 하면 생길 수 있는 좋은 일을 서너 가지 정도 생각해 보고 노트에 적습니다. 그러면 내가 인생에서 가치를 두는 게 무엇인지 드러날 것입니다. 그 가치도 적어보시기 바랍니다.

11장 디지털 과부하 상태에서 벗어나라

인터넷이나 모바일 앱을 통해 서로 무언가를 주고받으면서 언제 어디서나 누군가와 연결돼 있다고 생각하지만, 그것은 허상에 불과합니다. 실제로 깊은 연결을 맺고 있는 게 아닙니다. 진심으로 공감하고, 이해하고, 함께 성장하는 관계를 맺는 것이 아니라 단지 누군가와 연결되어 있는 듯한 허상을 갖는 것입니다.

요즘은 많은 사람들이 가족이나 친구, 지인과 함께 있을 때도 상대방에게 집중하지 않고 스마트폰에 몰두하는 경우가 많지 않나요? 어른이나 아이나 별반 다르지 않습니다.

저는 외국에 자주 가는 편이라 비행기를 자주 타는데, 최근에는 예전에 비해 비행기 안이 조용합니다. 시끄러운 아이들이 별로 없지요. 왜 그런가 했더니 아빠는 아빠대로, 엄마는 엄마대로, 아이는 아이대로 각자 스마트폰에 빠져 있습니다. 심지어 한두 살짜리 아이들도 스마트폰을 만지작거리고 있습니다.

가트맨 박사는 최근에 유럽에 갔을 때 암스테르담의 한 펜션(B&B)에 묵었다고 합니다. 이튿날 아침 식사를 하러 식당에 갔더니 여학생들 일곱 명이 함께 여행을 왔더랍니다. 그런데 식당에 와서 자리에 앉자마자 모두 스마트폰을 꺼내 들었습니다. 서로 말은 한마디도 하지 않고요.

가트맨 박사는 그 아이들이 도대체 어떻게 관계를 맺을지 궁금해서 한 시간이 넘는 식사 시간 동안 관찰을 했답니다. 놀랍게도 그 긴 시간 동안 서로 한마디도 대화하지 않고 계속 스마트폰만 사용하면서 식사를 마친 뒤에 나가더라는 겁니다.

　이는 함께 있어도 함께 있는 게 아닙니다. 몸만 같은 공간에 있을 뿐 각자 정신과 마음은 스마트폰 속의 가상 공간을 떠다닙니다. 그처럼 스마트폰은 인간관계에 좋지 않은 영향을 미칩니다.

　전자파도 적지 않은 문제입니다. 전자파는 어른들보다 아이들에게 더 좋지 않은 영향을 미친다는 연구 결과가 많이 나와 있습니다. 연령별 휴대전화 전자파 흡수율을 보면, 어른들보다 아이들에게 전자파가 훨씬 더 깊이 침투되는 것으로 나타났습니다.

　5세 아동은 두개골의 두께가 0.5밀리미터쯤 되고 10세 아동은 1밀리미터, 어른은 2밀리미터 정도 됩니다. 그래서 어릴수록 전자파가 훨씬 더 많이 흡수되는 것입니다.

　그 외에도 문제가 있습니다. 문자 메시지와 모바일 메신저, SNS를 주고받는 동안 사람들은 대개 호흡을 하지 않거나 얕게 한다고 합니다. 심신의 조화, 일치, 균형 상태로 들어가기 위해서는 천천히 평소보다 약간 깊고 고르게 호흡을 해야 한다고 했습니다. 그런데 문자 메시지와 모바일 메신저, SNS를 사용할 때는 그와 반대되는 얕은 호흡을 하게 되는 것입니다.

　저는 가능한 휴대전화를 비롯한 각종 디지털 기기의 사용을 최소화합니다. 페이스북, 트위터, 모바일 메신저 등도 이용하지 않습니다. 잘 사용하면 좋은 점도 분명 있지만, 의존하기 시작하면 쓸데없는 일에 시간과 에너지를 많이 빼앗기기 때문이죠.

　한번 시작하면 계속 들여다보게 되고, 답을 해야 하고, 그러면서 자기도 모르는 사이에 중요하지도 않고 급하지도 않은 일에 소중한 시간과 에너지를 낭비할 수 있습니다.

　저는 2005년 봄학기까지 미시간공과대학교에서 학생들을 가르쳤습니다. 특히 공대생들은 전자 기기를 좋아하고 많이 사용합니다. 중간고사나 기말고사 전에 학생들이 학업으로 과부하 상태가 되었을 때, 수업 중이나 수업 시작 전에, 혹은 끝나기 전에 5분 정도 가만히 자신을 조율하는 시간을 갖게 했습니다.

앞에서 3분 정도만 조율하면 그때 몸에서 생성된 활력/안정 호르몬이 두 시간 정도 효과가 지속된다고 말했습니다. 당시에 많은 학생들이 그 효과를 느끼고 도움을 받았다고 이야기했습니다. 그리고 일주일에 한 번이나 한 달에 한 번씩 휴대전화를 꺼놓고 지내보라고 했는데, 그것도 많은 도움이 됐다고 합니다.

스마트폰과 SNS에 지나치게 의존하는 생활습관을 버리도록 의도적으로 노력하는 것이 좋습니다. 그러면 자기 내면의 소리를 들을 수 있고, 자연과 만날 수 있고, 주변의 좋은 사람들과 만날 수 있습니다. 그런 시간에 가치를 두면 삶이 훨씬 더 충만해집니다.

멀티태스킹의 신화와 SNS의 허상

혹시 '멀티태스킹(multitasking)'이라는 말을 들어보셨나요? 멀티태스킹, 즉 '다중작업'은 동시에 몇 가지 일을 하거나 동시에 몇 가지에 주의를 집중할 수 있는 능력을 가리킵니다. 그러나 그것은 착각에 불과하답니다.

스탠퍼드대학교의 클리포드 내스(Clifford Nass) 교수가 연구를 통해 다중작업의 신화를 지적했습니다. 통화를 하며 인터넷을 검색하고, 숙제를 하며 TV를 보고 하는 다중작업에 대해 연구해 보니, 다중작업을 잘한다는 사람들이 실제로는 한 번에 한 가지 일에 집중하는 사람보다 업무 능력이 낮았다고 합니다. 오히려 인지적 결함이나 장애를 보였다고 합니다.

다중작업은 학습과 기억에 부정적인 영향을 미치고, 정신적 유연성도 저하시키고, 기억력도 저하시킵니다. 정합, 즉 조화, 균형, 일치와 반대되는 상태입니다.

사실 우리 뇌는 한 번에 한 가지에밖에 집중을 못합니다. 단기 기억도 한 번에 일곱 가지 이상은 기억하기 어렵습니다. 그리고 의미화 작업을 하기 전에는 기억이 장기 기억으로 들어가지 못합니다. 시간이 걸리더라도 직접 체험을 해봐야 자기 것이 됩니다.

강의를 듣기만 하면 들은 내용의 80~90퍼센트는 강의실을 나서는 순간 잊어버립니다. 콜라주 작업처럼 직접 실습하면서 느껴보고 체험해 본 것들이 장기 기억에 남습니다.

이것 잠깐 했다가, 저것 잠깐 했다가 하는 다중작업은 엄밀히 말하면 연속적 부분 집중(continuous partial attention)입니다. 온전히 집중하는 게 아니라 조금씩만 집중하면서 끊임없이 이것저것으로 옮겨 다니는 것이지요.

많은 일을 동시에 하려고 다중작업을 하지만 실제로는 연속적 부분 집중을 하고 있는 것입니다. 대개 더 좋은 활동과 기회를 찾아다니느라 연속적 부분 집중을 하는데, 그러다 보면 한 가지도 제대로 하지 못합니다.

또 하나의 문제는 SNS를 통해 관계의 허상을 갖기 쉽다는 점입니다. 인터넷이나 모바일 앱을 통해 서로 무언가를 주고받으면서 언제 어디서나 누군가와 연결돼 있다고 생각하지만, 그것은 허상에 불과합니다.

실제로 깊은 연결을 맺고 있는 게 아니기 때문입니다. 진심으로 공감하고, 이해하고, 함께 성장하는 관계를 맺는 것이 아니라 단지 누군가와 연결되어 있는 듯한 허상을 갖는 것입니다. 군것질을 하면 섭취하는 칼로리는 높은데 몸에 필요한 영양분은 섭취하지 못하는 것과 마찬가지입니다. 쉴 새 없이 무언가를 입에 넣지만 성장과 건강에는 별 도움이 되지 않습니다.

행복 에너지 충전법
디지털 과부하를 완화하는 일곱 가지 방법

전자 기기를 끄고 뇌와 몸에 휴식을 주고, 감정날씨와 몸 상태를 점검하고, 수시로 QCT를 하고, 가끔씩 스마트폰을 두고 다니고, 운동을 하는 등 디지털 과부하를 완화하는 방법들을 실천하고, 자신만의 방법도 찾아봅니다.

다행히도 디지털 과부하 상태와 연속적 부분 집중을 완화하는 일곱 가지 방법이 있습니다. 미국 대학생들에게는 많이 알려져 있는 방법입니다.

첫째, 가끔씩 코드를 뽑습니다. 전기와 연결된 거라면 텔레비전이든, 인터넷이든 코드를 뽑고 뇌와 몸에 휴식을 줍니다.

둘째, 자신의 감정날씨와 몸 상태를 점검합니다. 저는 매일 저녁 일기를 쓰면서 감정날씨도 점검하는데, 대부분은 감정날씨가 '맑음'입니다. 그런데 가끔 안개 표시를 하게 될 때가 있습니다. 왜 그럴까 생각해 보면 이런저런 사정으로 며칠간 걷지를 못해서 그럴 때가 많습니다. 그러면 다음 날은 가능한 걷습니다.

셋째, 불안한 생각이 들면 QCT를 합니다. 해야 할 일이 있는데 시간이 부족하거나, 내 능력보다 더 큰 도전을 마주하거나 하면 불안해질 수 있습니다. 그럴 때는 심장 호흡을 하고 나서 자신이 정말 좋아하는 것이나 감사한 것을 떠올리며 긍정적인 감정을 느낍니다.

넷째, 가끔씩 집에 스마트폰을 두고 다닙니다. 저는 일요일에는 가능한

한 휴대전화를 들고 다니지 않습니다. 휴대전화에서 하루 동안 벗어나 있으면 해방감과 자유로움을 느낄 수 있기 때문입니다. 걱정과 달리 그래도 생활에 지장이 거의 없습니다.

 다섯째, 운동을 합니다. 뇌과학 연구를 통해 운동의 효능이 더 많이 밝혀지고 있습니다. 운동을 하면 뇌가 활성화되고, 노화도 늦춰지고, 기분이 좋아지며, 마음도 건강해집니다.

 참고로 걷는 운동을 한다면 러닝머신 위를 걷는 것보다는 밖의 길이나 언덕이나 산에서 걷는 게 좋습니다. 러닝머신에서 걸으면 똑같은 근육과 골격만 반복적으로 사용하게 됩니다.

 반면에 경사가 조금 있는 곳을 걸으면 각도가 계속 바뀌기 때문에 몸의 관절이 모두 움직여지고, 관절과 근육에 일종의 마사지가 됩니다. 몸속의 균형기관도 계속 작동을 하고요. 그래서 정말 몸에 좋은 운동이 됩니다.

 또한 러닝머신에서 TV나 잡지를 보면서 운동을 하는 것보다는 자연을 만나면서 하는 것이 눈에도 좋고 마음도 훨씬 편안해집니다.

 여섯째, 디지털 기기와 SNS를 사용하는 대신 가족이 함께 의미 있는 활동을 합니다. 함께 산책을 하거나, 운동을 하거나, 책을 읽거나, 여행을 하는 등 가족이 공유하는 추억이 생길 수 있는 일을 합니다.

 예를 들어 가족이 자주 보드 게임, 운동, 합창, 서예, 연날리기, 봉사활동 등을 함께 하면 아이들이 컴퓨터 게임을 덜 하게 되고 가족들의 사이가 더욱 돈독해질 수 있습니다.

 일곱째, 삶의 균형을 되찾도록 합니다. 우리는 예전부터 '지(知), 덕(德), 체(體)'라고 하여 균형과 조화로운 삶을 중시했습니다. 그런데 아이들의 경우 언제부턴가 입시 위주로 학업에 치중하다 보니 대인 관계나 예술, 문화, 체육 등에 소홀하게 되었습니다.

그 결과 청소년 우울증과 자살률은 세계 최고에 행복도는 최하 수준이 되었습니다. 지금부터라도 지, 덕, 체의 균형과 조화를 되찾을 수 있어야 합니다. 어른들이 먼저 시작하면 아이들도 따를 것입니다.

자신이 할 수 있는 일 중에서 '가족들이 모두 귀가한 후에는 스마트폰을 사용하지 않는다' '식사 중에는 휴대전화를 꺼내놓지 않는다' 'SNS는 알림 설정을 꺼놓고 한꺼번에 몰아서 본다' '인터넷 사용 시간을 하루에 한 시간 정도로 정해둔다' 등 디지털 과부하 상태에서 벗어날 수 있는 구체적이고 실질적인 방법을 찾아봅시다.

Resilience

건강한 관계를 위한
회복탄력성 키우기

12장 잘못된 의사소통은 에너지를 고갈시킨다

사람들은 의식을 하든 안 하든 서로의 관계에서 에너지를 주고받습니다. 긍정적인 에너지를 주고받을 수도 있고, 부정적인 에너지를 주고받을 수도 있습니다. 에너지를 얻을 수도 있고, 빼앗길 수도 있습니다. 모든 사람의 행동과 태도, 감정은 주변 사람들에게 영향을 미칩니다.

일본 도쿄의 한 학교에 초청 특강을 간 적이 있습니다. 초등학생부터 고등학생까지 다니는 제법 큰 학교였는데, 운동장에서 노는 초등학생들의 모습에서 활기차면서도 평화로운 기운이 느껴졌습니다. 중·고등학생들이 삼삼오오 웃으면서 교문을 나서는 모습도 다정했고 표정은 해맑았습니다. 음악실에서 선생님의 지휘에 맞춰 연주하는 학생들은 몰입의 경지에 빠진 모습이었고, 교무실의 선생님들도 조용하나 분주히 각자의 일에 열중하는 모습이었습니다.

학교 전체가 정합의 장(場, field)이었습니다. 원래 학교란 그런 모습이었을 텐데 요즘 그렇지 않은 학교를 너무 많이 봐왔습니다. 도쿄의 그 학교에서 예전에 제가 다녔던 학교가 문득 기억났습니다. 월요일 아침에 교정에 들어서면서부터 평화로움과 즐거움을 동시에 느꼈던 아득한 기억이 떠올랐습니다.

이처럼 모든 장소에는 특유의 분위기가 있습니다. 그 분위기는 그 공간에 있는 사람들이 만들어냅니다. 사람들이 주고받는 에너지가 특유의 분위기를 만들어내는 것이죠.

☼ 사람들은 심장을 통해 감정의 에너지를 주고받는다

사람들은 의식을 하든 안 하든 서로의 관계에서 에너지를 주고받습니다. 긍정적인 에너지를 주고받을 수도 있고, 부정적인 에너지를 주고받을 수도 있습니다. 에너지를 얻을 수도 있고, 빼앗길 수도 있습니다. 사람의 행동과 태도, 감정은 주변 사람들에게 영향을 미칩니다.

지하철에 한 그룹의 대학생들이 같이 탔을 때, 조금만 지켜보면 서로 끌리는 학생들도 있고 불편한 관계처럼 보이는 학생들도 있습니다. 얼굴 표정이나 음성, 눈빛, 자세, 서로의 거리 등에서 단서를 얻을 수도 있지만, 에너지의 흐름에서 열기나 냉기가 느껴질 수 있고 흐름의 빠름과 느림이 느껴질 때도 있습니다.

저는 독일에서 에너지 치료 작업을 해보았기에 조금 더 민감하게 느낄지 모르지만, 여러분도 심장의 전자기장에 대해 알면 이 에너지적 파장이 상상이나 가공이 아닌 실재라는 것을 확인하실 수 있을 것입니다.

그렇다면, 사람과 사람이 어떻게 에너지적으로 서로에게 영향을 미치는 것일까요?

심장은 우리 몸의 다른 어떤 기관보다 큰 강도(뇌의 약 5천 배)로 전자기적(電磁氣的) 에너지의 리듬을 만들어냅니다. 심장에서 방출하는 전기 신호는 심전도(ECG, electrocardiogram)로 측정하지만, 심장은 또한 커다란 자기장(magnetic field)도 만들어내는데, 이는 자기측정기(magnetometer)로 측정할 수 있습니다.

심장은 한 번 뛸(박동할) 때마다 몸 밖으로 분출되는 자기장을 만드는데, 그 자기장은 1.5미터 정도까지 측정이 가능합니다. 두뇌의 자기장

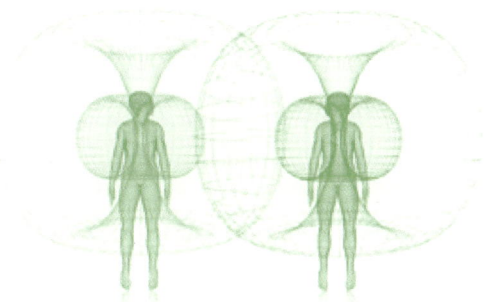

12-1 두 사람 사이에 영향을 미치는 심장의 전자기장

은 이보다 훨씬 반경이 작아서 약 4.5센티미터 정도밖에 측정이 가능하지 않다고 합니다. 요즘 병원에서는 'SQUID(superconducting quantum interference device)'라는 기계로 전자기장을 측정합니다. 심장의 전자기장은 더 멀리까지도 퍼져나가지만 아직까지 최첨단 기계로는 그 이상은 측정하기 어렵다고 합니다.

두 사람 사이에 심장의 전자기장이 미치는 모습은 12-1 그림과 같습니다.

심장이 뛸 때마다 심장에서는 전기 파장과 자기 파장이 나오면서 이 둘이 합쳐져서 전자기장을 형성합니다. 그 전자기 파장을 연속해서 보면 어떤 패턴이 형성됩니다. 그 패턴이 규칙적이고 조화롭고 통일된 정합 상태일 수도 있고, 불규칙하고 불일치하며 무질서한 부정합 상태일 수도 있습니다. 그렇게 심장의 전자기 파장의 패턴을 바꾸는 것은 바로 감정입니다. 심장은 감정에 순간순간, 즉각적으로 반응하기 때문입니다.

그처럼 한 사람의 감정은 스스로 의식을 하든 안 하든 자신의 음성, 표정, 몸짓 등에 영향을 미치고 주변에도 영향을 미칩니다.

어떤 사람 옆에 가면 왠지 불편한 경험을 해보신 적이 있을 것입니다.

반대로 어떤 사람 옆에 가면 편안하고 안전하게 느낀 경험도 있으실 것입니다. 최신 과학은 이런 차이가 생기는 이유를 설명해 줍니다.

과학자들은 사람의 감정의 질(quality)이 심장의 자기장에 영향을 준다는 사실을 입증했습니다. 다시 말해서, 사람의 심장 상태가 정합인지 아닌지에 따라 주변에 영향을 준다는 뜻입니다.

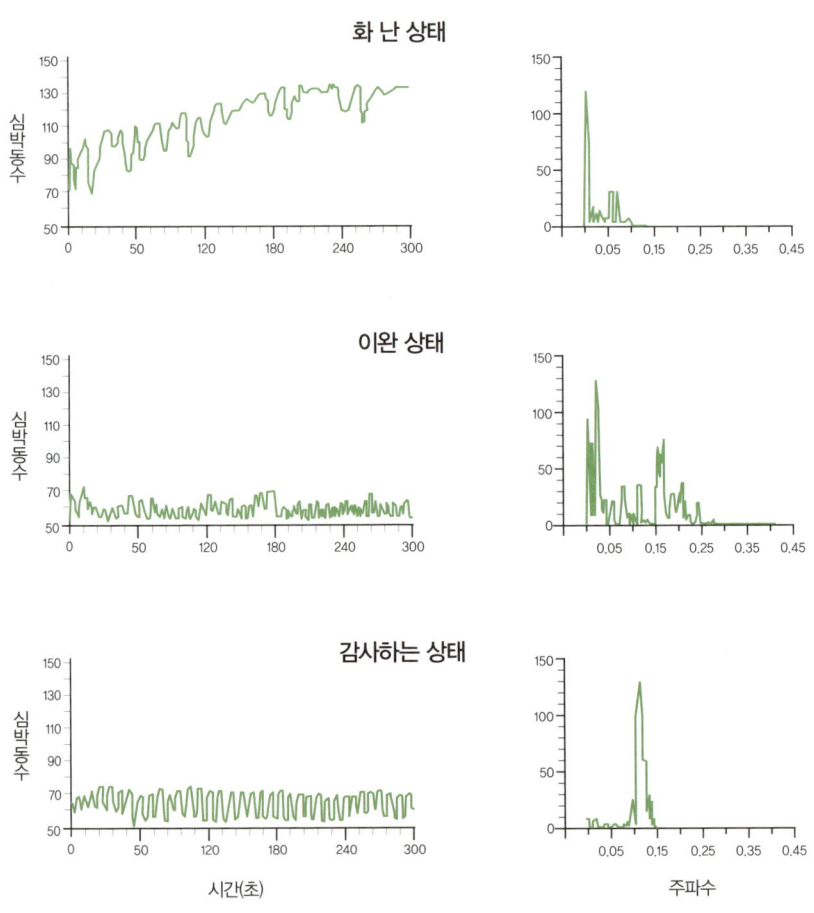

12-2 감정에 따른 심장의 자기장

스펙트럼 분석 기술을 사용하면 우리의 생각, 태도, 감정이 심장의 자기장에 반영된다는 것을 볼 수 있습니다.

분노와 짜증 같은 부정적인 감정은 12-2 그래프 중 맨 위의 그래프처럼 나타납니다. 고마움, 배려 같은 긍정적인 감정일 때의 심장 패턴은 맨 아래 그래프와 같은 모습입니다.

이 그래프는 감정에 따라 심장의 자기장에 다른 패턴이 생기는 것을 보여줍니다. 다시 말해서, 감정은 라디오나 텔레비전의 송신기가 음성이나 영상을 전자기적 파장으로 보내는 방식과 같이 우리 심장의 자기장에 영향을 준다는 뜻입니다. 따라서 자신이 의식을 하든 못 하든 우리는 자신의 감정을 주변에 '방송'하고 있는 것입니다.

두 사람이 1미터 이내의 거리에 있다면 좋든 나쁘든 감정이 만들어내는 전자기장으로 영향을 주고받게 됩니다. 짜증이나 좌절감을 느끼면 심장 패턴이 굉장히 불규칙해지면서 주변 사람들에게 그런 파장으로 영향을 미칩니다. 반대로 깊은 감사를 느끼거나 무언가의 가치를 진심으로 인정할 때는 주변에 전혀 다른 영향을 미치겠지요.

부모의 관계 에너지는 아이의 건강한 성장과 직결된다

하트매스 연구소의 맥크레이티 박사가 자신의 아들을 대상으로 개와 사람의 심장이 어떻게 상응하고 영향을 미치는지 연구했습니다. 아들이 열두 살 무렵이었을 때 아들과 아들이 키우는 개의 몸에 심장 데이터를 수집할 수 있는 기구들을 부착한 다음, 아들과 개가 각각 다른 방에 있을 때와 같은 방에 있을 때 둘의 심장 데이터가 어떻게 달라지는지를 관찰했습니다.

아들과 개가 서로 다른 방에 있을 때의 심장 데이터를 측정한 결과, 둘의 심장이 뛰는 모습은 달랐습니다. 그다음에 아들이 개가 있는 방에 들어갔습니다. 그리고 개에게 말을 걸거나 쓰다듬거나 하지 않고 감정으로만 고맙고 사랑하는 마음을 느꼈습니다. 그러자 아들의 심장이 안정적으로 정합 상태로 뛰었고, 개의 심장도 전보다 정합 상태가 되면서 둘의 심장 패턴이 비슷해졌습니다.

그후 아들이 개가 있는 방에서 나오자 아들과 개의 심장 데이터가 다시 달라졌습니다.

결국 개와 소년이 서로를 만지거나 대화를 나누지 않더라도 같은 공간에 있으면서 감정을 느끼기만 해도 둘의 심장이 서로 상응하면서 같은 패턴으로 바뀐다는 것을 알 수 있었습니다.

하트매스 연구소에서는 또다른 연구를 했습니다. 이번에는 말과 말 주인의 심장 패턴을 관찰했습니다. 오랜 기간 여주인과 함께 지낸 말의 심장 데이터를 조사했는데, 주인이 쓰다듬거나 말을 걸지 않고 마음으로만 깊이 고마움과 사랑을 전하자 주인도, 말도 심장이 정합 상태로 변했습니다. 이 실험을 통해 말과 주인의 심장도 같은 공간에 있을 때 서로에게 영향을 미친다는 것을 알 수 있었습니다.

동물과 사람의 심장도 이렇게 서로 상응하는데, 사람 사이는 어떨까요? 엄마의 뇌파와 아기의 심장 데이터가 어떻게 서로 영향을 주고받는지 관찰한 연구가 있습니다. 동기화(synchronization)를 감지하는 방식으로 엄마의 뇌전도(EEG)와 아기의 심전도(ECG)를 관찰한 것입니다.

엄마가 아기를 안고 바라보다가 어떤 생각을 했습니다. 가령 '아기 코가 왜 하필이면 시어머니를 닮았을까?'라거나 '어휴, 오늘도 그이는 술 취해서 늦게 오겠지?' 같은 생각을 해서 엄마의 뇌전도 그래프가 올라가면 그 순간 아이의 심전도 파고가 올라갑니다. 말을 한마디 하지 않고, 생각만 해도 엄마의 심장과 뇌는 아이의 심장과 뇌에 영향을 미치는 것입니다.

우리나라는 옛날부터 이런 사실을 잘 알고 있었습니다. 그래서 아이가 뱃속에 있을 때부터 엄마가 마음을 편안히 갖고, 좋은 것만 보고 듣고, 몸가짐도 걸음걸이도 조심스럽게 하는 '태교'라는 훌륭한 문화가 있습니다.

그런데 안타깝게도 태교에는 신경 쓰면서 아이가 태어난 뒤에는 그 정도로 노력을 하지 않는 것 같습니다. 아이 앞에서 부부가 서로 막말을 하고, 싸우기도 합니다. 서로에게 좋지 않은 생각도 하겠지요. 사실 태아일 때부터 엄마가 마음가짐과 몸가짐을 잘하는 것이 중요하지만, 아이가 태어난 후 1년도 매우 중요합니다. 그 시기에 아이의 뇌와 심장 사이에 굉장히 많은 회로가 연결되기 때문입니다.

아이는 태어나고 첫 1년 사이에 신체와 함께 뇌와 HPA축도 발달합니다. HPA축은 앞에서 소개했듯 시상하부에서 스트레스를 감지하면 뇌하수체에서 신호를 받아 아드레날 피질에서 스트레스 호르몬을 분출하는 긴밀한 생존 반응의 축입니다.

HPA축이 생후 1년 안에 형성되는데, 이때는 비유하자면 숲 속에 좁은 오솔길이 만들어지는 상황입니다. 그런 상황에서 부모가 서로 존중하고, 배려하고, 감사해서 관계의 에너지가 온화하다면 아이의 HPA축이 튼튼하게 만들어집니다. 그렇게 잘 닦인 길은 훗날 자전거가 지나가도, 자동차나 트럭이 지나가도 별로 망가지지 않고 빨리 회복합니다.

반대로 부모가 아이 앞에서 크게 소리를 지르고, 싸우고, 물건을 던지고 하면 아이의 몸에서 스트레스 호르몬이 너무 많이 나와서 HPA축이 큰 손상을 입습니다. 좁은 오솔길 위로 큰 탱크가 지나가면 길이 망가지는 것과 같지요. 그로 인해 HPA축이 손상되거나 약해지면 유치원이나 초등학교에 가서 낯선 상황이나 스트레스 상황을 마주칠 때 몹시 힘들어하고 몸이 아프기조차 합니다. 뿐만 아니라 어른이 되어서도 작은 변화에도 남들에 비해서 큰 스트레스를 받기 쉽습니다.

안타깝게도 신생아를 키우는 부부들은 대부분 몸이 피곤하고, 스트레스를 많이 받습니다. 그러다 보니 부부 사이에 대화는 줄어들고, 자주 다투고, 적개심이 커집니다. 가트맨 박사의 연구에 의하면 아이가 태어난 후 부부의 67퍼센트 정도는 관계가 급속도로 나빠진다고 합니다.

다행스러운 소식은 연구에 따르면, 싸우던 부부가 화목하게 지내면 생후 8개월 후라도 아기의 뇌회로가 달라진다는 것입니다.

이는 동양에서 예로부터 '기(氣)'라고 막연하게 얘기했던 것의 존재를 이제는 첨단 기계를 통해서 증명할 수 있게 된 것입니다. 여기서 중요한 사실은 대개 비슷한 파장들이 한데 모인다는 점입니다. '유유상종'이라는 말이 근거가 있는 것이죠. 파장이 비슷하면 서로 맞는다는 느낌이 들어서 모이게 되고, 파장이 다르면 서로 맞지 않는다는 느낌이 들어서 멀어지게 됩니다.

저는 그런 경험을 자주 합니다. 4년 전쯤 호주 멜버른에서 열린 인지치료 학회에 참석한 적이 있습니다. 그런데 학회장에 들어갈 때부터 답답한 기분이 들었습니다. 닷새 동안 모두 정장만 입고, 인지, 논리, 합리 같은 이야기만 계속하는 게 너무 답답했습니다. '아, 여긴 나와 맞지 않는 곳이구나' 하는 생각이 들었습니다.

반대로 참 좋았던 곳도 있습니다. 미국에서 아이들의 관계 회복 치료를 위해 열리는 워크숍에 참가한 적이 있습니다. 그런데 비행기가 연착하는 바람에 서너 시간 늦게 도착했습니다. 들어가는 순간 굉장히 밝고 따뜻한 기운이 느껴졌습니다. 놀이를 통해서 아이들에게 애착이나 관계를 가르쳐 주는 치료 워크숍이었습니다. 참가자들이 얼마나 친절하고 에너지가 밝은지, 저에게 맞는 신발을 신은 듯한 안락함이 느껴지고 '아, 이곳에 오기를 잘했다, 자주 오고 싶다' 하는 생각이 들었습니다.

가정이든, 직장이든, 학교든, 어딜 가든 에너지를 느낄 수 있습니다. 눈으로 보이는 것이 전부가 아닙니다. 아이의 유치원이나 놀이방을 선택할 때, 깨끗하게 치워져 있고 외제 장난감이 즐비하긴 한데 왠지 아이들이 주눅 들어 보이고 기운 없어 보이는 곳이 있습니다. 그런 곳에는 아이를 보내지 않는 게 좋습니다.

반면에, 조금 어질러져 있더라도 아이들이 활기 있고, 끊임없이 웃고, 선생님을 잘 따르고 편하게 대한다면 아이를 안심하고 맡길 수 있는 곳일 것입니다.

저는 미국에 있을 때 결혼이나 가족과 관련한 동양 고전들을 많이 찾아보았습니다. 황희 정승 댁에 있던 서고가 고스란히 옮겨져 있는 캘리포니아 버클리대학교 동아시아 도서관에서 읽었던 책 한 권에 조선 시대에 유모를 뽑는 기준이 나와 있었습니다.

유모를 뽑을 때의 기준은 얼굴이 예쁜가, 날씬한가, 똑똑한가, 공부를 많이 했나 등이 아니었습니다. 표정이 환하고 편안한가, 목소리가 부드럽고 고운가, 마음이 따뜻한가, 이웃과의 관계가 순탄한가, 하는 점들을 기준으로 삼았습니다.

현대적 관점으로 보면 마음이 따뜻하고, 편안하고, 정합된 사람이라고 볼 수 있을 것입니다. 이미 무엇이 중요한지를 인식하고 있었다는 사실이 놀랍습니다.

감정의 조율과 의사소통

앞에서 살펴보았듯 사람들의 감정과 태도는 긍정적이든 부정적이든 서로 영향을 미칩니다. 조율이 잘되는 정합 상태에서는 더 행복하고, 더 건강하고, 더 효율적인 교실과 직장, 가정을 만들 수 있습니다. 따라서 자신이 먼저 조율이 잘되지 않으면 자신이 몸담고 있는 장소와 환경에서 안정적인 에너지를 끌어 모으기가 어려울 것입니다.

하트매스 연구소의 연구에서 두 성인 남녀가 의사소통을 할 때 여자의 뇌전도(EEG)와 남자의 심전도(ECG)를 살펴보았습니다. 둘의 거리는 150센티미터로 한 사람의 키 정도였습니다. 같이 있으면서 점점 남자의 심전도가 여자의 뇌전도와 상응하기 시작합니다. 일반적으로 한쪽의 심장 활동 패턴이 정합한 상태에서는 상대의 감정을 좀더 잘 감지할 수 있지만 상대의 부정합 심장 패턴에는 영향을 덜 받는다고 합니다.

서로의 에너지 파장이 조율이 잘되어 더 상응할 경우 직장이나 가정의 의사소통과 활력은 눈에 띄게 향상됩니다. 이 점을 올림픽 선수팀이나 특수 정예 훈련을 받는 군대의 엘리트 부대원들은 매우 중요하게 여깁니다. 그들은 팀의 정합이 운동 성과나 업무 수행에 어떻게 영향을 미치는지 경험으로 알기 때문이지요.

긍정적이든 부정적이든 감정적 에너지가 언어를 통하지 않더라도 의사소통의 배경이 되는 색깔이나 맛처럼 전달된다는 뜻입니다. 예를 들어, 사람을 만나고 나면 박하향을 입에 머금은 것같이 시원하고 상큼한 느낌이 드는 경우도 있고, 텁텁하거나 시큼한 맛이 느껴지는 경우도 있습니다. 그렇게 모든 감각을 통해서 서로의 에너지가 전달됩니다.

화가 났거나, 불안하거나, 선입견을 갖고 있거나, 좌절감을 느끼거나 하면 의사소통을 잘못하기 쉽습니다. 그리고 시간에 쫓길 때는 뒤섞인 감정적 신호를 보내기 쉬운데, 이럴 때는 상대에게 혼동을 초래합니다. 부부나 친구 사이에서도 싸움이 일어날 수 있고, 고객과 감정노동자 사이에서는 충돌이 일어날 수 있습니다.

그런 일이 일어나면 먼저 자신의 감정 상태가 불안했는지, 시간에 쫓겼는지, 스트레스를 많이 받았는지, 어떤 선입견을 갖고 판단을 했거나 좌절감을 느꼈는지를 점검해 보면 중심과 균형을 되찾고 감정을 조절하는 데 도움이 됩니다. 자신의 감정을 파악하지 못하면 남 탓을 하거나 감정이 더욱 격해지기 쉽기 때문입니다.

실수를 했거나 문제가 생겼을 때 그 원인을 찾아보면 70퍼센트 정도는 의사소통의 문제가 원인이라고 합니다.

워크숍에 참석했던 한 분은 이런 에피소드를 들려주셨습니다. "저희 유치원에서는 가끔 가정 통신문을 보내거든요. 한번은 깨끗한 복장으로 아이들을 유치원에 보내달라고 했더니 어떤 어머니가 한복을 입혀 보내신 적이 있습니다."

저도 비슷한 일화가 있습니다. 제가 처음 미국에 갔을 무렵입니다. 개강 초기, 유학생들을 환영하는 파티를 캠퍼스 옆 호숫가에서 한다는 초대장을 받았습니다. 그 당시 한국에서는 파티라는 말이 익숙하지 않았습니다. 제가 알고 있던 파티는 할리우드 영화에서 본 것처럼 드레스 입고, 장갑 끼고, 하이힐 신고, 진주 목걸이를 하고 가는 것이었지요. 물론 저에게는 그런 복장이 없었습니다.

한참 고민하다가 유학 올 때 어머니가 마련해 주신 한복을 입기로 했습니다. 그때는 유학이 드문 일이었고 국위 선양으로 여겨지던 시절이었지요. 한국을 대표한다는 생각에 한복을 입기로 했습니다. 한여름에 버선에 고무신까지 신고 갔지요.

파티장에 가보니 드레스를 입은 사람은 한 명도 없고, 다들 반바지에 티셔츠를 입고 슬리퍼를 신고 있었습니다. 알고 보니 미국에서 파티라는 것은 그냥 모여서 편히 노는 것이었습니다. 그들 사이에서 한복을 입은 제 모습이 너무 창피했죠.

학장님은 제가 무안해할까 봐 "옷이 참 멋있다. 너희 나라에서는 이런 옷을 매일 입니?" 하고 물으셨습니다. 저는 그 학교 개교 이래 최초의 한국인 유학생이었거든요.

이러한 의사소통의 문제는 교실에서도 자주 일어납니다. 한 교사는 학생들에게 '비가 오면 소풍을 가지 않는다'고 말했는데, 소풍 당일 비가 오니 학급의 반 정도가 결석했습니다. 교사는 비가 오면 소풍을 가지 않고 학교에서 수업을 할 거라는 의미로 말했지만, 학생들은 '비가 오면 소풍도, 학교도 가지 않는다'고 잘못 이해한 것입니다.

우리를 불행에 빠트리는 극적인 의사소통

의사소통 중에 극적인 의사소통이 있습니다. 짜증이 나거나 화가 나면 에너지가 소모되듯, 삿대질을 하거나 언성을 높이거나 극단적 감정을 표출하는 극적인 의사소통을 하면 에너지의 고갈이 몇 배로 가중됩니다. 그럴 때 느끼는 감정들은 대개 초조감, 좌절, 짜증, 분노, 원망 그리고 부정적 투사입니다.

부정적 투사란 자신이 갖고 있는 감정이나 생각을 다른 사람이 갖고 있다고 생각하는 태도입니다. 예를 들어, 자신이 시어머니를 별로 좋아하지

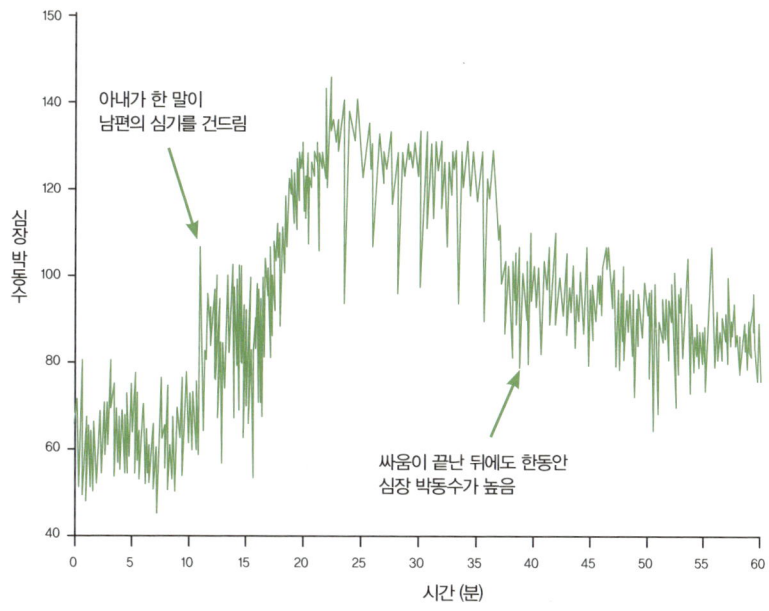

12-3 부부싸움을 할 때 남편의 심장 박동수의 변화

않는다면 '아, 오늘도 시어머니는 내가 한 음식을 못마땅해하실 거야' 하는 식으로 시어머니가 자신을 미워하는 것으로 단정합니다. 부정적 투사를 할 때는 에너지 고갈이 몇 배로 가중됩니다. 또한 머릿속에서 온갖 시나리오를 만들고 기억하고 재생하는 일종의 '자작 드라마'도 에너지 고갈에 톡톡한 일조를 합니다.

하트매스 연구소에서는 부부가 극적인 대화를 할 때 에너지 고갈이 얼마나 이루어지는지를 연구했습니다. 12-3 그래프는 그 상황에서 남편의 심장 박동을 나타냅니다.

가로축은 대화를 나눈 시간이고, 세로축은 남편의 심장 박동수입니다. 처음에는 조용히 대화를 시작합니다. 이때 남편의 심장 박동수는 60회 전후로, 심장이 천천히 뜁니다.

그런데 대화 중에 아내가 한 말이 남편의 심기를 건드립니다. 사람마다 '지뢰'라고 해서 건드리면 심기가 몹시 거슬리고 화가 나는 부분이 있습니다. 그러자 순식간에 남편의 심장 박동수가 분당 110회 정도로 올라갑니다. 그 뒤에는 계속해서 심장 박동수가 굉장히 높습니다.

공격을 당했다고 느끼면 도망가거나 싸우는 스트레스 반응이 나온다고 했습니다. 남자들은 특히 거기에 취약합니다. 아내가 '지뢰'를 건드리면 남편의 심장 박동수는 100 정도로 높아지고, 말이 점점 격해집니다. 대화를 시작한 지 20분 정도 되면 남편의 심장 박동수는 120~150 사이를 오갑니다. 이것은 전속력으로 질주할 때와 비슷한 상태입니다. 이러면 대개 남자들이 먼저 "관둬!" 하고는 부부싸움을 중단하고 자리를 떠나버립니다.

그런 태도가 관계에는 도움이 안 됩니다. 아내들은 대화를 시작하면 그동안 묻어두었던 감정들을 하나씩 표현하고자 하는데, 본론으로 들어가기도 전에 남편이 격한 반응을 보이더니 피해버리는 것이니까요. 그러면 아내 입장에서는 거부당하거나, 무시당하거나, 소외당하는 것 같습니다. 그러니 더 화가 나지요. 하지만 남편은 도망가는 반응을 보이기 때문에 대화는 중단됩니다.

언쟁이 끝난 후에도 거의 25분 동안 남편의 심장 박동수는 싸움 전 평균 60회의 두 배에 가까운 120회 전후를 유지합니다. 그동안 스트레스 호르몬이 계속 분출되면서 심신의 에너지가 많이 고갈됩니다.

스트레스 호르몬은 3분만 분비되어도 몸 안에 두 시간 이상 남아 있다고 했습니다. 그러니 몇십 분 동안 스트레스 호르몬이 분비되면 얼마나 오랫동안 많은 에너지가 빠져나갈지는 짐작할 수 있습니다.

그렇기 때문에 싸움하는 법도 배워야 합니다. 어려서부터 제대로 언쟁

하는 법을 배워야 합니다. 적어도 결혼하기 전에는, 늦어도 아이를 낳기 전까지는 제대로 싸우는 방법을 배워두는 게 좋습니다. 그래서 격하게 언쟁을 하지 않고도 의사소통을 원활하게 할 수 있어야 합니다.

실제로 극적인 대화는 두 차원에서 벌어집니다. 첫 번째 차원은 실제 대화에서 서로 의견이 달라 충돌하는 것입니다. 그러나 이 차원의 극적 대화는 빙산의 일각일 뿐입니다.

더 큰 차원의 극적 대화는 실제 대화를 마친 후 각자의 자리로 돌아가 머릿속으로 논쟁을 되풀이하는 것입니다. '지가 뭔데 나한테 감히 그런 말을 해?' '도대체 날 뭐로 보는 거야!' '이런 말로 그 사람 코를 납작하게 해 줬어야 하는데!' '어쩌면 인간이 그렇게 꽉 막혔지?' 등.

이렇게 실제 대화가 끝난 후 혼자 머릿속으로 생각과 감정을 재처리하는 과정에서 우리는 훨씬 더 많은 에너지를 탕진하고, 건강을 손상시키고, 불행감을 증폭시킵니다.

이럴 때 스트레스 중화법과 QCT 등을 활용하면 머릿속으로 혼자 논쟁을 계속하면서 행복 에너지를 고갈시키는 것을 막을 수 있습니다.

13장 행복한 관계는 긍정성에서 온다

가까운 사람이 적어준 나의 장점 목록을 갖고 있으면 비싼 가구나 귀중품을 갖고 있는 것보다 훨씬 마음이 풍요로울 것입니다. 장점을 적은 것을 액자에 넣어서 걸어놓아도 좋습니다. 복사해서 냉장고나 현관문이나 욕실 문이나 침실 천장 같은 데에 붙여놓아도 좋습니다. 그러면 서로의 좋은 점이 자주 눈에 들어와 긍정적인 정서가 쌓일 수 있습니다.

관계는 우리 삶의 전반에 지대한 영향을 미친다는 말씀을 여러 차례 강조했습니다. 일상적인 관계도 그러하지만 특히 가정이라는 공동체를 이끌어가야 하는 부부 사이는 각자의 삶은 물론 자녀들에게까지 큰 영향을 미치게 됩니다.

부부 사이가 원만하지 못하다면 당사자들의 스트레스가 높은 것은 물론이요, 자녀들 역시 불안과 스트레스 상황에 그대로 노출되고 맙니다. 당연히 삶의 행복이 깨지고 회복탄력성에도 악영향을 끼치겠지요.

부부 사이의 불화는 왜 일어날까요? 왜 대화를 잘하다가도 극단적인 정서에 휘말릴까요? 사랑한다면서 왜 그렇게 극단적으로 싸우고 투쟁하나요?

정서에 기초한 부부치료의 창시자인 수잔 존슨(Susan Johnson) 박사도 위와 같은 질문들의 답이 궁금했습니다. 부부치료를 어떻게 해야 할지 몰랐지만, 개인 심리 치료의 연장선에서 할 수도 없었습니다.

실패를 거듭하다가 부부들이 상담실에 와서 보이는 모습을 녹화한 후 반복해서 보며 연구했습니다. 그랬더니 부부가 대화를 하다가 갑자기 감정이 확 치솟는 순간이 있음을 발견했습니다. 좋은 의도를 갖고 관계를 회복하고자 시작한 대화였음에도 말이죠.

존슨 박사는 그 순간을 대개 안정적 애착 관계에 위협이 감지되는 순간이라고 했습니다. 즉, 버려지는 것에 대한 두려움, 사랑 받지 못하는 느낌 등이 격한 항의를 일으키고 이에 대한 방어와 역공격이 이어지다가 파국으로 치닫는다는 것입니다.

※ 누구나 정서적으로 연결되고 싶어한다

모든 인간에게는 누군가와 정서적으로 안전하게 결합하고 싶은 욕구가 있습니다. 갓난아기만 양육자에게 안전하게 연결되고 싶은 욕구가 있는 것이 아닙니다. 부부도 마찬가지입니다.

결혼을 하면 배우자와 정서적으로 안전하게 결합하고 싶은데, 그 결합이 무관심이나 외도 등으로 위협받거나, 방해받거나, 빼앗기게 되면 굉장한 위기감을 느끼고 공격당하는 느낌이 들고 화가 납니다. 불안감과 우울감이 수반되기도 합니다.

이러한 욕구에 대해 알지 못하고 인정하지 못하면 자신의 진정한 모습을 이해할 수 없습니다. 부부치료를 해보면 고학력, 전문직, 고소득인 사람들일수록 감정과 이성을 잘 연결하지 못하고 관계를 이성, 논리, 합리로 대하려는 경향이 있습니다. 그러면 관계는 무미건조해지거나 고통스러워집니다.

정서적 결합의 중요성을 알지 못하고 그를 위해 노력하지 않으면 부부는 고립감을 느끼며 둘 사이의 신뢰는 부식되기 쉽습니다.

정서적 결합의 중요성에 대한 과학적 근거가 있습니다. 앞에서 부부의 의사소통에서 감정이 확 치솟는 순간이 있다고 했습니다. 그 순간에 사람이 느끼는 감정은 '두려움'입니다. 이 관계가 깨지지 않을까? 내가 버려지지 않을까?

그런 두려움과 애착 욕구 사이에는 강한 연관성이 있습니다. 애착 욕구가 위협당할 때 격한 반응을 보이는 것이죠. 수잔 존슨 박사는 이럴 때 부부들은 대개 필사적으로 투쟁을 하고, 싸워서라도 관계(또는 신뢰 기반의 애착)를 지키려고 애쓴다고 말합니다.

물론 의도와 달리 의사소통 방식에 문제가 있어서 오히려 관계가 망가지는 경우도 많습니다. 하지만 부부들이 의사소통 방법을 배우기 전에 두려움과 애착 욕구를 먼저 이해해야 합니다. 두려움과 애착 욕구는 유대감의 형성이나 파괴 과정에 중요하게 작용하기 때문입니다.

사랑에 빠질 때는 유대가 형성되죠. 그때는 마냥 행복하고, 평화롭고, 즐겁습니다. 그런데 유대감이 파괴될 때는 엄청난 두려움과 불안과 공포와 고통을 느끼게 됩니다. 특히 부부 관계에서는 더 심합니다. 그런 관점에서 보면 부부가 그렇게 치열하게 싸우고 고통스러워하는 이유를 알 수 있습니다.

거듭 말하지만 인간이 신체적·정신적으로 건강하게 살기 위해서는 정서적 애착 대상이 필요합니다. 예전에는, 특히 정신분석학에서는 누군가를 필요로 하는 것을 미숙함의 징표로 여겼습니다. 그래서 남에게 의존하지 말라고 충고하고, 남에게 매달리는 것은 아직 어리기 때문이라고 해석했습니다.

요즘의 견해는 정반대입니다. 사람들은 서로 연결되지 못하면 생존하기 어렵습니다. 인간에게는 기본적으로 누군가를 믿고, 의지하고, 사랑하고, 사랑받고, 배려하고, 배려받기를 원하는 강한 욕구가 있습니다. 그건 무척

이나 자연스러운 일이며, 생명뿐 아니라 삶의 질과 직결되는 일입니다.

인간에게 정서적 결합이 중요한 만큼, 관계에서 애착이 잘 형성되고 건강하게 유지될 수 있으려면 정서적 조율, 정서적 공감, 유대감이 바탕이 되어야 합니다. 그렇지 못하면 학력, 직업, 수입 등의 조건이 맞더라도 그 관계는 흩어지고 부서지고 병들기 쉽습니다.

가트맨 박사의 '건강한 관계의 집'

정서적 결합을 하면서 건강한 관계를 이루는 방법은 무엇일까요? 가트맨 박사는 행복한 부부와 이혼하는 부부를 비교하면서 '건강한 관계의 집(Sound Relationship House)'이라는 7층짜리 집 모델을 만들었습니다.

그의 연구에 의하면 행복한 부부들은 서로의 내면 세계를 잘 알고(1층 사랑의 지도 그리기), 서로 호감과 존중을 많이 느끼고 표현하며(2층 호감과 존중 쌓기), 정서적 조율을 가능하게 하는 '다가가는 대화'를 하며(3층 서로 다가가는 대화하기), 이렇게 하면 긍정적인 감정이 쌓여서 화가 나거나 오해가 생겨도 부정적 감정을 씻어줍니다(4층 긍정적 감정의 밀물 현상).

이렇게 충분한 우호감과 정서적 유대감이 쌓이면 이혼으로 가는 네 가지 독 대신 해독제를 사용하여 갈등과 문제들을 잘 관리할 수 있다고 합니다(5층 갈등 관리). 그리고 서로의 꿈을 존중하며 이루도록 협조하고(6층 꿈 이루기), 함께 공유하는 문화를 만들어나간다는 것입니다(7층 함께 만드는 우리 집 문화).

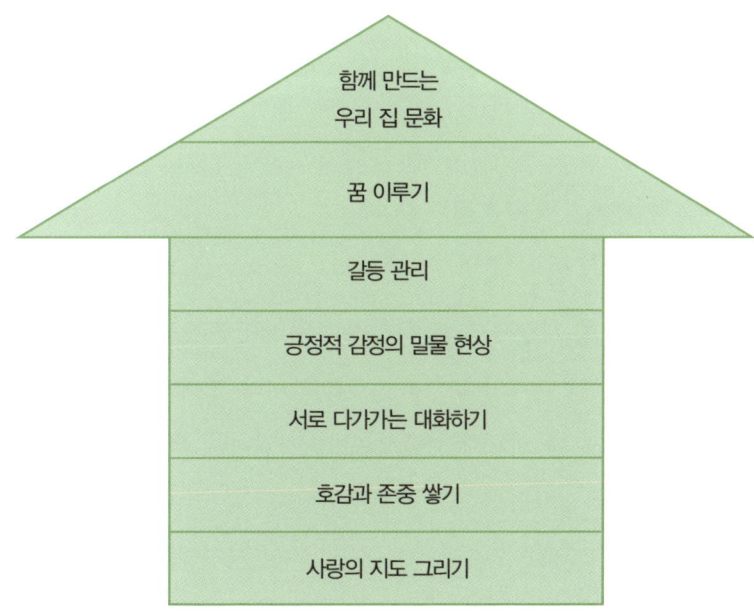

13-1 가트맨의 건강한 관계의 집

    이 7층 모델은 다음과 같이 활용할 수 있습니다. 예를 들어, 사랑의 지도는 게임을 하듯 서로의 내면 세계를 추측하면서 알아가는 것이고, 호감과 존중을 쌓기 위해서는 서로의 장점을 50가지 정도 찾아서 서로에게 말해 줍니다.

    그리고 상대가 걸어오는 말에 원수 되는 대화나 멀어지는 대화가 아닌 다가가는 대화로 반응하는 방법을 배우고 연습합니다. 이 정도만 해도 여러 가지 문제로 고통스러워하던 부부들도 얼굴이 조금 펴집니다.

🍀 행복 에너지 충전법
사랑의 지도 그리기

부부나 연인, 가족 등 두 사람이 서로의 내면 세계에 대한 질문들에 답해 봅니다. 그리고 대화를 통해 답을 확인합니다.

건강한 관계의 집 모델에서 맨 아래층이 사랑의 지도(love map)입니다. 맨 아래층이라는 건 관계의 기초라는 의미입니다. 관계의 기초를 이루는 사랑의 지도는 서로가 서로에 대해서 아는 것입니다. 특히 내면 세계, 정서 세계를 아는 것이 사랑의 지도의 핵심입니다.

사랑의 지도를 그리는 연습을 해보려면 우선 자신에게 소중한 사람을 한 명 떠올립니다. 배우자, 연인, 가족, 친구 등 자신에게 소중한 사람을 한 명 떠올려봅니다.

그다음에 다음 질문들에 대해 답해 봅니다. 구체적으로 답하면 더 좋습니다. 예를 들어 좋아하는 음식을 그냥 '육류'라고 하지 말고, 돼지고기 편육, 갈비, 닭볶음탕 등으로 적으면 좋습니다.

- 그 사람의 가장 친한 친구 두 명의 이름은?
- 그 사람이 제일 좋아하는 음식은?
- 그 사람이 가장 좋아하는 색은?
- 그 사람이 가장 좋아하는 가수나 노래는?
- 그 사람이 가장 좋아하는 텔레비전 프로그램은?
- 그 사람이 어렸을 때 가장 자랑스럽게 여겼던 일은?
- 그 사람이 어렸을 때 가장 수치스럽게 여겼던 일은?

- 그 사람이 죽기 전에 꼭 가보고 싶은 여행지는?
- 그 사람이 5년 안에 가장 이루고 싶은 꿈은?
- 그 사람에게 가장 영향을 많이 주는 멘토나 스승은?

이렇게 적은 다음 당사자와 추측 게임식으로 답을 맞혀봅니다. "내 생각에 당신이 가장 좋아하는 친구는 아무개 같은데, 맞아요?" "내 생각에 당신이 가장 좋아하는 음식은 육개장인 것 같은데, 맞아요?" 이런 식으로 물어봅니다. 아니라고 하면 "그럼 뭐예요?"라고 물어보면 됩니다.

처음부터 "당신 육개장 좋아하지?"라고 물어보면 상대방은 공격당하는 느낌을 받을 수 있습니다. 특히 별로 사이가 좋지 않다면 더 그렇습니다. 그래서 '내 생각에는'이라고 부드럽게 말하는 것이 좋습니다.

한 가지씩 질문과 답을 한 후에 역할을 바꿉니다. 질문할 수 있는 내용은 무궁무진합니다. 상대방의 내면 세계와 관련 있는 질문이면 무엇이든 가능합니다. 그리고 틀렸다고 해서 면박을 주거나 하면 안 됩니다.

단, 해서는 안 되는 질문이 있고, 답을 할 때도 조심해야 합니다.

예를 들면 '가장 싫어하는 친척은?'이라는 질문을 하고 "내 생각에 당신이 가장 싫어하는 친척은 우리 엄마 같은데, 맞아?"라고 말하는 것은 폭탄을 던지는 것입니다.

혹은 자신의 외도로 고통을 받았던 배우자에게 제일 좋았던 여행지로 외도 상대와 함께 갔던 곳을 말한다면 상처를 들추는 일이 되겠죠. 조심스럽게, 안전하게 서로의 내면 세계를 알아가야 합니다.

한번은 중1 여학생 둘을 같이 상담한 적이 있습니다. 둘은 겉보기에 아주 성향이 달라 보였습니다. 일단 외모가 한 명은 키가 작고 통통했고, 한 명은 날씬하고 키가 컸습니다. 한 명은 지방에서 왔고, 한 명은 서울 강남에서 왔습니다. 한 명은 왕따로 힘들어했고, 다른 한 명은 모범생이며 친구들도 많았습니다.

그런데 이 둘이 사랑의 지도 그리기를 하면서 보니 좋아하는 음식이 '피자와 스파게티'로 같았고, 좋아하는 계절도 '눈 오는 겨울'로 같았고, 가장 좋아하는 가수도 '아이유'로 같았고, 가장 받고 싶은 선물도 '강아지'로 똑같았습니다.

물론 둘이 다른 점도 많았지만 이 정도의 공통점을 발견한 후 둘은 동지를 만난 듯 반가워하며 30분 만에 스스럼없이 친해졌습니다. 이처럼 사랑의 지도 그리기는 두 사람이 서로를 알아가면서 친밀감을 쌓아가는 데 도움이 됩니다.

행복 에너지 충전법
호감과 존중 쌓기

> 일상에서 조금씩, 자주 상대방에게 호감과 존중, 감사, 배려를 표현합니다. 상대방의 장점을 적어주는 것도 좋고, 어깨를 주물러주는 등의 행동도 좋습니다

건강한 관계의 집 모델에서 2층은 '호감과 존중'입니다. 서로의 내면 세계를 잘 안다는 기초 위에 호감, 존중, 감사, 배려를 자주 표현하는 것이지요. 그러면 오해를 하거나 실수를 하거나 잘못을 한다 해도 긍정적 감정이 파도처럼 몰려와서 부정적인 감정의 불을 빨리 꺼줄 수 있습니다. 그런 바탕이 되어 있지 않으면 갈등을 관리하기가 어렵습니다.

존 가트맨 박사의 부인이자 함께 부부치료 분야를 개척해 온 줄리 가트

맨 박사는 마음으로 느끼는 것도 중요하지만 그것을 조금씩 자주 표현해야 관계의 긍정성을 쌓는 효과가 있다고 강조합니다.

예를 들어 '오늘 아침에 끓여준 된장국이 맛있었다' '오늘 입은 옷이 잘 어울린다' '어떤 일을 해줘서 고맙다' 등 일상에서 호감, 존중, 감사, 배려를 표현할 일들은 많습니다.

장점 찾기

배우자나 자녀, 연인, 친구, 동료 등 중요한 사람들에게 호감과 존중을 표현할 수 있는 대표적인 방법이 '장점 찾기'입니다.

가까운 사람이 적어준 자신의 장점 목록을 갖고 있으면 비싼 가구나 귀중품을 갖고 있는 것보다 훨씬 마음이 풍요로울 것입니다. 장점을 적은 것을 액자에 넣어서 걸어놓아도 좋습니다. 복사해서 냉장고나 현관문이나 욕실 문이나 침실 천장 같은 데에 붙여놓아도 좋습니다. 그러면 서로의 좋은 점이 자주 눈에 들어와 긍정적인 정서가 쌓일 수 있습니다.

호감, 존중, 감사, 배려는 말이나 글이 아닌 행동으로 표현할 수도 있습니다. 어깨를 주물러주는 것도 좋겠죠. 저는 아침에 일어나면 3분 정도 남편의 발을 마사지해 줍니다. 남편은 저녁 때 제 어깨를 주물러주고요. 굳이 따로 시간을 내지 않아도 텔레비전을 보거나 대화를 나누며 서로 해주면 좋습니다. 그런 작은 행동이 쌓이면 두 사람 사이에 긍정성이 쌓이면서 관계가 튼튼해집니다.

부모님들은 자녀가 잠들기 전에 손이나 발에 로션을 발라줘도 좋고, 교사와 학생들은 서로 장점 찾아주기를 하는 것이 긍정성을 쌓기에 적합한 활동입니다.

🍀 행복 에너지 충전법
서로 다가가는 대화하기

상대방이 한 말을 무시하거나 주제를 바꿔버리는 멀어지는 대화나 상대방의 말을 반박하거나 비웃는 원수 되는 대화를 하지 말고 상대방의 말에 호응하거나 공감하는 다가가는 대화를 하도록 노력합니다.

건강한 관계의 집 모델의 3층, 즉 관계의 긍정성을 쌓는 세 번째 단계는 다가가는 대화를 하는 것입니다. 상대가 먼저 말을 걸었을 때 거기에 대응하는 방식으로 다가가는 대화, 멀어지는 대화, 원수 되는 대화가 있습니다.

다가가는 대화는 마음을 여는 대화이고, 멀어지는 대화와 원수 되는 대화는 마음을 닫는 대화입니다.

다가가는 대화는 상대방이 한 말에 호응하여 대답을 하거나, 공감해 주는 것입니다. 혹은 고개를 끄덕거리기만 해도 다가가는 대화가 됩니다.

멀어지는 대화는 상대가 어떤 얘기를 했을 때 그 말을 무시하고 주제를 바꿔버리는 것입니다. 예를 들어서 상대가 "오늘 승진심사에서 탈락하여서 기분이 좀 우울해요"라고 말했는데 "지금 몇 시지?" 하거나 "배고프다" 하는 식으로 반응하는 것입니다. 그러면 상대방의 마음은 멀어질 것입니다.

원수 되는 대화는 상대가 어떤 얘기를 했을 때 그 말을 즉각 반박하거나 비웃는 것입니다. 예를 들어서 "어, 배고프다"라고 말했는데 "일 안하고 게으른 것들이 맨날 배고프다는 타령이나 하지. 밥 먹은 지 얼마나 됐다고 배가 고프냐?" 이런 식으로 반박하거나 상대를 비웃거나 무안을 주면 원수 되는 대화입니다. 이런 대화를 하면 사이가 무척 나빠지겠죠.

가트맨 박사의 연구에 의하면, 멀어지는 대화나 원수 되는 대화를 할 때는 스트레스가 올라가고, 다가가는 대화를 할 때는 스트레스가 내려갑니다. 따라서 다가가는 대화를 하면 스트레스가 떨어지고 관계에 긍정성이 쌓입니다.

상대가 "배고프다"라고 말했을 때 "아, 배고프구나. 뭐 먹고 싶어?" 이렇게 반응하면 서로의 스트레스가 떨어집니다. 말을 하지 않아도, 예를 들어서 "어머, 저 꽃 좀 봐"라고 말했을 때 같이 바라봐주기만 해도 다가가는 대화가 됩니다. 상대방의 말을 듣고 거기에 반응을 보이는 것이니까요.

그렇다면 결혼한 사람이 대개 언제 외도를 할까요? 배반의 길이 어디서 시작될까요? 가트맨 박사의 연구 결과 배반으로 가는 24코스가 있다고 합니다. 그 첫 코스는 바로 멀어지는 대화에서 시작됩니다.

남편이 "내일 중요한 회의가 있는데"라고 말했는데 아내가 "애 목욕 좀 시켜줘요" 하면서 화제를 바꿔버린다든지, 아내가 "여보, 어머니가 많이 편찮으시대요" 했는데 남편이 "축구 경기 시작했다"라고 반응하면 상대방은 무시당하는 느낌이 듭니다. 그렇게 서운한 마음이 쌓이면 원수 되는 대화로 이어지기 쉽죠.

그러면서 점점 관계가 나빠지고, 그러다 보면 말하는 것조차 싫어져서 거리를 두다가 '다른 사람을 만났으면 지금보다 훨씬 행복할 텐데……' 하면서 부정적 비교(comparative level of alternative)를 하게 됩니다. 이렇게 배반의 코스로 점점 깊숙이 들어갑니다.

신혼 때부터 다가가는 대화를 하는 부부들은 사이가 좋고 결혼 생활이 오래 지속될 가능성이 높습니다. 반대로 이혼으로 끝나거나 갈등이 심한 부부들은 멀어지는 대화나 원수 되는 대화를 하는 비율이 높습니다. 그런 만큼 어떻게 대화를 하느냐는 굉장히 중요합니다.

다가가는 대화 해보기

요즘 교사들은 학생들에게서 어떤 격한 반응이 나올지 몰라서 말을 걸기조차 두렵다고 합니다. 그런데 다가가는 대화법을 쓰면 학생들도 대개 순하고 부드럽게 반응하여 대화가 선순환으로 발전하기 쉽습니다. 악순환의 대화와 선순환의 대화의 예를 들어보겠습니다.

- **악순환의 대화**

학생: 선생님, 칠판의 글씨가 안 보여요.

교사: 글씨가 안 보이는 게 아니라 네가 이 영어 단어를 모르는 거잖아. 알면 글씨가 작아도 다 보이게 돼 있어. (비웃음—원수 되는 대화)

학생: 아, 좀 크게 써달라니까요! (격한 어투)

교사: 야, 왜 소리를 질러? 내가 귀머거린 줄 아냐? (원수 되는 대화)

학생 : (노트를 탁 덮으며 짝에게 말한다) 나 이 수업 못 듣겠어. (멀어지는 대화와 담쌓기)

- **선순환의 대화**

학생: 선생님, 칠판의 글씨가 안 보여요.

교사: 글씨가 작아서 안 보였구나. 미안. 좀더 크게 써볼게. 이 정도면 보이니? (수용과 경청—다가가는 대화)

학생: 네, 이제 잘 보여요. 고맙습니다. (부드러운 말투—호감과 존중)

교사: 앞으로도 글씨가 잘 안 보이면 얘기해 주렴. (수용과 존중—다가가는 대화)

학생 : 네, 그러겠습니다. 선생님, 영어 시간이 제일 좋아요. (다가가는 대화—호감과 존중)

이렇게 다가가는 대화는 다가가는 대화를 이끌어내고, 대화가 긍정적으로 이어집니다. 따라서 서로를 정서적으로 가깝게 해주고, 스트레스를 낮춰주며, 유대감, 신뢰감, 친밀감이 쌓이게 합니다.

14장 관계를 망치는 네 가지 독과 그 해독제

가트맨 박사의 연구에 따르면 부부가 이혼하는 이유는 싸움의 내용이 아니라 싸우는 방식, 싸울 때의 행동 패턴 때문이었습니다. 가트맨 박사는 이를 '이혼으로 가는 네 가지 지름길(four horsemen of apocalypse)'이라고 이름 붙였습니다. 부부 사이만이 아니라 모든 관계를 망치는 그 네 가지 독은 모두 '말하는 방식'입니다. 바로 비난, 방어, 경멸, 담쌓기이죠. 네 가지 중 하나라도 지속적으로 사용하면 관계가 파국으로 치달을 확률이 높습니다.

우리나라에서 부부의 이혼 사유 1위가 무엇일까요? 흔히 성격 차이라고 알려져 있습니다. 미국에서도 가장 큰 이혼 사유는 성격 차이라고 알려져 있습니다.

그런데 가트맨 박사가 40여 년간 3천 쌍 이상 부부들의 성격 검사를 해보니 성격과 결혼 생활의 행복과 불행, 이혼은 전혀 상관이 없는 것으로 나왔습니다. 부부가 성격이 같으면 행복하고 다르면 불행한 것이 아니었습니다. 가트맨 박사의 연구에 따르면 부부가 이혼하는 이유는 싸움의 내용이 아니라 싸우는 방식, 싸울 때의 행동 패턴 때문이었습니다.

가트맨 박사는 이를 '이혼으로 가는 네 가지 지름길(four horsemen of apocalypse)'이라고 이름 붙였습니다. 부부 사이만이 아니라 모든 관계를 망치는 그 네 가지 독은 모두 '말하는 방식'입니다. 바로 비난, 방어, 경멸, 담쌓기이죠. 네 가지 중 하나라도 지속적으로 사용하면 관계가 파국으로 치달을 확률이 높습니다.

각각의 독을 하나씩 알아보고, 그 독을 없앨 수 있는 해독제도 소개하겠습니다.

☀ 관계를 망치는 네 가지 독

비난

관계를 망치는 첫 번째 독은 비난입니다. 비난할 때는 보통 주어가 당신입니다. 그렇게 상대방의 태도나 행동을 공격합니다. 그러면 말하는 사람은 그런 의도가 아니더라도 듣는 사람은 인격적으로 공격당하는 느낌이 듭니다.

대표적인 비난의 표현이 "당신은 도대체……"입니다. '맨날' '한 번도' '결코' '절대로' '언제나' '항상' '늘' 등의 부사를 써도 비난의 표현입니다. 성격적으로, 인격적으로 문제가 있다는 식의 지적이기 때문입니다.

방어

관계를 망치는 두 번째 독은 '방어'입니다. 상대방에게서 비난의 공격이 들어오면 자기를 보호하기 위해서 방어를 하려고 합니다. 그런데 이 역시 관계를 망치는 네 가지 지름길 중 하나입니다.

예를 들어서 "당신은 어떻게 된 사람이 그렇게 돈을 헤프게 써?"라고 비난했을 때 "그러는 당신은 뭘 잘했는데? 당신이 돈을 더 많이 벌어 와봐!" 이렇게 역공을 한다든지, 아니면 "그게 당신 탓이지, 내 탓이야? 당신이 하라고 했잖아. 어머니 칠순 잔치 좀 번듯하게 하라고 했잖아!" 이런 식으로 상대에게 책임을 전가한다든지, 아니면 "내가 뭘 잘못했다고, 왜 맨날 나한테만 그래?" 이런 식으로 무고한 희생자처럼 우는 소리를 하는 것이 방어입니다.

방어의 핵심은 '문제는 내가 아니라 당신'이라는 책임 전가, 혹은 '나는 피해자일 뿐'이라는 태도입니다. 이런 태도가 관계를 망치는 이유는 비난

200

에 방어로 답하면 또다시 비난이 나오고, 그러면 또 방어가 나오고, 주거니 받거니 하면서 출구가 없기 때문입니다. 자녀와의 대화도 마찬가지입니다. 다음 예를 보시기 바랍니다.

엄마: 넌 도대체 어떻게 된 애가 그렇게 돈을 헤프게 써? (비난)

딸: 내가 언제 헤프게 썼어? 엄마가 돈을 하도 조금 주니까 쓸 돈도 없는데. (방어)

엄마: 야, 중학생이 한 달에 7만 원 받는 게 조금이냐? (방어)

딸: 내 친구들은 한 달에 최소 10만 원은 받는다던데. 엄마는 세상물정도 모르는 구닥다리야. (방어와 경멸)

엄마: 내가 구닥다리가 아니라 돈 잘 쓰는 애들이 날라리야. 공부도 못하는 것들이 돈만 밝히고! (경멸, 방어)

딸: 요즘 옷값도 비싸고 화장품도 비싸고 다 비싸단 말이야. (방어)

엄마: 학생이 무슨 옷이며 화장품이냐? 공부나 해야지. (방어)

딸: 엄마도 공부 못했다면서? 아빠가 엄마 학교 때 꼴찌였다더라. (비난과 경멸)

이런 식으로는 대화가 좋은 쪽으로 진행되기 어렵습니다. 서로에게 더 큰 상처를 줄 말을 찾으려고 애쓸 뿐입니다. 자연히 관계는 망가지게 됩니다.

경멸

관계를 망치는 세 번째 독은 네 가지 독 중에서 제일 나쁜 것입니다. 바로 경멸입니다. "어쭈!" "이 새대가리야." "어이, 뚱보아줌마!" "주제 파악이나 하시지!" "흥, 꼴에 잘난 척은!" 경멸은 이렇게 상대를 자기보다 못한 사람으로 취급하는 것입니다. '나는 상대보다 우월하다, 지적으로나 인격적으로나 내가 더 낫다'는 뉘앙스를 풍기는 것이죠.

상대를 경멸한다는 것을 의식하지 못한 채 경멸할 수도 있습니다. 그중 대표적인 것이 상대가 열심히 이야기하는데 "거기 문법 틀렸는데" 하면서 문법이나 어법, 맞춤법을 지적하는 것, 덧붙여서 "당신 학교 다닐 때 공부 못했지?" 이런 식으로 말하는 것입니다. 본인은 경멸하지 않았다고 생각할지 모르지만 듣는 사람의 입장에서는 인격 모독을 당하는 것 같습니다.

경멸의 저변에는 상대의 긍정적인 면보다 부정적인 면을 먼저 보는 습관이 깔려 있습니다. 때로는 말 한마디 안 하고 경멸할 수도 있습니다. 상대가 말할 때 왼쪽 입술을 약간 잡아당기며 피식 웃는 경우가 있습니다. 속으로 '잘난 척 그만해라' '같잖기는' 같은 생각을 하면서요. 이렇게 말은 안 하지만 표정으로 표현할 수 있습니다. 그런 경멸의 표정은 인류 공통적으로 인지됩니다.

경멸이 얼마나 상대에게 독이 되는지 추적 연구를 해보니, 경멸을 당한 사람은 4년 안에 감염성 질병에 걸릴 확률이 높다고 합니다. 신체의 면역력이 떨어지기 때문이죠. 그만큼 경멸의 독은 강하고 오래갑니다.

담쌓기

관계를 망치는 네 번째 독은 '담쌓기'입니다. 같은 공간에 있어도 없는 사람처럼 취급하는 것입니다. 상대가 말을 걸어도 대답하지 않고, 눈도 마주치지 않고, 통화하다 말고 전화를 끊고, 상대가 말하는데 다른 곳을 쳐다보고, 각방을 쓰고, 집을 나가고, 이런 것들이 모두 담쌓기입니다.

담쌓기는 주로 남자들이 많이 합니다. 비난은 대체로 여자들이 더 많이 하는 것으로 알려져 있고요.

남자들이 담쌓기를 할 때 대꾸는 안 하고 머릿속으로 무엇을 하는지 보면, 대개 '아, 지겨워'라고 생각하고 있다고 합니다. 아내가 말을 꺼내기 시작하면 '어휴, 지겨워. 또 시작이네' '제발 그만 좀 해라' '한 번만 더 말하면 폭발한다' 마음속으로 그런다는 것이죠.

그럴 때 남자들의 생리 상황을 보면 스트레스 호르몬이 엄청 분비되고, 심장 박동이 빨라지고, 근육에 힘이 들어가고, 전두엽에서는 두뇌피질 억제가 일어납니다. 두뇌피질이 억제된 상태라서 상대가 아무리 조리 있게 말해도 남자들은 자신을 공격하는 화살로만 느낍니다. 그래서 싸우거나 도망가는 반응, 또는 얼어붙는 반응밖에 나오지 않습니다.

🍀 행복 에너지 충전법
비난의 해독제 : 부드럽게 요청하기

상대를 비난하는 대신 '나'를 주어로 원하는 바를 부드럽게 요청합니다. '~하지 마라'라고 부정적으로 요청하지 말고, '~하라'라고 긍정적으로 요청하고, 상대가 요청을 들어주면 고마움을 표현합니다.

비난의 해독제는 비난하는 대신 부드럽게 요청하는 것입니다. '나' 전달법으로 부드럽게 요청합니다. 비난이 '당신'으로 시작했던 것과 반대입니다. "당신 요즘 나한테 관심이나 있어?" 비난의 말이죠. 그런데 사실 이런 비난 속에는 간절한 소망과 욕구가 숨어 있습니다. 그 소망과 욕구가 뭘까요? 무슨 얘기를 하고 싶어서 그렇게 말했을까요?

바로 나에게 관심을 보여주고, 나랑 시간을 함께 보내주고, 나에게 따뜻하게 대해주면 좋겠다는 강한 욕구가 있는 것입니다. 그런데 이렇게 공격적인 말투로 표현하면 상대방도 좋게 반응하지 않겠죠. 그래서 관계가 나빠집니다.

위의 말을 '나' 전달법으로 부드럽게 요청하면 그것으로 해독이 됩니다. "나는 당신이 나한테 관심을 가져주고 집에 좀 일찍 들어오면 좋겠어." 이것이 자신이 바라는 바를 '나' 전달법으로 요청하는 것입니다. "나는 일주일에 세 번이라도 당신이랑 같이 저녁을 먹으면 좋겠어." "나는 당신이 집에 좀 일찍 오면 참 좋겠어." 이렇게 '나'를 주어로 부드럽게 자신이 원하는 바를 요청하면 됩니다.

이때 주의할 점이 있습니다. '나'로 시작한다고 해서 무조건 비난의 해독제가 되는 것은 아닙니다. 예를 들어 "나는 당신이 바보 같은 짓 좀 그만했으면 좋겠어"라는 말을 보세요. 이 말은 '나' 전달법으로 요청하는 것 같지만 그 안에 경멸이 들어 있습니다.

이처럼 나를 주어로 해도 이렇게 경멸이나 비난의 표현이 될 수 있습니다. 상대방을 비난하고 싶은데 돌려서 말하는 게 아니라 진정으로 내가 바라는 것을 긍정적으로 요청해야 합니다.

'~하지 않았으면 좋겠다.' 이것은 부정적으로 요청하는 것입니다. 별 도움이 되지 않는 표현입니다. 우리의 뇌는 긍정적으로 요청하는 것과 부정적으로 요청하는 것을 잘 구별하지 못합니다.

간단한 실험을 해볼게요. '큰 코끼리가 냉장고 문을 열고 맥주병을 따서 맥주를 벌컥벌컥 마시는 것을 절대로 상상하지 마십시오. 코끼리도 상상하지 마시고, 맥주병도 상상하지 마시고, 코끼리가 맥주를 마시는 것도 절대, 절대, 절대로 상상하지 마십시오.'

이런 말을 들으면 어떻게 되나요? 코끼리와 맥주를 절대로 상상하지 말라고 했지만 오히려 상상하게 됩니다. 강하게 부정, 부정, 부정할수록 오히려 이미지가 더 강하게 들어옵니다.

그래서 요청을 할 때는 긍정적으로 해야 합니다. "떠들지 마라" "휴지를 바닥에 버리지 마라"처럼 '~하지 마라'로 요청하지 말고 "조금만 조용히 해주면 좋겠어" "휴지를 휴지통에 넣어주면 좋겠어"라고 '~하라'로 요청해야 합니다.

부드럽게 요청하고 난 다음에 해야 할 일이 한 가지 더 있습니다. 상대방이 요청을 들어주었을 때 고마움을 표현하는 것입니다. 아주 작은 일에도 고맙다는 표현을 진심으로 해야 합니다.

그런데 이게 말처럼 쉽지가 않습니다. 청소를 해준 상대에게 "아유, 하는 김에 책상이랑 소파 밑도 구석구석 깔끔하게 하지" 혹은 "행주도 좀 꽉 짜서 널지 않고 왜 이렇게 그냥 놔뒀어?" 이런 식으로 계속 비난할 거리를 찾으면 안 됩니다. 그러면 상대방은 요청을 들어주기 싫어질 테니까요. 도와줘도 비난을 듣고 안 도와줘도 비난을 들으니 안 하고 말겠다고 생각합니다.

따라서 처음에는 좀 부족하더라도 도와주려고 노력했다는 사실만으로도 고마워해야 합니다. 그리고 그 고마움을 진심으로 표현해야 합니다.

- "당신 요즘 나한테 관심이나 있어?"
- → "나는 당신이 나한테 관심을 가져주고 집에 좀 일찍 들어오면 좋겠어."
- "당신은 도대체 어떻게 된 사람이 맨날 술을 먹고 들어와?"
- → "나는 당신이 술을 마시더라도 건강을 위해서 맥주를 일주일에 한두 번만 마셨으면 좋겠어."
- "너 요즘 정신을 어디다 두고 다니니?"
- → "나는 네가 학교 갈 때 준비물을 잘 챙겨가지고 가면 좋겠다."
- "너는 도대체 어떻게 된 애가 청소만 하라면 맨날 도망가니?"
- → "나는 네가 맡은 구역을 책임감 있게 청소해 주면 고맙겠다."

🍀 행복 에너지 충전법

방어의 해독제 : 이유를 대지 말고 조금 인정하기

> 상대가 공격을 했을 때 역공하거나 책임을 전가하지 않고 조금은 인정합니다. 이유를 먼저 말하고 인정을 하면 변명처럼 들리므로 이유를 말하지 말고 인정하도록 합니다.

상대가 공격을 했을 때 역공하는 것, 그리고 자신은 무고한 희생자인 듯 책임을 전가하는 것이 방어라고 했습니다. 그런 방어의 해독제는 공격을 당한 사람이 조금은 인정하는 것입니다.

사이가 좋은 부부들은 상대가 공격했을 때 어떻게 '공격-방어'의 악순환 고리로 들어가지 않는지를 가트맨 박사가 관찰한 결과 알아낸 사실입니다. 부분적으로 조금 인정하니 독이 빠져 나가더라는 것이지요.

그런데 '약간만 인정'을 한다는 건 어떤 걸까요? 예를 들어서 "당신은 어떻게 된 사람이 맨날 돈을 이렇게 정신없이 써?"라고 했을 때, "그래, 나 돈 많이 쓴다"라고 답하는 것은 인정하는 게 아닙니다. "아, 이번 달에 내가 돈을 좀 많이 썼네"처럼 '이번 달에, 이번에는, 오늘은' 하는 식으로 조금만 인정을 하면 놀랍게도 상대방의 화가 풀립니다.

"아니 당신은 도대체 어떻게 된 사람이 허구한 날 술만 마시고 들어와?"라고 하면 "아, 정말 오늘도 술을 마셨네" "요즘 내가 술을 조금 마셨지"처럼 조금 인정합니다. 그러면 상대방의 화가 풀립니다.

그런데 "야, 내가 마시면 얼마나 마신다고 그래? 일주일에 세 번밖에 안 마시는데" 하고 반응하면 "세 번? 내가 세보니까 다섯 번 마셨더라" 그러면 "야, 다섯 번 아니야. 네 번이야" 하면서 싸우게 됩니다.

그렇게 악순환의 고리에 들어갈 수 있으니 '오늘도', '요즘은', '이번에는',

'조금' 정도로 약간만 인정합니다. 약간 인정하는 게 중요한 이유는 공격을 당하면서 인정하기가 쉽지 않기 때문입니다. 나름대로 많은 이유가 있고, 억울한 느낌도 들거든요. 어쩌다 한 번 그런 걸 가지고 계속 공격을 하면 역공하고 싶은 마음이 드는데, 조금만 인정을 하면 놀랍게도 상대가 무기를 내려놓습니다. 독이 풀어지지요.

여기서 주의할 점이 하나 있습니다. 이유를 먼저 말하고 나서 인정을 하면 변명처럼 들립니다.

약속에 늦자 친구가 화가 나서 "너는 도대체 어떻게 된 애가 맨날 그렇게 약속에 늦니?" 하고 공격을 했을 때 "어, 내가 일찍 나오려고 했는데 오늘 시청 앞에서 무슨 시위가 있어서 늦었어. 미안해"라고 말하면 듣는 사람의 속이 시원하지 않고 해독이 안 됩니다. 변명을 하는 것 같아서요.

이유를 붙인 경우, "시위 안 할 때도 넌 늦더라"라고 역공이 나오고, 그러면 "넌 매번 약속 지켰어? 지난번엔 네가 늦었잖아" "넌 고등학교 때도 항상 늦었어" 이렇게 공격, 방어가 계속 이어집니다.

그러니 이유를 말하지 말고 먼저 "그래. 오늘 내가 늦었네"라고 인정합니다. 그리고 나서 이유나 설명을 붙여도 되고, 안 붙여도 됩니다. 먼저 인정하고 나면 이후에 이유를 붙여도 상대가 변명으로 듣지 않기 때문입니다.

상담 사례를 하나 들어보겠습니다. 한 어머니가 힘이 많이 들고 속상해서 술을 많이 마셨습니다. 아들이 어머니에게 "엄마는 도대체 어떻게 된 사람이, 여자가 맨날 술을 마셔?"라고 비난을 했습니다. 그러자 어머니가 "아, 오늘은 진짜 안 마시려고 했는데 옆집 아줌마가 칠순이라고 소주 한 잔만 마시고 가라고 해서 마셨어. 미안해"라고 대답했습니다. 그러자 아들이 벌컥 화를 내며 말했습니다. "칠순 잔치 없어도 마시잖아. 변명 좀 그만해!" 어머니는 자신이 인정을 했다고 생각했는데 그것이 아들에게는 변명으로 들린 것입니다.

어머니가 제대로 인정하는 법을 배우고 나서는 "내가 오늘 술을 좀 마셨네"라고만 했습니다. 그러자 아들이 "그래도 전보다는 좀 덜 마시고 와서 괜찮아요"라고 답하더랍니다. 이렇게 이유를 대지 말고 조금만 인정하면 해독이 됩니다.

- "당신은 어떻게 된 사람이 맨날 돈을 이렇게 정신없이 써?"
- → "아, 이번 달에 내가 돈을 좀 많이 썼네." (약간만 인정)
- "아니 당신은 도대체 어떻게 된 사람이 허구한 날 술만 마시고 들어와?"
- → "요즘 내가 술을 조금 마셨지." (약간만 인정)
- "너는 도대체 어떻게 된 애가 맨날 그렇게 약속에 늦니?"
- → "그래. 오늘 내가 늦었네." (약간만 인정)

행복 에너지 충전법
경멸의 해독제 : 호감과 존중의 문화로 바꾸기

경멸은 독성이 강해서 해독도 쉽지 않습니다. 집안이나 학교의 문화를 호감과 존중의 문화로 바꾸는 게 좋습니다. 호칭과 말투부터 호감과 존중을 담은 것으로 바꿉니다.

경멸은 독성이 강해서 한 번에 바로 해독이 되지 않습니다. 비난이나 방어는 바로 해독될 수 있지만, 경멸은 긍정적인 언행을 다섯 번 정도는 해야 간신히 해독이 된다고 합니다. 그러니 경멸을 하고 나서 해독하는 것보다는 독 자체를 쓰지 않는 게 좋습니다.

또한 집안이나 학교의 문화를 호감과 존중의 문화로 바꾸는 게 좋습니다. 그러자면 우선 말투를 호감과 존중의 말투로 바꿔야 합니다. 집안에서 어른들부터 말투를 바꾸는 게 중요합니다.

부부 사이에 호칭은 '너'보다는 '여보'나 '당신' 등으로 하는 것이 좋습니다. "너나 잘해"를 비롯해서 코미디 프로그램이나 영화에 나오는 경멸의 말들은 따라 하지 않도록 합니다.

특히 아이들은 좋지 않은 말을 어른들 생각처럼 나쁘게 생각하고 쓰는 건 아닙니다. 뜻도 제대로 모르고 사용하는 경우가 많지요. "아이, 재수 없어"라는 말도 "아, 짜증나" 정도의 의미이거나 "더 하고 싶은데……" 하는 투정일 수 있습니다.

그래서 어른이 먼저 "야, 그만 좀 해"라고 경멸식으로 말하지 말고 "엄마는 네가 게임을 언제까지만 하면 좋겠어" 이렇게 부드럽게 요청하는 게 좋습니다. 그러면 아이들과의 관계도 좋아지고 집안 전체의 문화가 달라집니다. 집이든 직장이든 학교든 문화를 존중의 문화로 바꾸는 것이 경멸의 근본적인 해독제입니다.

- 너 → 여보, 당신
- 너나 잘해! → 우리 함께 노력해 보자.
- 야! → 이름을 부른다.
- 멍청한 것 → 단순하게 생각했나 보네. 이런 점도 고려해 보면 좋을 것 같아.
- 꼴통 → 고집이 좀 세네. 주관이 뚜렷한 건 좋지만 융통성도 좀 있으면 더 좋겠다.

🍀 행복 에너지 충전법
담쌓기의 해독제 : 자기 진정하기

담쌓기를 할 때는 대화를 하기보다는 각자 자기 진정을 합니다. 앞에서 배운 QCT로 심장 호흡을 하고 감사한 대상을 떠올립니다. 그렇게 자기 진정을 한 후 대화를 재개합니다.

담쌓기는 대화를 하지 않는 것이니 대화를 하는 것이 해독제라고 생각하기 쉽습니다. 그런데 담쌓기를 할 때는 감정적으로 고조되어 있고, 스트레스 호르몬이 많이 분비되고, 교감신경이 활성화된 상태입니다. 그렇기 때문에 대화를 해봐야 상대의 말을 잘 들을 수도 없고 합리적으로 차분히 말하기도 어렵습니다.

결국 소리를 지르거나 욕하거나 물건을 집어 던지거나 뛰쳐나가는 등 후회할 만한 행동을 하기 쉽습니다.

이때는 대화를 하기보다는 먼저 자기 진정을 해야 합니다. 담쌓기를 해독할 때는 각자, 혹은 함께 QCT로 자기 진정을 합니다. 담쌓기를 하는 상대 역시 신체가 각성되고 감정적으로 고조된 상태이므로 대화를 시도하기보다는 각자 자기 진정을 하는 게 좋습니다.

5초 정도 숨을 들이마시고 5초 정도 숨을 내쉬면서 천천히 심장 호흡을 몇 번 하고 나서, 긍정적인 기억이나 감사한 대상을 떠올립니다. 가트맨 박사에 의하면 남자는 최소한 30분에서 하루 정도 시간이 필요하다고 합니다. 그후에 대화를 재개합니다.

여기에도 남녀 차이가 있습니다. 남자들은 신체적으로 각성되어 흥분된 상태이면 피하거나 혼자 있고 싶어 합니다. 그런데 여자들은 스트레스를 받으면 옥시토신이라는 연결 호르몬이 나와서 더 이야기를 하고 싶어 합니다. 위로와 지지를 받고 싶어 하고, 더 가까이 다가가서 밀접한 유대감을, 특히 정서적인 유대감을 얻고자 합니다.

그러니 남편에게 대화를 요청하면 더 도망가려 할 것이고, 그러면 아내는 더 따라가면서 도망자와 추적자의 관계가 이루어집니다. 그러면 자기진정을 하기가 굉장히 힘듭니다.

이런 상황은 엄마와 아들, 혹은 여교사와 남학생 사이에 적용해도 비슷합니다. 남자 아이들은 화가 나면 혼자 있고 싶어 하는 경우가 있는데 엄마나 여교사가 자꾸 대화를 하자고 하면 버럭 화를 내기 쉽습니다.

그럴 때는 조금 진정할 수 있는 시간을 주거나, 같이 심장 호흡을 하거나, 아니면 어른이라도 먼저 심장 호흡으로 진정을 하면 대개는 관계가 긍정적 방향으로 선회할 수 있습니다.

15장 갈등을 예방하는 효과적인 의사소통법

갈등 중에서도 제일 해결하기 어려운 것이 서로 관점이 달라서 생기는 갈등입니다. 자라온 환경도 다르고, 성별도 다르고, 경험, 기억, 가치관, 유전자가 모두 다르기 때문에 관점이 다를 수밖에 없습니다. 관점의 차이가 크면 누가 옳은지는 아무리 싸워도 답이 나오지 않습니다. 관점 안에는 대개 어떤 감정이 있고, 그런 감정을 갖게 된 사연이 있으니까요.

사랑의 지도 그리기, 호감과 존중 쌓기, 다가가는 대화를 통해 긍정성을 쌓고 관계의 네 가지 독의 해독제를 사용하더라도 갈등 상황은 완전히 없어지지 않습니다. 부부만이 아니라 부모와 자녀 사이에도, 직장 동료 사이에도, 친구 사이에도 갈등 상황은 계속 벌어집니다.

특히 서로 깊은 상처를 갖고 있거나, 서로의 이해나 기억이 다르거나 관점이 달라서 도저히 간극을 메우기 어려울 때가 있습니다.

그럴 때 어떻게 싸우지 않고, 파괴적이거나 공격적으로 행동하지 않고, 서로 잘 조율해 가면서 최선의 결과를 얻을 수 있을까요?

이번 장에서는 좀더 높은 차원에서 서로 의견이나 관점이 다를 때 사용할 수 있는 효과적인 의사소통 방식인 '가트맨-라포포트 방식'에 대해 소개하겠습니다.

흔히 사람들은 자기가 보고 싶은 것만 보고, 믿고 싶은 것만 믿습니다. 누군가와 대화를 하고 상호 작용을 할 때 그렇게 한다면 당연히 의사소통에 어려움이 생기겠죠.

의사소통의 장애물 네 가지

하트매스 연구소에서 의사소통의 장애물 네 가지를 규정했습니다. 첫 번째 장애물은 '상대방의 의도를 미리 단정 짓고 가정하는 태도'입니다.

예를 들어 지각한 학생이 지각 사유서를 적어왔는데, 보지도 않고 "너 또 늦잠 잤지? 밤새 컴퓨터 게임 하다 늦게 자서 아침에 못 일어난 거잖아! 사유서 보나마나 거짓말만 적어놨겠지!"라고 단정하여 말한다면 첫 마디부터 학생은 대꾸조차 하기 싫어질 수 있습니다.

사실 간밤에 컴퓨터 게임을 하지도 않았고 오늘 아침에도 일찍 나왔는데 지하철이 고장나 버스로 갈아타고 등교한 경우였다면, 그렇게 상황을 단정하고 꾸지람하는 선생님이 야속할 것입니다. 억울한 기분도 들 것입니다. 그러면 의사소통은 어려워지겠죠.

두 번째 장애물은 '마음속으로 불평하거나 비판하는 태도'입니다. 마음속에 '당신은 항상 나를 비난하잖아' 같은 생각이 있으니 의사소통이 제대로 되지 않는 것입니다.

예를 들어 학생이 어떤 질문을 했을 때 '쟤는 항상 그냥 넘어갈 수 있는 사소한 것도 꼭 질문을 하더라' 하는 불평 어린 마음이 든다면 학생이 궁금해하는 것을 제대로 듣기도 전에 짜증부터 날 것입니다. 당연히 질문을 제대로 듣지 못하고 답도 적절하게 하지 못할 것입니다.

세 번째 장애물은 '편견과 선입견'입니다. '여자들은 사치스러워' '남자들은 눈치가 없어' 이런 식으로 사람들을 범주화해서 '그 사람들은 전부 ~하다'라는 선입견과 편견을 갖는 것이죠. 역시 바람직한 의사소통에 방해가 될 것입니다.

여학생들은 수학을 못한다거나 공부 잘하는 학생은 예체능을 못할 거라는 생각, 다문화 가정의 자녀들은 집안 형편이 어렵고 학업 성적이 좋지 않을 거라는 생각은 모두 편견이나 선입견입니다.

또한 평소 성적이 낮았던 학생이 의외로 성적이 잘 나왔을 때 교사가 '그 애가 이렇게 좋은 성적이 나올 리가 없는데…… 혹시 남의 것을 베낀 건 아닐까?'라고 생각한다면 학생과 의사소통을 하는 데 지장을 줄 것입니다.

네 번째 장애물은 '지뢰 밟기'입니다. 사람마다 아픈 부분, 취약한 부분이 있습니다. 누구든 그 부분을 건드리면 폭발합니다. 그 부분이 각자의 지뢰입니다.

부부의 경우 남편이 아내에게 "꼭 당신 어머니처럼 잔소리하네"라고 말하면 부인 입장에서 굉장히 화가 날 수 있습니다. 과체중으로 고민하는 여학생에게 "야, 살 좀 빼라" 하는 말은 지뢰를 밟는 일일 수 있습니다. 지뢰를 밟히면 매우 과격한 반응을 보이거나 아주 냉소적이 될 수 있습니다.

스스로 '마음의 지뢰밭'을 모르는 경우도 많습니다. 특히 어렸을 때 무의식 속에 묻힌 지뢰라면 그것을 누군가가 밟기 전까지는 모릅니다. 과거의 전쟁 중에 묻어놓은 지뢰도 밟기 전까지는 어디 있는지 모르는 것과 마찬가지죠. 전문가들이 지뢰 탐지기로 지뢰를 제거하는 경우가 있는데, 저희가 하는 일이 바로 그런 것입니다.

남들에게는 대단한 일이 아닌데도 자신은 뭔가에 날카롭게 찔린 듯 과민한 반응을 보이게 된다면 그것이 자신의 지뢰일 것입니다. 아직 아물지 않은 상처가 있다는 신호입니다.

효과적인 의사소통법 세 가지

의사소통의 장애물을 넘어서서 효과적으로 의사소통을 하려면 어떻게 해야 할까요? 효과적인 의사소통을 위해 누구나 명심하고 노력하면 좋을 방법이 몇 가지 있습니다.

첫째, 말하는 사람이나 듣는 사람 모두가 노력을 해야 합니다. 한쪽만 노력해서는 효과적인 의사소통이 이루어지기 어렵습니다. '손뼉도 마주쳐야 소리가 난다' '가는 말이 고와야 오는 말이 곱다'라는 속담이 있습니다.

청자와 화자가 서로 이해하려고 진정으로 마음을 기울여야 합니다. 진정한 마음이 없으면 아무리 기술을 써도 효과가 없습니다. 역효과가 날 수 있습니다.

둘째, 상대가 하는 말의 요점을 잘 들어야 합니다. '이 사람이 무슨 얘기를 하려고 하나?'를 경청의 자세로 들어야 합니다.

상담을 하다 보면 이 이야기 저 이야기 두서없이 꺼내는 분들이 있습니다. 처리되지 못한 감정의 찌꺼기들이 여기저기 널려 있어서 이걸 말하면 저게 떠오르고, 저걸 말하면 이게 떠오르고, 기억의 편린들이 통합이나 연결이 안 된 상태에서 이야기를 하기 때문입니다.

어떤 큰 감정적인 기억이 있다면, 즉 싸운 기억이 있거나 그로 인해 깊은 상처를 입었다면 듣는 사람 입장에서는 요점을 파악하기가 어렵습니다.

그럴 때에 상대방의 이야기를 다 들으려고 하기보다 상대방의 감정을 조율하려 노력하면 듣는 것이 훨씬 쉬워집니다. "그런 일이 있었을 때 기분이 어땠어요?"라고 묻거나 "그 일에 대해 지금 말하니까 어떤 기분이 들어요?"라고 감정에 초점을 두면 말하려는 핵심이 화자와 청자 모두에게 명료해질 수 있습니다.

한 학생이 저와 상담을 하면서 자신의 부모님이 얼마나 무책임하고 한심한 사람인지를 두서없이 한참 동안 토로했습니다. 어릴 때부터 있었던 수많은 사건들을 나열하면서 자신은 무지하고 철 없는 부모의 희생자라고 불평불만을 하염없이 늘어놓았습니다.

그래서 제가 "그런 일이 벌어졌을 때 기분은 어땠어?" 하고 물으니, "난 잘못 태어났고 부모님은 날 사랑하지 않았어요"라고 말하면서 눈물을 흘렸습니다.

이 학생은 자신의 존재가 거부당하고 사랑받지 못한 것에 대해 아물지 않은 상처가 있었던 것입니다. 그런 감정에 대해 이야기를 하니 훨씬 간결하고 명료하게 자신이 슬퍼하고 고통스러워하는 것이 무엇인지를 알아차릴 수 있었습니다.

셋째, 자신이 들은 요지가 상대가 뜻하는 바와 일치하는지 확인해 봅니다. 제가 "잘못 태어난 것처럼 느껴지고 부모님으로부터 사랑 받지 못한 기분이었구나"라고 위 학생이 한 말의 요지를 말하니 그 학생은 이렇게 털어놓았습니다.

"어릴 때, 엄마가 날 지워버리려 했다는 말을 이모한테 하는 걸 들었어요. 엄마는 내가 싫었나 봐요. 날 죽이려 한 거잖아요. 아빠가 아들을 원해서 억지로 둘째를 가졌는데 딸이라서 실망했다는 말도 들었어요."

그렇게 깊은 고통을 털어놓으면서 자신을 괴롭혀온 고통의 핵심을 깨달을 수 있었고, 그럼에도 부모님이 자신에게 최선을 다하려 애쓰고 있다는 것을 인정할 수 있었습니다. 그리고 마지막에는 태어나게 해주신 것만으로도 고맙고 자기부터 부모님께 좀더 잘해드려야겠다고 말했습니다.

우리는 자기가 듣고 싶은 것만 듣기 때문에 상대방의 말을 그 사람의 의도와 상관없이 자기 마음대로 이해합니다. 뇌 안의 회로는 사람마다 다릅니다. 같은 정보를 들어도 그것이 뇌에서 무엇을 연상시키고, 어떻게 기억되고, 어떠한 감정과 맞닿아지는지는 사람마다 다릅니다.

아무리 상대의 말을 잘 듣는다 해도 그것이 뇌 속에 들어와서 왜곡되거나, 변질되거나, 부분적으로 걸러질 수 있기 때문에 내가 들은 바가 상대가 말하려고 하는 바와 일치하는지 확인해 보는 것은 굉장히 중요한 작업입니다.

흔히 대화를 머리로 한다고 생각하지만, 정보는 두뇌에서 심장으로 가는 것보다 심장에서 두뇌로 가는 것이 훨씬 많다고 했습니다. 그렇다면, 우리의 심장에서 편견이나 선입견 없이 어떤 정보를 잘 들으려면 어떻게 해야 할까요?

심장은 감정에 의해 움직인다고 했습니다. 그래서 감정이 불편하면, 즉 감정적 스트레스를 받으면 심장에서 정보 처리가 제대로 이루어지지 않을 뿐 아니라 두뇌피질 억제 현상이 일어납니다. 상대방의 말을 있는 그대로 잘 들으려면 무엇보다 마음을 편안하게 가져야 합니다. 그래야 심장에서 상대의 감정을 조율해서 들을 수 있습니다.

✺ 관점 차이가 클 때의 의사소통법
: 가트맨-라포포트 방식

갈등 중에서도 제일 해결하기 어려운 것이 서로 관점이 달라서 생기는 갈등입니다. 자라온 환경도 다르고, 성별도 다르고, 경험, 기억, 가치관, 유전자가 모두 다르기 때문에 관점이 다를 수밖에 없습니다.

관점의 차이가 크면 누가 옳은지는 아무리 싸워도 답이 나오지 않습니다. 관점 안에는 대개 어떤 감정이 있고, 그런 감정을 갖게 된 사연이 있으니까요.

예를 들어, 아내가 아이를 꼭 사립 초등학교에 보내고 싶다고 주장할 때, "뭘 그런 생각을 해? 우리 형편에 그게 가능해? 괜히 애 눈만 높아지면 어쩌려고." 이런 식으로 자기 생각을 내세워 설득하려 하기보다는 "언제부터 그런 생각을 하게 됐어?" "그런 생각을 하게 된 계기나 사연이 있어?" "이 일이 당신의 성장 배경과 어떤 관련이 있어?" 같은 질문을 하여 아내가 어떤 사연을 지녔는지 들어봅니다.

그러면 아내도 생각을 해봅니다. 스스로도 그 이유를 잘 모를 수 있습니다. 질문을 받고 보니 문득 생각이 날 수도 있습니다.

"우리 집에 딸이 셋이잖아. 내 동생은 사립 학교를 다니고 나는 공립을 다녔는데, 나는 그후로 성적도 그저 그랬고 결국 원하던 대학교도 떨어졌는데, 사립 학교 나온 동생은 승승장구해서 시집도 잘 가고 잘사는 것을 보니까 학교가 중요하다는 생각이 들었어. 그래서 우리 아이도 사립 학교에 다니면 더 잘 풀릴 것 같아서 무리해서라도 보내고 싶어."

이렇게 이야기하면 남편은 아내가 그런 생각을 하게 된 연유를 조금은 이해하게 되고, 아내 자신도 무조건 아이를 사립 학교에 보내려고 했던 것에 대해 조금 거리를 두고 생각해 볼 수 있게 됩니다.

그다음에는 아내가 남편에게 "당신은 언제부터 공립 학교에 보냈으면 좋겠다고 생각하게 됐어?" 하고 묻습니다. 그러면 남편은 "직장에 들어갔더니 소위 엘리트라고 하는 사람들이 보기 좋지 않더라고. 자기들끼리만 뭉쳐 다니는데, 그 사람들 오래 못 가. 역시 사람은 자기보다 잘난 사람, 못난 사람과 두루두루 어울려야지, 어려서부터 특권 의식을 가지면 안 돼. 그러니까 공립 학교에 가서 다양한 환경의 친구들과 접하는 게 좋은 것 같아." 이렇게 이야기할 수 있겠죠.

그렇게 이야기를 나누다 보면 서로를 좀더 이해할 수 있습니다. 어떤 것을 결정하거나 상대를 설득하기 전에 상대의 입장을 이해하는 것이 먼저입니다. 여기서 소개하려는 가트맨-라포포트 방식의 요지는 '자신의 입장을 상대에게 설득하기보다 먼저 상대의 입장을 충분히 들어주고 이해하는 것'입니다.

'라포포트 방식'에서 라포포트는 아나톨 라포포트(Anatol Rapoport)라는 사람의 이름입니다. 오스트리아의 피아니스트였던 아나톨 라포포트는 나치 점령 당시 뉴욕으로 망명했습니다. 망명 후 시카고대학교에서 '수학적 생물학(Mathematical Biology)'이라는 분야를 공부했고, 이후 수학, 심리학, 생물학, 게임 이론, 사회적 연결망, 갈등과 평화 등 여러 가지 분야를 공부했습니다.

라포포트 박사는 공부를 마치고 미시간대학교 교수가 되었는데, 1960년대인 당시는 전 세계적으로 냉전시대였습니다. 소련과 미국은 경쟁적으로 핵무기를 개발했고, 베트남 전쟁이 일어났습니다. 그는 미시간대학교 신문에 전쟁에 반대하는 글을 기고했고, 그것이 반전운동의 출발점이 되었습니다.

그후 라포포트 박사는 캐나다로 이주하여 전쟁 없이 평화롭게 살 수 있는 방법을 고민하며 동서고금의 전쟁사를 독학했습니다. 전쟁이 시작될 뻔 했으나 시작되지 않거나, 시작됐음에도 우호적으로 마무리될 수 있던 패턴을 발견했습니다. 그 평화의 공식을 연구하기로 결심하고 '평화학'이라고 이름을 붙였습니다. 그리고 토론토대학교에서 무보수로 평화학 강의를 시작했습니다.

처음에 라포포트 박사의 주장은 너무 이상적이라는 비판을 받았습니다. 상대가 우리 쪽 500만 명을 죽일 수 있는 위력을 가진 무기를 만든다면 우리는 천만 명을 죽일 위력이 있는 무기를 만들어야 한다는 게 당시 게임이론으로 명성을 떨치던 노이만(J. V. Neumann)의 설득력 있는 주장이었습니다.

그런데 라포포트 박사는 그렇게 싸움에서 이긴들 죽은 1,500만 명의 삶은 어떻게 보상할 것이냐고 물었습니다. 상대보다 500만 명을 더 죽이는 게 이기는 것이 아니라 한 명도 죽이지 않고 평화롭게 지내는 게 진정으로 승리하는 것이라고요.

그런 라포포트 박사의 이론을 접한 가트맨 박사는 그 공식을 부부 사이의 갈등에 적용하였습니다. 그렇게 사람들 사이에서 갈등을 관리하고 평화를 되찾는 방법을 찾아냈고, '가트맨-라포포트 갈등 관리법'이라고 이름을 붙였습니다. 그 구체적인 방법은 다음과 같습니다.

1단계 : 상대(화자)의 입장을 들어주기

가트맨-라포포트 갈등 관리법의 핵심은 두 이해 집단이나 두 사람이 관점이 다르고 입장이 다를 때 상대를 설득하려고 하지 말고 먼저 상대의 입장을 이해하는 마음과 태도를 지니라는 것입니다.

예를 들어보겠습니다. 팔레스타인과 이스라엘은 앙숙입니다. 시나이 산에 대해 팔레스타인 사람들은 "시나이 산은 우리 것이다. 2천 년 동안 우리 조상들이 거기서 양과 염소를 키우며 살아왔고, 거기 대대로 뼈가 묻혀 있다"라고 주장할 수 있습니다.

이스라엘 사람들도 "웃기지 마라. 그게 어떻게 너희 땅이냐? 성경도 안 읽었냐? 구약에 보면 모세가 시나이 산에서 신으로부터 언약의 궤를 받았다. 그러니 우리 산이다"라고 반박할 수 있겠죠. 그러다가는 전쟁으로 치달을 것입니다.

이처럼 상대의 입장을 듣기보다 내 입장을 설득하려고 하면 적대감이 생기고, 분노와 투쟁 정신이 생기면서 갈등으로 갑니다.

가트맨-라포포트 갈등 관리법에서는 일단 자기 입장은 내려놓고 상대방의 이야기를 듣습니다. 이야기하는 사람이 자신의 고통, 걱정, 두려움, 불안을 상대가 충분히 수용해 주고 이해해 줬다고 느낄 때까지 가만히 들어줍니다.

한두 마디 듣고 나서 "됐어, 됐어. 알았어. 이제 내 얘기 좀 할게" 하면 안 됩니다. 상대의 말을 끊지 말고 충분히 들어줍니다. 상대의 입장부터 충분히 들어주는 것이 가트맨-라포포트 방식의 제1단계입니다. 특히 상대의 입장 속에 담긴 감정에 유의하면서 듣는 것이 중요합니다.

2단계 : 상대(화자)가 한 말을 들은 사람(청자)이 요약해서 되말해 주기

2단계에서 상대가 이야기한 요점을 들은 사람이 되말해 주어 제대로 들었는지 확인합니다.

"당신 말은, 이러이러해서 이러저러한 생각과 기분이 들었다는 말이지요? 내가 제대로 이해했나요?" 그러면 상대가 추가로 이야기를 더 할 수도 있을 것입니다.

그럼 또 들어주고 요약하여 제대로 들었는지 확인하고 상대가 충분히 하고 싶은 말을 했는지 확인합니다.

이때에도 상대의 관점에 대해 비난하거나 반박하면 안 됩니다. 상대의 입장에 담긴 감정에 초점을 두고 잘 듣고, 들은 내용을 신중하게 확인합니다.

3단계 : 상대(화자)가 한 말 가운데 조금이라도 납득이 가는 부분을 들은 사람(청자)이 말해 주기

이야기를 다 들은 다음에는 상대의 입장 중에 조금이라도 납득이 되는 것을 말해 줍니다. "당신의 말을 듣고 보니 당신이 ~ 때 ~한 생각이 들어서 기분이 ~했다는 것이 납득이 됩니다"라고요.

그러면 마법 같은 일이 벌어집니다. 절대 내 편이 될 수 없을 것 같은 사람이 내 말을 진심으로 경청해 준 다음 납득되는 부분이 있다고 수용해 주면, 적대감과 스트레스가 내려가고 적의가 우호감으로 바뀝니다. 그리고 깜깜하고 꽁꽁 얼어붙었던 마음에 한 줄기 희망의 빛과 따스함이 감돌기 시작합니다.

3단계까지 했으면 청자와 화자가 역할을 바꿔서 1단계부터 3단계까지 다시 합니다. "마음이 가라앉았으면 내 입장도 들어볼래요?" 하면서 이야기를 시작합니다.

사람 사이에는 호혜의 법칙이라는 게 있으니 이번에는 상대방도 이야기를 들어줄 겁니다(1단계). 그리고 들은 사람이 화자에게 "그러니까 당신 입장은 ~해서 ~하다는 거군요? 제가 제대로 이해했나요?" 하고 들은 바를 확인합니다(2단계). 들은 말 중에 조금이라도 납득이 되거나 그럴만 했다고 이해되는 부분을 말합니다(3단계).

이렇게 하고 나면 서로의 입장이 조금이라도 이해가 됩니다. 내게 있는 좋은 점을 상대도 갖고 있으며, 상대의 결점 일부를 나도 갖고 있다는 유사성의 원리가 저절로 발휘되어 동지 같은 느낌이 듭니다.

쪼개고, 싸우고, 빼앗는 것이 아니라 어떻게 서로의 입장을 존중하고 양보하는 방법을 찾을 수 있을지 고민하게 됩니다. "나는 이 정도로 양보할 수 있는데, 그쪽은 어때요?" 이렇게 이해와 평화, 공존이 이루어집니다. 이것이 가트맨-라포트 갈등 관리법의 핵심입니다.

가트맨 박사는 자신이 개발한 많은 치료 수단 중에서 가장 좋은 것 하나를 뽑으라면 가트맨-라포트 갈등 관리법이라고 했습니다. 그 방식 안에는 관계에서 신뢰를 쌓고 감정적으로 조율하며 평화롭게 갈등을 관리할 수 있는 핵심 요소들이 들어 있기 때문입니다.

구체적으로 살펴보면 서로에 대해 알고 존중하기, 진심을 기울여 경청하기, 수용하고 공감하기, 초감정 이해하기, 정서적으로 조율하기, 진정하기, 네 가지 독을 해독제로 변환하기, 생각과 감정 명료히 하기, 관점의 차이에서 이해와 협조 만들어가기 등 여러 관계 치료의 주요 방식들이 잘 어우러져 있습니다.

🍀 행복 에너지 충전법
가트맨-라포트 방식 연습하기

우선 상대방의 이야기를 끊지 말고 충분히 들어줍니다. 상대의 이야기가 끝나면 들은 내용을 요약해서 다시 말해 주어 확인합니다. 그다음에 상대의 말 가운데 납득이 가는 부분을 말해 줍니다. 충고를 하거나 해결책을 제시하지 않습니다.

가트맨-라포트 갈등 관리법은 여러분도 실생활에서 얼마든지 연습해 볼 수 있습니다. 역할을 바꾸어가며 연습해 보면 상대방의 입장을 더 잘 이해할 수 있습니다.

두 사람이 짝을 지어서 한 사람이 '요즘 나의 가장 큰 고민'이나 '요즘 내가 스트레스를 받는 일'을 1분간 이야기합니다. 너무 큰 스트레스를 주는 일이나 이야기하고 싶지 않은 것은 말하지 않아도 됩니다.

듣는 사람은 말을 끊거나, 제안을 하거나, 충고를 하거나, 비판을 하거나, 답을 주거나 하지 말고 그냥 상대의 이야기를 열심히 들어줍니다. 이야기를 들을 때는 호흡을 천천히 합니다. 그렇게 상대의 감정과 조율해 가면서 들으면 이야기를 훨씬 잘 기억할 수 있습니다.

가트맨-라포포트 갈등 관리법 1단계에서는 상대방의 입장을 그 사람의 관점에서 들어줘야 하는데, 이때 해야 할 일과 하지 말아야 할 일이 있습니다.

해야 할 일은 이야기를 들으면서 자신이 감정적으로 격해지면 감정을 중화하는 것입니다. 마음이 불편하거나, 감정이 압도되는 느낌이 들거나, 슬프거나, 화가 나면 천천히 숨을 쉬면서 스트레스를 중화합니다. 그래서 불규칙한 심장 패턴을 정합 상태로 보내야 합니다. 그러고 난 다음에 질문을 합니다.

선입견, 가정, 판단, 비판 등을 다 내려놓고 다섯 살짜리 아이가 정말 궁금해서 묻는 것처럼 질문해야 합니다. 우선 이야기를 제대로 들었는지 확인하고, 그다음에 열린 질문을 합니다.

'그랬지?' '안 그랬지?' 하고 물어서 '그렇다' '아니다'로 답하게 하는 닫힌 질문이 아니라, 그럴 때 어떤 기분이 들었는지, 언제부터 그런 기분이 들었는지 등 열린 질문을 합니다.

하지 말아야 할 것은 상대방의 감정을 일축하는 행동입니다. "아휴, 뭐 그깟 일로 눈물까지 흘려!" 이런 식으로 감정을 일축하거나 "뚝!" 이러면서 억압하면 안 됩니다.

그렇다고 해서 상대방의 감정에 대해 책임을 느낄 필요는 없습니다. 부부나 부모 자식같이 중요한 관계에서는 상대가 이러이러해서 슬펐다, 화가 났다고 말하면 그걸 책임져야 할 것 같은 생각이 듭니다. 나에게 비난을 하는 것 같기도 하지요.

가트맨-라포포트 갈등 관리법에서 중요한 것은 그 사람이 그렇게 느끼는 것은 그 사람의 관점, 경험, 초감정일 뿐이고, '나의 역할은 진심으로 마음을 열고 수용과 경청의 자세로 들어주기만 하는 것'이라는 사실입니다. 비판이나 비난도 하지 말고, 방어, 경멸, 충고하지 말고, 문제를 해결하려고 해서도 안 됩니다.

"그럴 때는 이렇게 하는 게 좋아" "이렇게 해보는 게 어때요?" 하면서 충고를 하거나, 해결책을 제시하거나, 아니면 "가서 우리 맛있는 거 먹고 기분 툴툴 털어버려요" 하는 식으로 기분을 일축해서 다른 것으로 전환하려는 것은 금지입니다.

감정에 초점을 두고 연습하기

이번에는 1단계와 같은 연습을 하되, 상대가 말을 할 때 본인이 어떤 감정이 드는지에 초점을 두고 이야기를 듣습니다.

다 듣고 나서 상대가 한 말을 요약해서 확인한 후 "그때의 기분은 어떠셨어요?" "지금 기분은 어떠세요?"라고 기분을 물어봅니다.

일이 벌어졌을 때의 감정이든 현재의 감정이든 상관없습니다. 감정을 알면 감정적으로 조율하기가 쉬워집니다.

두뇌로 생각하면 말이 많아지지만, 감정을 들여다보면 간단명료해집니다. "맞아요. 그때 그래서 굉장히 억울했어요." "굉장히 슬펐어요." "무시당하는 것 같았어요." "내 존재감이 사라지는 것 같았어요." 이렇게 감정을 이야기하면 두 사람이 서로를 빨리 이해하게 되고, 가까워지는 느낌이 듭니다. 말한 사람도 자기 감정을 명료하게 알아차리게 됩니다.

이때 상대의 감정에 대해서는 왈가왈부하지도, 변조하거나 왜곡하지도 말고 그대로 받아들여야 합니다. "그런 기분이 드셨군요." 정도로만 반응합니다.

나의 주관적 해석, 판단, 평가, 감정 등은 어디까지나 '나'의 것이므로 유보 상태로 남겨둡니다. 그래야 상대의 입장을 좀더 잘 이해할 수 있습니다.

단계별로 유의할 점

배우자나, 가족, 동료 등 중요한 관계에서 가트맨-라포포트 방식을 적용할 때 특히 유의해야 할 점이 몇 가지 있습니다.

1단계 : 마음의 준비하기

1단계에서는 제일 중요한 것이 '마음의 준비'를 하는 것입니다. 마음의 준비가 되어 있지 않으면 하지 않느니만 못합니다. 괜히 말을 꺼냈다가 뒷맛이 씁쓸하고, 허탈하고, 후회만 남는 경우가 있습니다.

마음의 준비를 하는 것은 상대방이 무엇을 보고 무엇을 느끼고 있는지를 진정으로 이해하려는 마음을 갖는 것입니다. 호흡을 몇 번 하고, 진정으로 상대를 이해하고자 하는 마음을 가지면 됩니다. 두뇌로 이해하려 하면 잘 안 들립니다. 심장으로 들어야 합니다.

머리로 하는 판단, 추측, 예단은 나의 생각이나 선입견, 감정의 지배를 받아 상대의 말을 내가 좋을 대로 해석하거나, 부분적으로만 듣거나, 잘못 기억할 수 있게 만듭니다. 그러면 소통이 단절됩니다.

그러나 상대가 느낀 감정을 무비판적으로 수용하면 공감이 이루어지고 울림이 생깁니다. 그러면 이해가 빨라지지요. 두세 살 아이도 엄마가 칼에 손을 베면, "엄마, 아파? 호 불어줄까?" 하며 근심스런 얼굴로 엄마의 고통에 공감합니다. 공감은 순수한 마음에서 가장 잘 이루어집니다.

둘째, 특히 '상대의 감정에 관심'을 가져야 합니다. 이 사람의 감정날씨가 어떤지, 말을 하는 동안에도 감정 온도가 올라가는지 내려가는지에 초점을 두고 듣습니다.

셋째, 상대가 말하는 내용에 담긴 고통을 들을 때 자신의 고통이나 자신의 관점, 해석, 판단은 잠시 유보합니다. 잠시 모두 내려놓고 상대의 관점으로 상황을 보려고 노력합니다.

비유를 들자면, 곰인형에 대해 이야기한다고 할 때, 곰을 안은 사람은 곰의 앞을 보고, 상대방은 곰의 뒤를 봅니다. 상대가 곰인형 가슴에 'LOVE'라는 글씨가 쓰여 있다고 말하는데, 내 눈에는 안 보입니다. 뒷모습밖에 안 보이니까요.

그럴 때 왜 거짓말을 하느냐고, 글자가 어디 있느냐고, 이야기 만들어내지 말라고, 소설 쓰지 말라고 하면 안 됩니다. 내가 보는 것은 잠깐 내려놓고, 내게는 보이지 않는다 해도 상대방의 관점으로 보이는 것, 곰인형 가슴의 글자, 곰의 까만 두 눈, 코를 받아들입니다. 그게 가트맨-라포포트 방식의 핵심입니다.

2단계 : 듣는 사람의 감정을 앞세우지 않기

2단계에서는 들은 사람이 들은 내용을 요약해서 상대에게 되말해 준다고 했습니다.

"그러니까 당신 말은 이러이러해서, 이러이러한 일로 이렇게 스트레스를 받는다는 말씀이네요? 제가 제대로 이해했나요?" 하고 이야기하면 됩니다. 말한 사람은 맞으면 맞다 하고, 누락된 부분이나 잘못 이해한 부분이 있으면 바로잡아줍니다.

가령 세 살이나 어린 시누이가 새언니에게 아이를 왜 그렇게 키우느냐, 왜 감정코칭으로 키우지 않느냐 등 훈계했다고 합시다. 아내가 손아래 시누이 때문에 굉장히 속이 상해서 남편에게 하소연합니다.

그러면 남편은 "당신이 내 동생한테 무시를 당해서 화가 났다는 거구나. 내가 당신의 말을 제대로 들었어?"라고 들은 말을 요약해서 확인합니다. 아내가 추가로 하고 싶은 말이 있다면 또 들어주고, 들은 말을 되말해 주어 잘 들었는지 확인합니다.

상대가 하고 싶은 말을 다 할 때까지 들어주고 확인하는 것이 말로는 쉽습니다. 그러나 듣는 사람이 감정이 앞서거나, 반박할 꼬투리를 찾거나, 설득하려는 마음이 있으면 이 과정은 아주 어렵습니다. 인내심에 한계를 느끼고 대화를 중단하고 싶은 마음이 들 때도 있습니다.

그러나 한 번이라도 제대로 상대의 말을 수용하고 경청하면 이 과정은 두 사람의 관계를 더 나은 단계로 나아갈 수 있게 해줍니다.

3단계 : 충고와 비판을 하는 대신 먼저 이해하기

3단계는 상대에게 들은 내용 중 납득이 가는 부분을 말해 주는 것입니다.

"당신 말을 듣고 보니 당신의 기분이 조금은 이해가 돼. 나도 전에 동생한테 비슷한 일을 당해서 화가 났었거든. 오빠로서 자존심도 상하고…… 그래서 당신이 손아래 시누이에게 비판과 훈계를 받은 기분이 든다는 게 이해가 돼. 정말 기분 나빴겠네" 이렇게 공감해 줍니다.

"그래서 어릴 때도 많이 싸웠어" 이 정도로 반응하면 아내는 기분이 풀릴 것입니다. 남편과 내가 한편이구나, 남편에게 이해를 받았구나, 위로와

지지를 받는구나, 하고 느끼면서요.

잘못된 방식은 이렇습니다. "그러니까 동생 부르지 말랬잖아" "당신이 나이가 세 살이나 많은데, 그냥 이해해" 등 충고하거나 비판하는 것입니다. 그러면 불난집에 부채질하는 격입니다. 시누이에게 섭섭한 감정의 불꽃이 남편에게로 번져갈 수 있습니다.

또는 "당신 내가 감정코칭 책 사줄 테니까 공부 좀 해. 그래야 시누이한테 무시 안 당하지" 이런 식으로 해결책을 주려고 해도 도움이 안 됩니다. 이해를 해주기 전에 조언하면, 그런 문제를 해결하지 못하는 어린 아이나 무능한 사람으로 취급당하는 기분이 들어서 옳은 해결책이라 해도 거부감이 들 수 있습니다.

하지만 "당신의 입장에서 그렇게 느끼는 게 이해가 되네." "당신 입장에서 왜 그런 기분이 들었는지 납득이 돼."라고 이해되는 부분을 말해 주면 공감과 지지를 받은 화자는 스트레스가 내려가고 좀더 편안한 마음이 됩니다. 그러면 전두엽의 촉진이 일어나서 보다 크고 넓은 시야로 효과적이고 바람직한 대처법을 스스로 찾아낼 수 있습니다.

가트맨-라포포트 방식은 얼핏 보기에는 '적극적 경청' 방식과 유사합니다. 하지만 적극적 경청과 확연히 다른 부분은 첫째로 적극적 경청은 듣는 사람(청자)에게 책임이 주어지지만 가트맨-라포포트 방식은 말하는 사람(화자)도 말을 부드럽고 차분하게 해야 청자가 잘 들을 수 있다는 일종의 공동 책임을 부여한다는 점입니다.

둘째로 듣기만 하는 게 아니라 들은 것을 되 말해 줌으로써 확실히 제대로 들었음을 확인해 주는 과정이 있다는 점입니다. 그리고 앵무새같이 되 말하는 것이 아니라 공감, 이해, 존중의 진정성을 유지하는 점이 무조건 참고 듣는 것과 다릅니다.

물론 처음부터 잘되지는 않을 것입니다. 처음 피아노, 스케이트, 외국어를 배울 때처럼 노력해도 잘 안 될 수 있습니다. 절망감이 들 수도 있습니다.

부부나 부모 자식 사이 등 중요한 관계에서는 더 어려울 수 있습니다. 참다 참다 화가 폭발하는 경우도 있고, 하다가 포기하고 싶고, 떠나고 싶은 마음이 들 수 있습니다.

그럴 때는 빨리 보수 작업을 하면 됩니다. "미안해. 내가 지나쳤네. 다시 말해 볼게"처럼 화해를 시도하는 말을 합니다.

저는 그런 상황에서 "큰 그림에서 보면 이 문제는 그렇게 심각한 것 같지는 않아" 같은 말을 잘하고, 남편은 "미안해. 내가 좀 격했어"라는 말을 잘합니다. "그 말을 들으니까 야단맞는 기분이 드네"라고 말할 수도 있습니다. 그러면 상대가 말의 수위를 조금 낮출 수 있거든요.

단, "당신 왜 말을 그따위로 해?" 하는 식으로 말하면 안 됩니다. 그것은 비난의 역공이 되니까요.

가트맨-라포포트 갈등 관리법은 인류를 평화로 이끌어온 보편적 평화 공식입니다. '수신제가치국평천하'라는 동양의 관점에서 보면 천하의 평화는 자기 자신과의 조율, 그리고 가족 간의 평화 공존에서 나옵니다. 그런 오랜 가치를 오늘날의 세태 속에서 다시 되새겨봅니다.

16장 내 마음에 닻을 내려 평정심을 회복한다

닻을 내린다는 것은 그 감정이 충분히 지속될 수 있게 만드는 것을 의미합니다. 편안함과 안정감이 확실히 느껴질 때까지 긍정적 감정을 충분히 느껴야 한다는 뜻이지요. 안전한 항구에서 닻을 내리면 풍랑에 약간씩 흔들리기는 해도 쉽사리 뒤집어지거나 휩쓸려 가지는 않습니다. 그래서 마음의 닻을 내리는 것입니다.

한국 전쟁 당시 중공군에게 붙잡혔다 살아난 한 미군의 인터뷰를 본 적이 있습니다. 중공군은 그 미군을 죽이든 살리든, 고문을 하든 마음대로 할 수 있는 상황이었다고 합니다.

그는 처음에는 어떻게 하면 도망갈 수 있을까, 어떻게 하면 고통을 덜 느낄 수 있을까, 극도로 불안하고 초조했답니다. 그러다가 어느 순간 깊이 호흡을 하고 평정심을 되찾고 나서 상대의 눈을 바라보기만 했답니다.

그러자 말도 통하지 않는데 중공군의 눈빛이 달라지는 것이 느껴졌다고 합니다. 두 사람 사이에 뭔가 통한 것입니다. 그제서야 '이제 살았구나. 날 죽이지 않겠구나' 하고 느꼈다는 거죠.

이처럼 예기치 못한 극한 상황을 맞닥뜨리거나 감정적인 스트레스를 받을 때 평정심을 회복할 수 있다면 여러 모로 이로울 것입니다.

의연한 태도와 마음가짐을 가질 수 있고, 상황을 좀더 넓은 시야로 바라볼 수 있으며, 따라서 유연한 해결책이나 대응 방식을 찾을 수 있고, 좀더 바람직한 선택을 할 여유를 가질 수 있습니다.

이렇게 함으로써 불필요한 내적 에너지의 소모를 막고 에너지를 충전할 수 있습니다. 그러면 상대와의 관계에서도 후회할 만한 일을 예방하거나 초기에 진화할 수 있습니다. 그런 만큼 평정심을 회복하는 것은 자신을 위해서만이 아니라 세상을 살아갈 때 모든 상황에서 중요한 생존 기술입니다.

평정심이란 평상시뿐 아니라 힘든 상황에서 침착하고 차분하게 행동할 수 있는 마음가짐이나 태도를 뜻합니다. 침착하고 차분한 상태는 교감신경과 부교감신경이 균형을 이루는 상태입니다.

교감신경이 지나치게 활성화되면 흥분하고 지나친 각성 상태가 되며, 반대로 부교감신경이 지나치게 활성화되면 졸리거나 잠이 옵니다.

응급실의 의료인이 교감신경만 활성화된다면 교통사고로 중상을 입고 실려 온 환자에게 무엇부터 어떻게 처치해야 할지 몰라 우왕좌왕할 것입니다. 그러면 실수를 저지르기 쉽고, 중요한 결정을 내리기도 어렵습니다. 반대로 부교감신경이 너무 활성화되면 다급한 상황인데도 느릿느릿 움직이고 두뇌가 잘 돌아가지 않아서 역시 의사 결정을 잘 내리지 못할 것입니다.

평정심은 교감신경과 부교감신경이 균형과 조화를 이루며 활발하게 협응하는 상태입니다. 따라서 침착하면서도 차분하게, 고도의 집중력을 가지고 재빨리 능숙하고 유연하게 환자를 처치해 줄 수 있습니다. 이럴 때 의사는 신속 정확하게 판단을 내릴 수 있고, 시간 가는 줄 모를 만큼 몰입하여 최선의 치료를 할 수 있습니다.

여기서 강조하고 싶은 점은 평정심을 갖는다는 것은 지나친 긴장 이완 상태를 뜻하는 것이 아니라는 점입니다. 단지 혈압, 혈류의 속도, 심장 박동 같은 내적 신체 언어의 속도를 낮춤으로써 짜증, 초조감, 분노 등으로 실수하거나, 후회할 만한 사건을 일으키거나, 극적 상황을 만들지 않는 상태를 말합니다.

살다 보면 종종 평정심을 잃을 때가 있습니다. 감정이 확 끓어오르거나, 아무 생각도 나지 않거나, 압도당하는 느낌이 들 때, 평정심을 회복하고 내적 편안함을 얻는 것은 굉장한 도움이 됩니다. 건강에도 도움이 되고, 관계에도 도움이 되고, 사업에도 도움이 되죠. 때로는 목숨을 살려주기도 합니다.

성폭행 미수자들의 인터뷰를 보면, 상대가 평정심을 찾는 순간 대개는 나쁜 짓을 하려는 생각이 접힌다고 말합니다. 이처럼 평정심을 찾는 것은 평소에도 도움이 되지만, 죽고 사는 극한 상황에서 더욱 도움이 됩니다. 호랑이 굴에 들어가도 정신만 차리면 살 수 있다는 옛말처럼 말입니다.

가정, 직장, 학교에서 정합 상태 높이기

요즘은 직장이나 학교에서 보내는 시간이 가정에서 보내는 시간보다 더 많은 경우도 많을 것입니다. 그런데 직장이든, 학교든, 가정이든 혼자가 아니라 여럿이 모여서 지내기 때문에 서로 조율이 안 되면 스트레스가 가중될 수 있습니다.

예를 들어, 한 학부모가 학교에 찾아와서 교사가 자신의 아이를 차별했다면서 교무실에서 소리를 지르며 항의를 했다고 해봅시다. 그 사람이 다시 교무실에 찾아와 면담을 요청한다면 어떤 기분이 들까요?

또 수업 중에 떠들거나 자거나 수업을 방해하는 말썽꾸러기가 있는데, 그 학생이 "선생님, 질문 있어요!" 하며 손을 들면 어떤 감정적 반응이 반사적으로 나올까요?

이런 크고 작은 일들이 일상에서 자주 벌어지고 스트레스가 쌓이다 보면 우리도 모르는 사이에 내적 에너지가 고갈되고 회복탄력성이 떨어집니다.

이럴 때 심장 호흡을 포함한 QCT로 평정심을 회복하면 상황을 좀더 넓은 시야로 볼 수 있고 좀더 창의적이고 바람직하게 대응할 수 있게 됩니다. 상대나 상황을 좀더 인내심 있게 대할 수 있고, 그러면 상대도 좀더 긍정적인 반응을 보일 가능성이 높아집니다. 상호 작용이 악순환에서 선순환으로 바뀔 수 있는 것입니다.

불편한 사람은 어느 직장에나, 어느 학교에나 있습니다. 그 사람들을 다 피해서 살 수도 없고 다 사라지게 할 수도 없다면 스스로 대응하는 방법을 바꾸는 것이 더 효과적일 것입니다.

서로 감정적 조율이 어렵고 오해, 편견, 선입견, 분노, 경쟁심, 시기, 질투, 모함 등이 난무하는 공동체에서는 구성원 사이에 부정합이 높습니다. 당연히 업무 성과도 낮고 실수할 확률도 높아지며 사고나 이직률, 발병률도 높습니다. 반대로 구성원들 사이에 정합 상태가 증가되면 그곳에 있는 사람들의 의사소통이 원활해집니다. 서로 상대의 이야기를 들을 마음의 준비가 돼 있고, 상대에 대해 진정성 있고 존중하는 마음을 갖습니다.

마음이 편안한 상태에서 조화, 일치, 균형을 이룬 직장 분위기, 가정 분위기, 교실 분위기를 만들면 엄청난 효과가 있습니다. 교실이라면 수업 분위기가 좋아지고, 성적이 올라가고, 갈등 상황도 해소되기 쉽고, 회사라면 생산성이 높아지고 창의력이 향상됩니다.

집단에서 부정합 상태의 사람은 대개 집중을 잘 못하고, 말, 행동, 감정에 불일치가 심하며, 업무 수행이 엉망입니다. 실수도 잘하고, 잊기도 잘하며, 자신과 남에게 해로운 행동을 하기도 합니다.

한 사람이 불편한 상황에 있다 해도 다른 사람들이 정합 상태라면 그 사람도 결국 영향을 받습니다. 에너지 파장의 영향을 받죠. 이것은 실험을 통해 여러 차례 증명되었습니다. 중·고등학생들 사이에 왕따나 폭력이 있을 때, 한 학생이 심한 부정합 상태에 있더라도 나머지 학생들이 조용히 심장으로 편안한 파장을 보내면 부정합 상태였던 학생의 심장 파동이 긍정적으로 변화하는 것이 실험으로 입증되었습니다.

하트매스의 연구팀은 한 실험에서 네 명씩 열 팀을 만들어 각 팀원이 서로 둥그렇게 앉게 했습니다. 모든 참가자들은 심방변동률을 실시간으로 측정하는 기계를 부착한 상태였습니다.

실험 중 각 팀의 네 명 중 세 명은 무작위 간격으로 정합과 부정합의 상태에 들어갔다 나왔다 하도록 지침을 받았습니다. 나머지 한 명은 세 사람이 그렇게 하는 것을 전혀 모르는 상태였고요. 실험 결과 명백하게 나타난 사실은 셋이 정합 상태에 들면 그 상황을 모르고 있던 나머지 한 명도 정합 상태로 변화한다는 것이었습니다.

이 실험 결과를 교실, 가정, 직장에 모두 적용할 수 있습니다. 한 학생이 전학을 와서 모든 게 낯설고 친구도 없어 외로울 때 나머지 학생들이 훈련받은 정합 상태에 이르면 그 학생도 정합 상태가 되어 좀더 쉽고 빠르게 적응할 수 있을 것입니다. 가정에서도 누가 힘들어할 때 나머지 식구들이 정합 상태를 이루면 온 가족이 화목하게 지낼 수 있습니다.

행복 에너지 충전법
평정심을 찾는 방법

스트레스가 느껴지면 그것을 알아차리고 인정합니다. 그리고 심장 호흡을 통해 감정을 중화시킵니다. 긍정적인 감정을 작동시켜 평정심을 회복한 후에는 평정심이 유지될 수 있도록 편안한 내적 상태에 닻을 내립니다.

스트레스를 일으키는 감정이 촉발될 때, 빠르게 내적 편안함으로 이동할 수 있는 방법이 있습니다. 바로 'Inner-Ease Technique'입니다. 이 방법을 배우고 실천하면 소리를 지르고 고층에서 뛰어내리는 것과 같은 극적 행동을 예방할 수 있고, 심리적으로나 신체적으로 부담되는 일이 많이 생겨도 유연하게 대처할 수 있는 직관과 창의력을 활용할 수 있게 됩니다.

스트레스 상태에서 평정심을 빠르게 되찾는 방법은 네 단계로 이루어져 있습니다. 앞에서 배웠던 QCT와 크게 다르지 않습니다.

1단계 : 자신이 스트레스를 받고 있음을 알아차리기

심장이 불규칙하게 뛰고, 짜증이나 초조감, 불안감, 부담감, 분노, 답답함, 억울함, 비난받는 느낌, 좌절감 등 스트레스를 유발하는 감정을 느끼고 내적으로 조율이 되고 있지 않음을 스스로 감지하고 인정합니다.

지금 내 기분이 이렇구나, 내가 지금 짜증이 나는구나, 초조함이 드는구나, 답답하구나, 억울하구나 하는 감정을 느끼는 것이 1단계입니다.

2단계 : 심장 호흡을 해서 감정을 중화시키기

잠시 멈춰서 심장 호흡을 하며 스트레스를 받는 감정에 휩쓸리지 않도록 하고 신체 언어의 속도를 늦춥니다.

경기 중 흐름이 좋지 않을 때 감독이 타임아웃을 하듯, 몸 안의 호르몬계, 신경계, 면역계, 각종 신체 기관 등 조율이 안 될 경우 잠시 타임아웃을 하고 심장에 집중합니다. 그리고 심장 호흡을 합니다.

평소보다 약간 천천히, 고르게 숨을 쉽니다. 이때 숨을 갑자기 들이마시면 머리가 핑 돌고 어지럽습니다. 고르게 천천히 하는 게 중요합니다. 약 5초 동안 숨을 들이마시고, 5초 동안 숨을 내쉽니다. 심장으로 산소가 들어왔다가 나가는 것을 상상하면서 호흡합니다.

3단계 : 잡념이 들지 않도록 긍정적 감정을 작동시키기

심장 호흡을 계속하면서 우리를 조화와 일치 상태로 만드는 따뜻하고, 안전하고, 행복한 감정을 떠올려서 편안함을 느낄 수 있도록 합니다.

심장에 모든 신경을 집중하고 천천히 5초 동안 고르게 숨을 들이마시고, 천천히 고르게 5초 동안 심장을 통해서 숨을 내보냅니다. 한 번 더 숨을 들이쉬고 내쉽니다. 심장으로 숨을 들이마실 때 마음속으로 '평화'라는 말을 하고, 숨을 내쉬면서 '감사'라는 말을 해도 좋습니다.

4단계 : 편안한 내적 상태에 닻을 내리기

3단계까지 해서 스트레스가 가라앉고 평정심이 회복되었으면 일상생활로 돌아간 뒤에도 평정심이 유지될 수 있도록 합니다. 그것을 편안한 내적 상태에 '닻을 내린다'고 표현할 수 있습니다.

스트레스가 해소되었더라도 일상생활로 돌아가면 다시 스트레스 상황이 몰아칠지 모릅니다. 배가 어디로 또 표류할지 모르는 것이죠. 편안하고 안전한 곳에 배를 세웠다 해도 닻을 단단히 내려야 다시 바람이 불고 파도가 쳐도 배가 표류하지 않습니다.

닻을 내린다는 것은 그 감정이 충분히 지속될 수 있게 만드는 것을 의미합니다. 편안함과 안정감이 확실히 느껴질 때까지 긍정적 감정을 충분히 느껴야 한다는 뜻이지요. 안전한 항구에서 닻을 내리면 풍랑에 약간씩 흔들리기는 해도 쉽사리 뒤집어지거나 휩쓸려 가지는 않습니다. 그래서 마음의 닻을 내리는 것입니다.

마음의 닻을 내리려면 평정심을 찾는 일을 진정성 있게 성심성의껏 해야 합니다. '아님 말고' 식의 가볍고 무책임한 태도가 아니라 자신의 감정, 생각, 행동에 책임을 지니며 정성을 기울이는 태도로 해야 합니다. 궁극적으로는 이런 마음과 태도가 인성의 본바탕이 되어야 할 것입니다.

부산에 1천 명 정도 규모의 특강을 하러 간 적이 있습니다. 그때 제가 탄 기차가 대구역 인근에서 사고가 났습니다. 그때 마침 남편이 전화를 했습니다. 우연히 인터넷에서 대구 열차 사고 뉴스를 보았다면서 부산까지 고속버스 말고 택시를 타고 가라더군요. 그래야 특강 시간에 겨우 맞출 수 있을 것 같다면서요.

열차에서 내리고 보니 기차가 기울어져 있고 대형사고가 날 뻔한 상황이었습니다. 남편의 말대로 택시를 타려는데 사람들이 너무 많아서 택시도 부족했습니다.

어렵게 네 명이 택시 한 대를 잡아 탔는데, 타자마자 합승한 세 명이 화를 내는 겁니다. 택시 기사마저 토요일 아침에 부산까지 갈 마음이 없었다면서 짜증을 냈지요. 택시 안의 네 명의 남자들이 모두 심한 스트레스를 주고받는 상황이었습니다.

저도 '내가 받고 있는 스트레스는 뭘까?' 생각을 해봤습니다. '천 명 가까이 기다리고 있는데 늦으면 어떡하지?' 그것이 스트레스원이라는 것을 알아차리고, 바로 심장 호흡을 했습니다. 택시에 같이 탄 사람들이 계속 불평을 하는 상황에서 혼자 조용히 심장 호흡을 했죠.

천천히 심장 호흡을 몇 번 하니까 다행스러운 생각이 떠오르더군요. '대형사고가 날 뻔했는데 그래도 사상자가 나지 않아서 다행이구나.' 그러자 거기에 연결해서 '그나마 대구에서 사고가 나서 다행이다' 하는 생각이 들었습니다. 만약 천안에서 사고가 났더라면 택시를 타고 갈 수도 없었을 테니까요. 이런 식으로 다행스러운 점들이 떠올랐습니다.

주변 상황에 흔들리지 않을 정도의 기분이 되었을 때 제가 이렇게 말했습니다. "그래도 같이 차를 나눠 타게 돼서 다행이에요"라고 했더니 함께 탄 세 명 중 현금이 없다고 걱정하던 사람이 "코레일에서 서울서 부산까지 요금은 준대요. 우리 2만 원씩 벌었어요"라고 하더군요. 곧이어 옆에 있던 사람이 "그래요. 불이 안 난 것도 다행이에요" 하고 말했습니다. 그렇게 택시 안이 다행과 감사의 마음으로 차게 되었습니다. 부산에 도착한 후에는 모두가 편안하고 감사한 마음으로 헤어질 수 있었습니다.

   결국 저는 행사에 10분 늦었는데, 회장님이 열차 사고 소식을 듣고 제가 늦는다고 안내를 하고 계셨습니다. 저로서는 중요한 행사에서 핵심적인 일을 맡은 사람이 늦었으니 미안하고 당황스러웠을지 모릅니다. 그런데 이미 택시 안에서 편안한 내적 상태에 닻을 내렸기 때문에 모든 것에 감사하며 편안하게 행사를 잘 진행할 수 있었습니다.

   교실에서도 급한 상황이 벌어질 때가 있습니다. 예를 들어, 수업 중에 교실에 쥐가 나와서 학생들이 소리를 지르고 책상에 올라가고 난리법석이 벌어지는 경우를 상상해 봅시다.

   이때 교사가 허둥지둥하거나 흥분하여 학생들에게 빨리 자리에 앉으라고 소리를 친다면 어떨까요? 학생들이 선생님의 지시를 따르기보다는 더 야단법석을 피울 것이고, 삽시간에 교실은 아수라장이 될 것입니다. 반면에 교사가 평정심을 되찾고 침착하게 수위 아저씨를 부르거나 잠시 모두 조용히 교실 밖으로 나가자고 한다면 상황은 훨씬 쉽게 수습될 것입니다.

   이처럼 내적으로 편안한 상태로 가는 방법을 알고 실천할 수 있으면 예기치 못한 일을 겪거나 스트레스 상황을 만나도 침착하게 평정심을 유지하고 대처할 수 있습니다.

17장 지속적으로 회복탄력성 유지하기

회복탄력성을 재충전할 수 있는 효과적인 방법이 한 가지 더 있습니다. 그 방법은 바로 '시프트 앤드 샤인(Shift & Shine)'입니다. 생각이나 관심을 심장으로 집중한 다음(심장 호흡), 심장의 박동 소리에 귀를 기울이고(심장 듣기), 심장으로 편안함을 느낀 뒤(심장 느끼기), 마지막으로 심장에서 따뜻한 햇살이나 밝은 빛을 내보내는 것(심장 햇살 보내기)입니다.

회복탄력성을 키우기 위해서는 에너지를 재충전하면서 오래 유지하는 방법을 배우는 것도 중요합니다. 이 장에서는 에너지를 유지하는 방법을 소개하겠습니다.

살다 보면 본의 아니게 큰 에너지를 지출하게 되는 날이 있습니다. 돈을 아껴서 쓴다 해도 목돈이 드는 날이 있듯이 말입니다. 내적 에너지에서도 감정적 에너지 소모가 많았던 날에 에너지의 재충전을 좀더 용이하게 하는 방법이 있습니다. 에너지를 비축해 가면서 마음의 여유를 갖고 넉넉하게 생활할 수 있는 방법입니다.

에너지가 새나가는 것을 방지하고 재충전하여 회복탄력성을 유지하는 방법은 3단계로 이루어집니다. 미리 준비하기, 유지하기, 재세팅하기가 그것입니다.

회복탄력성 유지 1단계 미리 준비하기

어떤 큰 일이 벌어질 것 같고, 에너지의 지출이 많을 것 같다면 먼저 그런 상황에 대비하는 것이 좋습니다. 미리 마음의 준비를 하면 놀라고 당황한 상태에서 대응하는 것보다 에너지 유출이 훨씬 적습니다.

추운 날 옷을 얇게 입고 나갔다가 '두껍게 입고 올걸' 하면서 스트레스를 받는 것보다는 일기예보를 미리 보고 그에 맞는 옷차림을 하면 좋겠죠? 또한 중요한 행사를 앞두고는 미리 일기예보를 보고 천막이나 비옷, 우산 등 필요한 것을 준비해 두면 심적 부담이나 스트레스를 덜 받을 수 있습니다.

준비하는 것은 자신만이 아니라 상대에게도 도움이 됩니다. "이건 정말 무서운 얘기인데요"라든지, "이 얘기는 듣기가 좀 힘들 거예요"처럼 미리 말을 하면 상대방은 갑자기 불편하거나 불쾌한 말을 들을 때보다 충격을 덜 받을 수 있을 것입니다.

의사들이 수술이 잘 안 된 환자의 가족들에게 "이런 말씀을 드려 죄송합니다만……"이라고 말을 꺼내거나, 성적이 많이 떨어진 학생에게 성적표를 건네면서 "좀 실망스러울 수 있겠는데……"라고 하는 등 상대의 감정을 어루만져주면서 시작하는 것은 듣는 사람을 배려하는 태도입니다.

미리 준비하는 것은 스트레스로 인한 에너지 고갈을 줄이고 업무를 수행하기에 최적의 상태가 되도록 하는 데 도움이 됩니다.

회복탄력성 유지 2단계 유지하기

하루 중 잠깐씩 시간을 내서 에너지를 재충전합니다. 아무리 마음의 준비를 해도 도전적인 상황이나 스트레스 상황은 반복적으로 벌어집니다. 그러면 중간중간 잠시 시간을 내서 재충전합니다. 심장 호흡을 몇 번 한다든지, 다행스러운 일을 생각한다든지, 감사한 걸 떠올린다든지 하면 됩니다.

더 좋은 방법은 하루에 이를 세 번 닦듯이 습관적으로 하루 중 정해놓은 시간이나 힘들 때마다 심장 호흡, 감정적 배경음악 듣기, 장면정지법 등을 실천하는 것입니다.

저는 강의를 할 때면 더 많은 내용을 더 잘 전달하고 싶습니다. 그런데 제한된 시간 동안 제한된 공간 안에서 해야 해서 안타깝고 아쉬운 마음이 들 때가 많습니다. 준비한 것을 다 하려다 보면 시간이 안 맞아서 스트레스를 받기도 합니다.

그럴 때 강의를 듣는 분들이 실습을 하는 동안 저는 잠시 나가서 에너지를 재충전하고 옵니다. 호흡을 몇 번만 해도 마음이 편안해지고, 그러고 나면 고마운 마음이 떠오릅니다. 바쁘고 귀한 시간에 와주신 분, 몇 시간씩 서서 촬영하시는 분, 조용히 간식을 준비하시고 쓰레기를 정리하시는 분…… 그렇게 고마운 마음이 들면 즐거운 마음으로 다시 시작할 수 있습니다.

이처럼 일상 활동을 하는 중에 틈틈이 심장 호흡을 하고 감사한 마음을 떠올리면서 에너지를 자주 재충전합니다. 직장인이라면 화장실에서, 복도에서, 지하철 안에서 해도 됩니다. 가정 주부라면 아기를 재울 때, 음식을 만들 때, 가게의 계산대 앞에서 기다릴 때 해도 됩니다.

언제 어디서라도 괜찮습니다. 티끌 모아 태산이라고, 자투리 시간에 조금씩 에너지를 비축해 두면 나중에 스트레스를 유연하고 의연하게 감당할 수 있게 됩니다.

회복탄력성 유지 3단계 재세팅하기

매일 바쁘게 살다 보면 피곤할 때가 있습니다. 그럴 때는 마음가짐, 태도, 행동 등을 정합 상태로 재세팅해야 합니다.

컴퓨터가 과부하 상태가 되면 속도가 느려집니다. 그럴 때는 컴퓨터를 껐다가 재부팅합니다. 재부팅해서 새롭게 시작하면 다시 속도를 낼 수 있거든요. 그렇게 지나간 일에 대해 정리하고 재세팅하면 누적되고 해결되지 않은 과제 속에서 문제를 구태의연하게 보거나 대하지 않고 새로운 시각과 태도로 대할 수 있습니다.

저는 매일 저녁 걸으면서 재세팅을 합니다. 제가 하는 일의 특성상 저는 많은 분들의 어려움이나 고통, 문제를 함께 나눕니다. 그러다 보면 저도 에너지가 많이 고갈됩니다. 그래서 매일 저녁을 먹고 나면 남편과 함께 걸으면서 하루를 어떻게 지냈는지 이야기를 나눕니다. 스트레스를 줄여주는 다가가는 대화를 하는 것이죠.

"오늘 상담은 어땠어?" "오늘 굉장히 힘들었겠다" "어떤 일이 가장 좋았어?" 이런 식으로 서로 관심을 보이고 존중합니다. 누군가가 우리의 걱정거리나 관심사를 경청해 주고 위로나 지지해주면 스트레스가 낮아지고 쌓였던 마음의 피로도 사라집니다.

이렇게 심신의 재세팅이 되고 나면 다음 날 새로운 에너지로 하루를 시작할 수 있습니다. 그런 일을 습관적으로 하면 자기 전에 이를 닦고 세수를 하는 것처럼 자연스러운 일이 되어, 하지 않으면 답답하고 찜찜한 기분이 듭니다.

제가 재세팅을 하는 또다른 방법은 상담과 상담 사이, 또는 워크숍의 점심시간이나 휴식 시간에 잠시 음악을 듣거나, 짧은 기도를 하거나, 좋은 풍경이나 사랑하는 사람의 사진을 보면서 마음을 쉬는 것입니다.

그래서 저는 가능하면 워크숍을 주변에 녹색이 많이 보이는 곳에서 합니다. 초록색 나무나 풀을 보고 새소리를 들으면서 마음을 청정 상태로 돌린 후에 상담이나 워크숍을 하면 신선한 열정을 끝까지 유지할 수 있습니다.

주변 환경에 초록의 자연이 안 보이면 휴대전화에 저장된 가족 사진을 보거나 부모님을 떠올리면서 고마운 마음을 깊이 느껴봅니다.

더 큰 재세팅 방법으로 몇 해 전부터 실천하는 일은 선행을 하는 것입니다. 필요한 곳에 기부금을 보내고, 어려움에 처한 사람들에게 위로의 편지나 꽃을 보내고, 동네의 독거 노인 분께 음식을 가져다드리는 등 남을 돕고 보살피는 일을 하면 마음의 청량감을 되찾는 효과를 느낍니다.

때로는 택시 기사님께 제가 먹으려고 샀던 빵이나 과일을 드리기도 하는데, 대부분 거절하지 않고 좋아하십니다. 그러면 저 혼자 먹을 때보다 마음이 더 풍요로워집니다. 이런 작은 행동들 모두가 재세팅의 좋은 방법입니다.

☼ 에너지 유출을 막고 재충전하는 것의 중요성

회복탄력성을 재충전하기에 앞서서 에너지의 유출을 차단하는 것은 항아리에 물을 붓기 전에 새는 곳을 막는 것과 같은 이치입니다. 새는 틈이나 구멍을 막지 않고 재충전한다면 밑 빠진 독에 물을 붓는 것이나 마찬가지지요.

에너지의 유출을 막고 재세팅하는 것이 얼마나 중요한지를 보여주는 예를 하나 들겠습니다. 역시 하트매스 연구소에서 맥그레이티 박사가 연구한 자료입니다.

미국에서는 가정 폭력 상황에 대비해서 경찰들이 모의(模擬) 상황을 설정하여 훈련을 합니다. 가정 폭력 상황에서는 그 집안의 에너지가 무척 파괴적이겠죠. 그래서 경찰도 굉장히 힘들 수 있습니다. 가정 폭력에 대비하기 위한 모의 훈련을 하기 전에 경찰의 심장 박동수는 평상시처럼 분당 약 70~80회입니다.

훈련이 시작되어 화가 난 남편을 만나 수갑을 채우는 동안 경찰의 심장 박동수는 분당 140~170회까지 올라갑니다. 그러면 에너지가 많이 고갈되고 스트레스 호르몬도 많이 분비됩니다.

그런데 가상의 가정 폭력 상황이 끝난 뒤에도 심장 박동수는 분당 100회 전후로 여전히 높습니다. 처음 시작할 때 70회 정도였던 것에 비하면 여전히 높은 편입니다. 에너지 유출이 계속되는 것입니다.

그러다가 경찰이 심장 호흡을 하고, 고마운 대상이나 다행스러운 일을 생각하며 편안한 감정으로 재세팅을 하자 심장 박동수가 즉시 낮아져서 원래 상태 정도로 회복되었습니다. 에너지 고갈을 막을 수 있게 된 것입니다.

심장 호흡과 평정심 되찾기 훈련을 받지 않은 경찰들의 경우, 치솟은 심장 박동수가 원래대로 돌아오는 데 평균 한 시간 이상 걸렸습니다. 하트매스 훈련을 받은 경찰은 그렇지 않은 경찰에 비해 에너지 고갈이 훨씬 줄고 재충전할 수 있는 가능성은 높아져서 결과적으로 건강, 업무 성과, 가족과의 관계가 좋아질 가능성이 높아졌습니다.

훈련 상황에서도 이렇게 스트레스를 받으니 실제 상황에서는 더 심한 스트레스를 받을 것입니다. 그런데 에너지의 유출을 막고 건강하게 재충전하는 방법을 모르면 어떻게 할까요?

심신의 피로와 스트레스를 술로 푸는 경우가 허다합니다. 술로 쉽고 빠르게 긴장을 풀 수 있을지 몰라도 시간과 돈이 들고 몸도 망가질 수 있습니다. 다음 날은 숙취와 피로로 스트레스가 가중될 수 있지요.

이처럼 스트레스를 제대로 풀지 못해서 술이나 도박 같은 데 빠지고, 그걸 감추려다 도피할 데가 없으면 더한 범죄를 저지르고, 극단적인 경우 살인을 저지르거나 자살하기도 합니다.

그 사람이 무조건 나쁘고 사악해서라기보다는, 심한 스트레스를 받고 난 다음 에너지가 계속 빠져나가는 것을 알지 못하고, 차단시키지 못하고, 재충전하지 못하기 때문입니다.

에너지가 새나가는 것을 막으려면 우선 에너지를 유출시키는 주요인을 규명해야 합니다. 대개는 상황이나 사건 자체보다는 그에 대한 부정적 감정이 스트레스를 유발하고 에너지를 유출시킨다는 것이 연구를 통해 밝혀졌습니다.

회복탄력성을 유지하고 비축하는 쉽고 효과적인 방법은 여러 번 강조했듯 '감사'하는 것입니다. 그리고 주변 사람들에게 적절한 친절과 관심, 배려, 호감, 존중을 베푸는 것입니다. 그러면 심신이 정합 상태가 되면서 몸 안에서 활력 에너지, 행복 에너지가 나오고, 회복탄력성이 증가합니다.

하루의 감정적 배경음악, 배경색, 분위기, 배경맛, 배경향 등을 정하는 것도 좋습니다. 그렇게 하루를 어떤 마음으로 보낼 것인지 정합니다. 그리고 수업이나 회의처럼 중요한 일을 앞두고는 마음의 준비를 하고, 심장 호흡을 합니다.

특히 중요한 일을 앞두었을 때나 민감하고 중요한 주제를 다루게 될 때, 어려운 사람을 만나기 전에는 미리 마음의 준비를 하면 도움이 됩니다.

일이 끝나고 난 다음에는 다시 재세팅을 합니다. 그리고 상사에게 평가를 들은 직후나 갈등 상황 직후, 기분 나쁜 메일을 본 직후 등에도 심장 호흡을 하고 재세팅을 합니다.

행복 에너지 충전법
마음 햇살 보내기

먼저 심장 호흡을 3~4회 정도 합니다. 그다음에 긍정적인 감정을 느껴서 심장이 정합 상태가 되도록 합니다. 그리고 내면에서 느껴지는 따뜻하고 밝은 에너지를 누군가에게 보내는 상상을 하며 배려나 관심, 사랑을 깊이 느낍니다.

지금까지 스트레스를 중화시키고 평정심을 찾고 에너지를 재충전하는 여러 가지 방법들을 배웠습니다. 심장 호흡, 긍정적인 감정 느끼기, 장면정지법, 재세팅 등 여러 가지 방법이 있습니다.

그 외 회복탄력성의 기본선을 높이는 효과적인 방법이 한 가지 더 있습니다. 이 역시 하트매스 연구소에서 효과를 입증한 방법입니다.

그 방법은 바로 '시프트 앤드 샤인(Shift & Shine)'입니다. 생각이나 관심을 심장으로 집중한 다음(심장 호흡), 심장의 박동 소리에 귀를 기울이고(심장 듣기), 심장으로 편안함을 느낀 뒤(심장 느끼기), 마지막으로 심장에서 따뜻한 햇살이나 밝은 빛을 내보내는 것(심장 햇살 보내기)입니다.

관심과 주의를 심장으로 이동하여(shift) 긍정적 감정으로 정합 상태에 도달한 다음, 배려의 대상을 향해 심장으로부터 감사, 배려, 관심, 연민 등 따뜻하고 밝은 빛을 보낸다(shine)는 의미여서 'Shift and Shine'이라고 부릅니다. 저는 우리말로 '마음 햇살 보내기'라고 의역했습니다.

마음 햇살 보내기는 재충전된 에너지가 심장에 계속 머물고 회복탄력성의 보유고를 키울 수 있게 해주는 과학적으로 검증된 방법입니다. 회복탄력성의 기본 보유고가 증가하면 예전 같으면 쉽게 짜증나고 고갈을 느꼈을 상황이나 대상을 좀더 느긋하고 여유롭게 대할 수 있게 됩니다.

1단계 : 심장 호흡

첫 단계는 먼저 심장에 집중하여 호흡하는 것입니다. 지금까지 배운 방법과 같습니다. 주의를 심장에 모으고 천천히 고르게 호흡합니다. 5초 들이마시고 5초 내쉬기를 3~4회 정도 반복합니다.

2단계 : 심장이 조화와 일치를 이루는 상태로 만들기

심장을 움직이기 위해서는 감정을 움직이라고 했습니다. 그중에서도 긍정적 감정을 느껴야 하고, 긍정적 감정 중에서도 누군가나 무언가에 대한 고마움을 마음으로 깊이 느껴야 합니다. 1, 2단계는 QCT와 동일합니다.

3단계 : 심장에서 느껴지는 따뜻한 에너지를 누군가에게 보내는 상상하기

고마운 사람을 떠올리면 마음이 따뜻해지고 정합 상태가 됩니다. 그러면 안에서 따뜻한 기운, 밝은 기운, 에너지, 햇살이 느껴집니다. 그 따뜻하고 밝은 에너지를 누군가에게, 혹은 어떤 지역이나 단체에게 보내는 상상을 합니다.

그렇게 상상하면서 배려나 관심이나 사랑을 깊이 느끼면, 보내는 사람의 마음이 정합 상태로 활기차게 움직이면서 몸 안에 DHEA 호르몬이 생성됩니다. 그러면 배터리 용량이 증가하듯이 내적 에너지의 기본 보유량이 증가하여 보다 오랫동안 정합 상태에 머물 수 있습니다.

마음 햇살을 보낼 때 잡념이 든다면

마음 햇살 보내기를 할 때 잡념이 들 수 있습니다. 다른 생각이 떠오르거나, 외부에서 소음이 들려오거나, 전화가 오거나 하면 마음 햇살을 보내기가 어려워지겠죠. 그렇게 주의가 흐트러졌을 때는 다시 심장 호흡을 하면 됩니다.

주의 집중이 어려울 때는 다시 심장으로 가야 한다는 걸 기억하세요. 머리에 머물지 말고, 이 생각 저 생각 떠돌지 말고, 심장 호흡을 하면서 따뜻하고 편안한 감정이 마음에서 느껴지도록 노력합니다.

이때 은은한 향초나 램프의 불을 바라보며 마음 햇살 보내기를 해도 좋습니다.

마음 햇살 보내기를 15분이나 30분 정도 하면 그날 하루 자신에게 필요하고도 남는 에너지가 충전됩니다. 에너지에 여유가 생기지요. 그리고 연습을 할수록 행복 에너지의 기본선이 달라집니다.

예컨대, 월급이 150만 원이라면 그것을 기본선으로 그 안에서 생활하고 저축합니다. 그런데 월급이 500만 원이 되면 생활이 달라집니다. 기본선이 달라지죠. 그러면 누군가 나에게 요구할 때 응해줄 수 있는 여유가 생깁니다.

이는 자신에게 1억 원이 있을 때 누가 10만 원만 빌려달라고 하면 선뜻 줄 수 있지만 20만 원밖에 없는데 누가 10만 원을 빌려달라고 하면 짜증이 나거나 피해버리고 싶은 마음이 드는 것과 마찬가지입니다.

이처럼 지속적으로 회복탄력성을 재충전하고 보유고를 높일 수 있는 방법이 마음 햇살 보내기입니다. 주변에 힘든 일을 겪고 있는 사람이나 고마운 사람을 한 사람 정해서 마음 햇살 보내기를 하면 자기 자신의 에너지와 회복탄력성이 충전됩니다.

Resilience

아이들의 회복탄력성 키우기

18장 유치원생~초등 2년생
마음이 따뜻한 아이, '하트 스마트'하게 키워라

회복탄력성을 통해서 정서지능을 키울 수 있고 자신을 좀더 편안하게 받아들이고 상황에 잘 대처할 수 있듯이, 아이들이 자기 조절 능력을 키우면 지배적이거나 고집불통이 되지 않고 마음이 따뜻하고 밝고 건강하면서 남과 더불어 행복하게 사는 아이로 자랄 수 있습니다. 하트매스 연구소에서는 이런 아이들을 '하트 스마트(heart-smart)'하다고 합니다.

모든 생명체는 자기 조절 능력, 혹은 자기 조율 능력을 갖고 있습니다. 화초에 물을 주면 물을 빨아들입니다. 그런데 필요 이상으로 많이 주면 빨아들이기를 중단합니다. 아기들도 마찬가지입니다. 먹을 걸 떠먹여주면 맛있게 받아먹다가 어느 정도 배가 부르면 거부합니다. 혀를 내밀든지, 고개를 돌리든지 하지요.

그것을 무시하고 계속 굶기거나 지나치게 먹인다면 아이들의 자기조절 능력이 손상될 수 있습니다. 그래서 배가 고픈데도 밥 달라는 표현을 못하거나 배가 부른데도 계속 먹는 섭식장애가 생깁니다. 아무리 울어도 돌봐줄 사람이 나타나지 않으면 어떤 상황에서도 울지 않는, 그러나 실제로는 우울한 상태에 빠질 수 있습니다. 그래서 양육자나 교사들은 아이들의 자기 조절 능력을 믿어주는 게 굉장히 중요합니다.

회복탄력성을 통해서 정서지능을 키울 수 있고 자신을 좀더 편안하게 받아들이고 상황에 잘 대처할 수 있듯이, 아이들이 자기 조절 능력을 키우면 지배적이거나 고집불통이 되지 않고 마음이 따뜻하고 밝고 건강하면서 남과 더불어 행복하게 사는 아이로 자랄 수 있습니다.

하트매스 연구소에서는 이런 아이들을 '하트 스마트(heart-smart)'하다고 합니다. 머리가 좋고 많이 알기만 하는 것이 아니라 마음이 건강하고 남을 잘 이해하고 배려하고 공감하고 소통할 줄 아는 아이입니다. 최근 하트 스마트한 아이로 키우는 것이 전 세계적인 교육 방향입니다.

그렇다면 어떻게 하트 스마트한 아이로 키울 수 있을까요? 여러 가지 놀이와 활동이 도움이 됩니다. 즐거운 기억 떠올리기, 경청하기, 고마움 표현하기, 편안한 장소 상상하기 등이 모두 아이의 몸과 마음, 감정을 일치·조화시키는 데 도움을 줍니다.

지금부터 하트 스마트한 아이로 키우는 데 도움이 되는 감정코칭 놀이와 하트 스마트 활동들을 소개하겠습니다. 하나씩 아이와 함께 해보세요.

행복 에너지 충전법
사진 보며 감정 추측하기

즐겁거나, 화가 났거나, 슬퍼하는 등 아이의 감정이 드러나는 사진 몇 장을 보여주며 사진 속 아이의 기분이 어떤 것 같은지 물어봅니다. 그리고 그런 기분이 된 상황은 어떤 것일지 물어봅니다.

유치원생부터 초등학교 저학년생 정도의 아이들은 심장에 대해 설명해도 이해하지 못할 수 있습니다. 아동인지발달학의 선구자인 장 피아제(Jean Piaget) 박사에 의하면, 이 또래 아이들은 아직 추상적인 개념을 형성하지 못하고, 눈으로 보고 손으로 만지고 냄새나 맛을 보는 등 감각을 통한 활동으로 세상을 느끼고 알게 되기 때문이지요.

심장은 보이지 않기 때문에 4~7세 아동에게 심장에 대해 알려주려면 눈으로 볼 수 있는 다양한 표정의 감정 사진으로 시작하는 게 좋습니다.

아이들에게 다른 아이의 감정이 드러난 사진을 몇 장 보여줍니다. 그리고 사진 속 아이의 기분이 어떤 것 같은지 물어봅니다. 어떤 감정인 것 같다고 답을 하면, 이번에는 그런 감정이 들게 된 상황을 물어봅니다.

교사 / 부모 : 지금 이 아이 기분이 어떤 것 같아요?

아이 : 기분이 안 좋은 것 같아요.

교사 / 부모 : 어쩌다가 기분이 안 좋아졌을까요?

아이 : 엄마한테 혼나서요.

교사 / 부모 : 그럴 수 있겠네요. 또 어떤 일로 기분이 안 좋아졌을까요?

아이 : 친구가 안 놀아줘서요.

교사 / 부모 : 맞아요. 친구가 안 놀아주면 기분이 안 좋지요. 또다른 이유는 없을까요?

아이 : 동생이 인형을 빼앗아가서요.

교사 / 부모 : 정말 그럴 수도 있겠네요. 동생에게 인형을 빼앗기면 기분이 안 좋겠지요.

이번에는 행복한 표정이 담긴 사진을 보여줍니다.

교사 / 부모 : 이 친구는 기분이 어떤 것 같아요?

아이 : 기분이 좋은 것 같아요.

교사 / 부모 : 아주 행복한 것 같죠? 무엇이 이 친구를 이렇게 기분 좋게 만들었을까요?

아이 : 할머니 집에 갔는데 귀여운 고양이가 있어서요.

교사 / 부모 : 그래요. 할머니 댁에 갔는데 귀여운 고양이가 있으면 기분이 좋겠네요. 그리고요?

아이 : 할머니랑 엄마가 그 고양이를 키워도 된다고 해서요.

교사 / 부모 : 그래요. 고양이를 데려다 키우도록 허락하셨다면 더욱 기분이 좋겠네요.

이번에는 무서워하는 표정의 아이 사진을 보여줍니다.

교사 / 부모 : 이 아이는 지금 기분이 어떤 것 같아요?

아이 : 무섭고 겁에 질린 것 같아요.

교사 / 부모 : 무엇을 이렇게 무서워할까요?

아이 : 엄마가 때릴 것 같아서요.

교사 / 부모 : 그러면 진짜 무섭죠. 또?

아이 : 엄마 아빠가 다투는 모습을 보고요.

교사 / 부모 : 맞아요. 엄마 아빠가 다투면 가슴이 콩닥거리면서 굉장히 무섭고 겁나죠.

아이 : 또 어떤 게 무서웠을까요?

교사 / 부모 : 천둥 번개가 쳐서요.

아이 : 맞아요. 천둥 번개가 쳐도 진짜 무섭죠.

이번에는 슬퍼서 우는 아이의 모습이 담긴 사진을 보여줍니다.

교사 / 부모 : 이 친구는 지금 기분이 어떤 것 같아요?

아이 : 슬퍼요.

교사 / 부모 : 그러네요. 눈물까지 흘리네. 어떤 일로 이렇게 슬퍼할까요?

아이 : 오빠가 아이스크림을 다 먹어서요.

교사 / 부모 : 오빠가 아이스크림을 다 먹었어요? 맞아요. 그럴 때 되게 속상하죠. 또?

아이 : 오빠가 못 생겼다고 놀려서요.

교사 / 부모 : 그렇군요. 못생겼다고 놀림을 받으면 슬프겠죠. 또? 어떨 때 이렇게 슬플까요?

아이 : 엄마가 안 데리고 가서요.

교사 / 부모 : 엄마가 어디에 안 데리고 갔어요?

아이 : 엄마가 혼자서 시장에 갔어요.

교사 / 부모 : 그래요. 엄마가 시장 갈 때 따라가고 싶은데 혼자 놔두고 가면 슬프죠.

이렇게 연습하다 보면 아이가 감정에 대해 이해하거나 공감하기가 쉽습니다. 어려운 표현을 쓰지 않아도 표정을 보고 이야기할 수가 있습니다.

이 연습을 할 때 주의할 것이 있습니다. 아이들은 말을 하다 보면 대부분 자기 이야기를 합니다. 그럴 때 "그거 지금 네 기분이지?" 하고 분석하듯 물으면 아이가 자신의 생각이나 감정을 들킨 것 같아 당황스러울 수가 있습니다. 또 하나 명심할 것은 감정에는 맞고 틀리는 게 없다는 점입니다. 보면서 느끼는 대로 말하게 하면 됩니다.

또한 활동에서 소외되는 아이가 없는지 살펴보아야 합니다. 유치원이나 학교에서 이 연습을 할 때 한두 명의 아이가 독점하지 않도록 하고 모든 아이들이 한 번씩은 다 말할 수 있도록 합니다. 많은 아이들이 참여할수록 다양한 감정에 대한 이야기가 나올 수 있습니다. 물론 기회가 왔는데도 아이가 말하기를 싫어하면 의사를 존중해 주는 것이 좋습니다.

🍀 행복 에너지 충전법
관계에 대해 추측하고 자신의 경험 말해 보기

두 명 이상이 함께 있는 사진을 보여주고, 무슨 상황인지 어떤 기분일지, 그 이유는 무엇인지 생각하고 이야기하게 합니다. 그리고 비슷한 상황이나 감정에 처했던 경험이 있는지 생각하고 말하게 합니다.

이번에는 한 사람의 표정을 보고 기분을 짐작하는 게 아니라 두 사람이 함께 있는 관계적 상황을 보면서 감정을 이해하고, 표현하고, 비슷한 자신의 감정을 알아차리는 연습입니다.

두 사람이 함께 있는 사진을 보여줍니다. 그리고 무슨 상황인지, 무엇을 하고 있는 것 같은지, 어떤 기분인 것 같은지, 그 이유는 무엇인지를 생각해 보고 말하게 합니다. 그다음에 아이가 비슷한 상황이나 감정에 처했던 경험이 있는지 생각해 보고 이야기하게 합니다.

다음은 두 여자 아이가 다툰 듯한 모습에 기분 상한 표정을 한 사진을 보여준 후에 나눈 대화입니다.

교사 / 부모 : 이 둘은 뭘 하고 있는 것 같아요?

아이 : 싸우는 것 같아요.

교사 / 부모 : 작은 아이는 지금 기분이 어떤 것 같아요?

아이 : 화가 난 것 같아요.

교사 / 부모 : 큰 아이는 기분이 어떤 것 같아요?

아이 : 짜증이 난 것 같아요.

교사 / 부모 : 어떻게 알죠? 짜증이 났는지?

아이 : 귀를 막고 얼굴을 찡그리고 있어요.

교사 / 부모 : 혹시 이 사진 속 큰 아이 같은 경험을 해본 적 있어요? 큰 아이의 기분을 알 것 같아요? 있다면 말해 보세요.

아이 : 지난번에 동생이랑 싸웠는데요, 내가 좋아하는 콩순이 인형 옷을 벗겨서 자기 인형에게 입혀놨더라고요. 왜 그랬냐니까 엄마한테 일러서 나만 혼났어요. 그래서 짜증났어요.

교사 / 부모 : 저런. 그런 일이 있었군요. 내 인형 옷을 허락 없이 다른 인형에게 입힌 것도 속상한데 엄마한테 꾸지람까지 받았으니 억울했겠어요.

이번에는 남자 아이 둘이 서로 노려보며 싸울 듯한 태세로 있는 사진을 보여줍니다.

교사 / 부모 : 지금 무슨 일이 벌어진 것 같아요?

아이 : 화가 난 것 같아요.

교사 / 부모 : 둘 다 화가 난 것 같아요? 뭐 하다가 화가 났을까요?

아이 : 싸웠는데 엄마가 말리면서 혼낸 것 같아요.

교사 / 부모 : 그래서 둘 다 심술이 난 것 같아요? 또 어떤 상황일까요?

아이 : 과자가 하나밖에 남지 않았는데 앞에 아이가 먼저 먹어버려서 옆에 아이가 속상해하고 있는 것 같아요.

교사 / 부모 : 그래요. 정말 속상해 보이네요. 또?

아이 : 둘한테 있었던 일을 아빠한테 일러서 같이 혼났어요.

교사 / 부모 : 둘이 있었던 일을 아빠한테 일러서 화가 났다. 네, 그럴 수 있죠. 혹시 이런 일을 겪은 적이 있나요?

아이 : 네. 우리 아빤 내가 형이랑 싸우면 무조건 둘 다 혼내요.

교사 / 부모 : 어떤 일로 다퉜는지 들어주시고 이해해 주시면 화가 좀 풀릴텐데, 꾸지람부터 맞으면 기분이 더 안 좋아질 수 있지요.

이번에는 다섯 명의 아이들이 웃고 있는 사진입니다.

교사 / 부모 : 이 아이들은 무엇을 하고 있었을까요? 아이들 기분은 어떤 것 같아요?

아이 : 즐거운 것 같아요.

교사 / 부모 : 무엇을 하길래 이렇게 즐거울까요?

아이 : 생일 파티 하면서 노는 것 같아요.

교사 / 부모 : 친구들과 생일 파티를 하면 정말 즐겁지요. 또 어떤 일이 아이들을 즐겁게 했을까요?

아이 : 선생님이 동물원에 데려간다고 해서 즐거운가 봐요.

교사 / 부모 : 그래요. 동물원 나들이는 즐거운 경험이죠. 여러분도 그런 경험이 있나요?

아이 : 지난번에 서울대공원 동물원에 가서 호랑이도 보고 기린도 보고 원숭이도 봤어요.

교사 / 부모 : 그때 기분이 어땠어요?

아이 : 신기하고 즐거웠어요.

교사 / 부모 : 친구들이랑 동물원에 가서 여러 동물들을 직접 가까이서 보면 신기하고 즐겁죠. 나도 동물들 보는 것 좋아해요.

이렇게 여러 명의 감정적 상황에 대해 짐작해 보면서 이야기를 나누는 것은 자신과 타인의 감정을 알아차리고 이해하는 정서지능을 키우는 간단하고 재미있는 방법입니다.

행복 에너지 충전법
자기 감정 간단히 표현하기

감정날씨 그래프를 보면서 아이의 기분이 어떤지 표현하도록 합니다. 그리고 왜 그런 기분이 드는지 물어봅니다. 아이가 말하는 기분은 있는 그대로 수용합니다.

이번에는 자기 감정을 알아차리는 연습입니다. 아이들에게 지금 자신의 기분이 어떤지를 간단히 표현하게 합니다. 유치원생이나 초등학교 1, 2학년생은 감정을 표현하는 어휘가 아직 부족할 것입니다. 그래서 말이나 글로 자기 기분을 잘 묘사하지는 못하지만, 감정날씨 그래프에서 감정의 에너지가 높은지 낮은지, 부정적인지 긍정적인지는 표현할 수 있을 것입니다.

감정날씨 그래프를 가리키며 "지금 자기 기분이 어디인 것 같아요?" 하고 물으면 아이들도 쉽게 표현합니다.

유치원생이나 그보다 어린 만 서너 살 정도 된 아이들도 햇살이 밝은 그림이나, 천둥번개가 치는 그림이나, 구름이 있고 비가 내리는 그림이나, 달과 별이 뜬 고요한 장면의 그림 중 하나를 쉽게 지적할 수 있습니다.

이렇게 감정날씨 그래프를 이용하면 자신의 현재 기분을 훨씬 쉽게 표현할 수 있고, 스스로 기분을 알아차리게 됩니다.

어른은 감정코칭에서처럼 아이가 말하는 감정을 그대로 받아들이면 됩니다. "아, 이렇게 화가 났다는 얘기야?" "지금 기분이 이렇게 좋다는 얘기야?" "좀더 얘기해 줄 수 있겠어?" "뭐에 대해서 이렇게 기분이 좋지?" 하고 물어봅니다.

그러면 아이는 "친구와 놀았어요" "엄마가 생일 선물로 뭘 줬어요" 등 특정 감정을 느꼈던 상황을 이야기하면서 자연스럽게 자신의 감정을 표현할 수 있습니다.

그러고 난 뒤에 감정에 대해서 아이들에게 "감정이라는 것은 우리 몸에 흐르는 에너지거든. 기분이 안 좋을 때는 몸의 에너지가 어지럽게 흐를 수 있고, 기분이 좋을 때는 몸의 에너지가 아주 부드럽고 규칙적으로 흐를 수 있어"라고 간단하게 설명해 줄 수 있습니다. 아이는 사진을 보며 그런 감정을 느껴보았기 때문에 이해할 수 있을 것입니다.

이때 감정을 느끼는 곳이 심장이라고 말하면서 심장 모양의 빨간 고무 모형을 보여주고 만져보게 하는 것도 심장을 시각화하는 데 도움이 됩니다.

다음은 아이들과 '이럴 때 기분이 어떨까?' 하는 연습을 할 때 활용할 수 있는 상황들입니다.

- 내가 가장 아끼고 좋아하는 장난감이 망가졌을 때
- 친구가 나에게 좋은 말을 해주었을 때
- 친구 생일 파티에 초대받았을 때
- 우리 집 강아지가 아플 때
- 키우던 금붕어가 죽었을 때
- 옷에 오렌지 주스를 흘렸을 때
- 놀이터에서 누군가 날 밀어서 넘어졌을 때
- 내가 그네를 타려고 하는데 힘센 아이가 밀치고 먼저 탔을 때
- 큰 천둥 소리를 들었을 때
- 아기 토끼를 만져볼 때
- 심술궂은 친구가 혀를 내밀면서 놀릴 때
- 선생님이나 부모님께 꾸지람을 들을 때
- 글씨가 예쁘게 잘 써질 때

아이들이 장난이나 건성으로 대답하지 않는 한 같은 상황에서도 각자 다른 기분이 들 수 있다는 것을 허용하고 어떤 기분이라도 수용합니다. 그리고 상황에 따라 좋은 기분이 들 때도 있고 나쁜 기분이 들 때도 있음을 말해 줍니다.

아울러 기분을 느끼는 것과 기분대로 마구 행동하는 것은 다르다는 것을 설명해 줍니다.

행복 에너지 충전법
청진기로 심장 소리 듣고 묘사해 보기

청진기로 심장 소리를 듣고 묘사하게 한 후, 손바닥을 심장 위에 올려놓고 심장이 뛰는 것을 느끼도록 합니다. 그리고 마음이 편안해지는 것을 떠올리면서 심장이 편안해지는 것을 느껴보게 합니다.

감정에 대해서 아이와 어느 정도 이야기를 나누고 나면 "감정은 어디서 느끼느냐 하면, 여기 심장에서 느끼거든?" 하면서 자연스럽게 심장에 대해 이야기할 수 있습니다. 그리고 심장이 뛰는 것을 직접 느끼게 합니다.

"우리 가슴 안에는 이렇게 생긴 심장이 있거든. 보이지는 않지만 이 안에 있어. 그리고 우리가 알든 모르든, 잠잘 때도, 친구들하고 놀 때도, 화가 날 때도, 웃을 때도 심장은 계속해서 똑딱똑딱 뛰어. 심장이 똑딱똑딱 내 몸 안에서 뛰는 걸 한번 볼까?" 하면서 청진기로 심장 소리를 들려줍니다.

소리가 들리지 않는 장난감 청진기 말고, 심장 소리가 들리는 청진기를 준비해서 아이 심장에 갖다 대고 심장 소리를 들려줍니다. 그리고 어떤 느낌이 드는지 물어봅니다.

교사 / 부모 : 심장 소리를 들으니 어때요? 어떤 느낌이에요?

아이 : 신기하고 기분이 좋아요.

교사 / 부모 : 기분이 좋아요? 심장에서 어떤 소리가 나요? 얘기해 줄 수 있어요?

아이 : 예쁘고 조용한 시냇물 소리 같아요.

교사 / 부모 : 그렇군요. 심장 소리를 들으니까 신기하고 좋죠?

청진기로 심장 소리를 듣고 난 후, 심장을 느껴보는 연습을 합니다. 오른손 손바닥을 가슴 한가운데에서 약간 왼쪽에, 즉 심장이 있는 곳쯤에 올려놓고(심장에 집중하기) 손바닥으로 심장이 뛰는 것을 느끼게 합니다(심장 듣기). 그리고 마음이 편안하고 즐거워지는 대상이나 활동을 떠올리면서 심장이 편해지는 것을 느껴보게 합니다(심장 느끼기).

이렇게 심장에 집중하기, 심장 듣기, 심장 느끼기를 통해 심장이 편안한 상태로 바뀌는 것을 느껴보게 합니다. 오른손을 심장 위에 놓고 심장에 집중하면서 천천히 호흡하면 금방 심장이 안정적으로 뜁니다.

이것은 부정합의 상태에서 정합의 상태로 이동하는 데 효과가 있습니다. 그리고 나서 손바닥으로 심장이 뛰는 것을 집중해서 느끼다 보면 다른 생각이 끼어들 여지가 없습니다.

행복 에너지 충전법
천천히 숨을 들이쉬고 내쉬기

손바닥을 심장 위에 대고 심장에 집중하게 한 후, 평소보다 약간 천천히, 깊게 호흡을 하게 합니다. 3초 정도 천천히 숨을 들이쉬고 3초 정도 천천히 숨을 내쉬게 합니다.

기분이 좋지 않을 때 기분을 바꾸려면 우선 지금 자기 기분이 어떤지, 화가 났는지, 슬픈지, 속상한지, 창피한지를 알아차려야 합니다.

아이들이 자기 기분을 알아차리면 빨리 심장에 집중하도록 합니다. 손바닥을 심장에 대면 아이들도 쉽게 심장에 집중할 수 있습니다. 그렇게 심장에 집중한 상태로 세 번 정도 평소보다 약간 천천히, 약간 깊게 호흡하게 합니다. 어른도 같이 하면 아이들이 보고 따라할 수 있습니다.

천천히 고르게 숨을 들이마시고 천천히 고르게 숨을 내쉬게 합니다. 아이들은 5초만큼 길게 들이쉬고 내쉬기가 어려울 수 있으니 처음에는 3초 정도로 합니다. '하나 둘 셋' 셀 동안 숨을 들이쉬게 하고, '하나 둘 셋' 셀 동안 내쉬게 하기를 몇 번 합니다. 천천히 고르게 숨을 쉬도록 하는 게 중요합니다. 그리고 심장으로 숨을 들이마시고 심장으로 내쉬는 것을 상상하게 합니다.

아이들은 심장을 느껴보지 못했기 때문에 심장으로 숨을 들이쉬고 내쉬는 상상을 못할 수 있습니다. 그러면 엄지손가락이나 엄지발가락에 집중해 보라고 합니다.

모든 신경을 엄지손가락에 집중한 상태에서, 숨을 들이쉴 때는 엄지손가락을 통해 산소가 몸으로 쭉 빨려 들어오는 상상을 하라고 합니다. 내쉴 때는 역시 엄지손가락을 통해서 산소가 쭉 빠져나가는 것을 상상하게 합니다. 그리고 다시 한 번 엄지손가락에 집중해서 천천히 숨을 들이마시고 천천히 내쉬게 합니다.

그 연습이 잘되면, 이번에는 심장으로 산소가 들어왔다가 심장으로 빠져나가는 것을 상상하는 연습을 해봅니다. 아이들은 색이나 소리, 맛, 향, 촉감 등을 통해서 구체적이고 감각적으로 느껴보는 게 도움이 됩니다.

아이들은 상상력이 뛰어나기 때문에 숨을 들이마실 때는 초록색 산소가 심장으로 들어왔다가 내쉴 때는 파란 공기로 나가는 걸 상상해 보라는 식으로 색을 동원해서 연습을 해도 좋습니다. 그러면 아이들이 심장에 집중해서 호흡하기가 훨씬 더 쉽습니다.

심장 호흡을 몇 번 해도 아이의 마음이 편해지지 않을 때는 심장 쿠션을 이용하면 도움이 됩니다. 쿠션이나 베개처럼 따뜻하고 포근한 것을 가슴에 대고 천천히 심장 호흡을 하는 것입니다.

쿠션을 가슴에 안아도 되고 깔고 앉아도 됩니다. 어떻게 하든 폭신하고 포근한 감촉을 느끼면서 마음이 편안해지면 됩니다. 준비가 되면 아이들에게 이렇게 말합니다.

"화가 나거나 짜증이 나거나 슬프거나 놀랐거나 무서울 때는 심장이 불규칙하게 뛰는데, 그럴 때 마음이 편안한 상태로 가게 하는 방법이 심장 호흡이야. 선생님(엄마/아빠) 따라서 한번 해볼까?

오른손을 들어서 손바닥을 자기 가슴에 대고, 손바닥을 통해서 심장이 뛰는 것을 느껴봐. 그리고 하나 둘 셋 할 동안은 숨을 천천히 들이쉬고, 또 하나 둘 셋 할 동안 숨을 천천히 내쉬어봐. 자, 하나 둘 셋. 하나 둘 셋. 하나 둘 셋. 하나 둘 셋……."

행복 에너지 충전법
즐거웠던 기억, 고마운 사람, 하고 싶은 일 떠올리기

심장 호흡을 하고 난 다음 심장이 더 편안하고 따뜻하게 하기 위해 고마운 대상이나 즐거웠던 기억, 하고 싶은 일 등을 떠올려보게 합니다. 세상에서 가장 편안하고 안전한 곳을 떠올리도록 하는 것도 좋습니다.

심장 호흡을 하고 난 다음에 심장이 편안해지고 따뜻해지게 만드는 가장 좋은 방법은 좋았던 일이나 고마운 대상을 떠올리는 것이라고 했습니다.

아이들에게도 좋았던 기억을 떠올리게 합니다. "요즘 했던 일 중에서 제일 좋았던 게 뭐야?" 하고 묻습니다. 엄마 아빠랑 스키장 갔던 것, 동생이랑 할머니댁에 갔던 것, 친구들이랑 생일 파티하고 놀았던 것, 얼마 전부터 키우기 시작한 강아지와 놀았던 것 등 다양한 대답을 하겠죠. 그렇게 좋았던 기억을 떠올리다 보면 심장이 안정적으로 뛰게 됩니다.

이때 아이들에게 지금 가슴이 어떻게 느껴지느냐고 물어봐도 좋습니다. 대개 가슴이 밝고 크게 느껴진다고 하고 따뜻하게 느껴진다고도 합니다.

긍정적 감정 상태를 조금 더 오래가게 하기 위해서 나한테 잘해준 사람, 고마운 사람을 떠올리게 합니다. 좋아하는 친구나 가족, 친지를 떠올리고 고마움을 느낄 때 그런 기분이 더 뚜렷이 느껴지고 오래 지속될 수 있습니다.

> 교사 / 부모 : 이번에는 좋아하는 가족이나 친척, 친구, 강아지나 고양이, 좋아하는 활동, 기뻤던 일, 즐거웠던 일을 떠올리면서 그때 느꼈던 기분을 느껴보자. 그러면 심장이 아주 편안하고 따뜻하게 느껴질

거야. 그러면서 천천히 고르게 숨을 들이마시고 내쉬기를 몇 번 하는 거야. 자, 요즘 했던 일 중에 제일 좋았던 게 뭐야?

아이 : 마당 있는 친구네 집에 가서 트램펄린 위에서 뛰고 놀았던 거요!

교사 / 부모 : 와, 신나고 재미있었겠네. 이번에는 고마운 사람을 떠올려보자. 지금 제일 먼저 떠오르는 고마운 사람이 누구야?

아이 : 친구 엄마요. 초대해 주시고 놀게 해주셔서요. 우리 엄마도 고마워요. 학원 대신 친구네 집에 가게 해줬어요.

교사 / 부모 : 심장 호흡을 하면서 고마운 마음을 좀더 깊이 느껴보자.

하고 싶은 일에 대해 생각해 보는 것 역시 마음이 편안하고 밝아지는 좋은 방법입니다. "하고 싶은 게 뭐야?" "뭘 하면 제일 즐거워?"라고 물어서 하고 싶은 일을 상상하게 합니다.

교사 / 부모 : 지금 하고 싶은 일이 뭐야?

아이 : 강아지랑 노는 거요.

교사 / 부모 : 강아지랑 놀 때는 어떤 기분이 들어?

아이 : 귀엽고 사랑스러워요. 내 손을 핥을 때 기분이 좋아요.

이 세상에서 가장 편안하고 안전한 곳이 어디인지 상상해 보게 하는 것도 좋습니다. 심장 호흡을 계속하면서 상상 속에서 누구의 간섭이나 방해를 받지 않고 편안한 곳으로 가보라고 합니다.

동화나 영화 속의 장소나 예전에 가봤던 실제 장소도 괜찮습니다. 상상 속에서 그곳에 가서 주변을 둘러보고, 소리도 듣고, 냄새도 맡아보면서 편안하게 안정감을 느껴보게 합니다. 그런 다음 "그곳에 가보니까 어땠어?"

하고 물어봅니다.

실제 있었던 일화를 하나 소개해 드리겠습니다. 미국에 '캐롤린 젠슨'이라는 은퇴한 교사가 있습니다. 풍채가 좋고 표정이 인자한 60대의 젠슨 선생님은 유치원부터 초등학교 저학년 아이들에게 하트매스 연구소에서 개발한 방법에 따라 '하트 스마트' 교육을 실시하고 있습니다.

얼마 전에 LA 빈민가의 한 학교에서 젠슨 선생님에게 급히 도와달라는 요청이 왔습니다. 서둘러 가보니 그곳 초등학교 1학년 아이의 아버지가 부부싸움을 하다가 아이 앞에서 아이 엄마를 총으로 쏴서 죽이고 자신도 자살한 것이었습니다. 아이는 그것을 다 목격했습니다.

그 사건은 TV 뉴스와 신문에도 나와서 동네 사람들이 모두 알게 되었습니다. 그러니 학교 분위기도 어수선하고, 쉬는 시간에는 운동장 곳곳에서 싸움이 벌어지고 있었습니다. 아이들도 뭔가 불안하고 두려우니까 쉽게 화가 나고 충동적인 행동을 하게 된 것이죠.

그래서 젠슨 선생님은 그곳 아이들에게 '하트 스마트'해지는 방법을 가르치기로 했습니다. 끔찍한 일을 겪은 아이의 반에 가서 자리에 앉은 다음 아이들을 그 앞에 옹기종기 모여 앉게 했습니다.

그러자 아이들이 다가와서 모여 앉았는데, 마이클이라는 학생만 뒤쪽 책상에 혼자 앉아 있었습니다. 그래서 "너는 왜 거기 혼자 있니? 여기로 오면 안 될까?" 하고 묻자, 담임 선생님이 옆에서 "쟤는 지금 벌 받고 있어요" 하는 것입니다.

아이가 하도 말썽을 피우고 다른 아이들을 방해하니까 선생님이 아이에게 그 자리에 끼지 말라고 한 것이었습니다. 아이는 화가 나서 씩씩거리며 앉아 있었습니다.

젠슨 선생님은 담임 선생님에게 그 아이도 함께 활동을 하게 해달라고 요청했고, 선생님은 마이클이 얌전하게 있겠다고 약속하면 받아들이겠다고 했습니다. 그래서 마이클도 참여하게 되었습니다.

젠슨 선생님은 아이들이 불안하고 감정적으로 동요가 심할 것 같아서 우선 함께 심장 호흡을 해보자고 했습니다. 조용히 눈을 감고 심장에 손을 댄 다음 심장 집중, 심장 듣기, 심장 느끼기를 하게 했죠. 그리고 눈을 감은 상태에서 이 세상에서 가장 편안하고 안전한 곳이 어디인지 상상해 보게 했습니다. 그리고 상상 속에서 그곳에 가보라고 했지요. 심장 호흡은 계속 하면서요.

상상 속에서 그 누구의 간섭이나 통제나 방해를 받지 않고 자기가 가봤던 곳이든, 동화 속의 장소든, 영화에서 본 장소든, 어디든 안전한 곳을 상상하면서 그곳에 가서 주변을 둘러보고, 소리도 듣고, 냄새도 맡아보고 하면서 편안하고 안전한 기분을 느끼도록 했습니다.

이렇게 3~4분 정도 상상 연습을 한 뒤에 조용히 눈을 뜨게 한 후, 아이들에게 "해보니까 어땠어?" 하고 물었습니다. 그러자 한 여자 아이는 상상 속에서 고요한 바닷가에 가서 있으니 나비가 날아와서 콧잔등에 앉았다가 살짝 날아가는 게 떠올랐다면서 굉장히 기분이 좋았다고 말했습니다.

그러자 말썽을 부려서 활동을 함께 하지 못할 뻔했던 마이클이 손을 들었습니다. 그리고 그 아이는 "처음으로 내가 우리 반의 한 사람이라는 게 느껴졌어요"라고 말하며 눈물을 글썽였습니다.

늘 수업에 속하지 못하고 야단만 맞는 아이였는데, 처음으로 소속감을 느낀 것이었죠. 그리고 "아주 편했어요" "기분 좋았어요"라고 말했습니다. 나중에 "저기 혼자 앉아 있을 때는 굉장히 외로웠어요"라고 덧붙이기도 했습니다. 외롭고 화가 났었는데, 다른 아이들과 심신의 조율이 이루어지면서 그 아이의 심장도 정합 상태가 될 수 있었던 것입니다.

젠슨 선생님과의 '하트 스마트' 수업 후에 그 학교의 분위기는 평화롭고 안전하게 바뀔 수 있었습니다. 아이들은 다시 수업도 잘 받고 잘 놀면서 건강하게 지낼 수 있었습니다.

아이들이 불편한 기분을 느낄 때는 먼저 오른손 손바닥을 심장 근처에 대고 천천히 깊고 고른 호흡을 하게 합니다. 그렇게 세 번 정도 심장 호흡을 한 다음, 눈을 감고 상상 속에서 따스한 햇살 아래 바닷가나 들판에 앉아 있는 모습을 그려보게 합니다. 그리고 따사로운 햇살이 자신의 피부에 닿는 느낌과 가슴이 편안하고 포근해지는 기분을 느껴보게 합니다.

이렇게 하면 2~3분 안에 아이들은 차분하고 평화로운 정합 상태로 들어갈 수 있게 됩니다.

유치원과 초등학교 저학년 아이들도 이런 연습과 활동을 통해 자기 감정을 알아차리고 조절하는 방법을 배울 수 있습니다.

연구에 의하면, 감정적으로 자기 조절을 잘하면 정서지능의 발달뿐 아니라 뇌 발달, 언어 발달, 사회성 발달, 신체 발달, 집중력 증가 등 전반적인 뇌 발달과 인성 발달에 도움이 된다고 합니다. 그렇게 되면 '하트 스마트'한 아이가 될 수 있을 것입니다.

19장 초등 3~6년생

정서지능을 키워주는
감정 어휘 늘리기

사랑, 자비, 용서, 공감, 배려, 온정 같은 것도 수학이나 영어를 배우는 것처럼 배우고 연습하고 발달시켜야 할 중요한 생존 지능입니다. 그런 것들이 살아가는 데 있어서 건강, 수명, 학업, 안정적 관계, 직업적 성공, 부모 역할 등에 굉장히 중요하다는 것은 미하이 칙센트미하이, 하워드 가드너, 윌리엄 데이먼 등 교수들의 장기 연구와 회복탄력성에 관한 수많은 연구를 통해 입증되고 있습니다.

뇌과학 연구에 의하면 아이들도 불안, 우울, 기쁨, 행복, 만족, 슬픔, 공포 등 다양한 감정을 깊이 느낄 수 있다고 합니다. 특히 초등학교 3학년 이상이 되면 일상생활에서 다양한 사회적·대인관계적 상황을 경험할 수 있고, 좋든 나쁘든 다양한 감정도 느낍니다.

감정은 여러 사회적 정보에 대한 신호이기도 합니다. 자신에게 주는 신호일 수도 있고 남과 주고받는 신호일 수도 있습니다. 이 과정은 의식적·무의식적 차원에서 끊임없이 이뤄집니다. 이런 감정적 교류를 통해 아이들은 타인과 연결하며 관계를 형성합니다. 이런 관계의 질이 아이의 삶의 질을 결정하고, 삶의 동기를 부여하기도 하며, 자신이 경험한 것에 대한 의미를 만들게 됩니다.

감정은 아이의 행동에 영향을 미치고, 다른 사람과 어떻게 상호 작용을 할지에 영향을 미칩니다. 주변 상황과 도전, 타인의 행동을 어떻게 인식하고 반응할지에도 영향을 줍니다. 감정은 자신이 무엇을 좋아하는지 싫어하는지 알려주기도 하고, 편한지 불편한지도 알려줍니다.

하지만 아이들은 이런 다양한 감정의 세계를 별로 겪어보지 못해서 이해하지 못하거나 감정 조절이 서투를 수 있습니다. 처음 수영을 배우거나 스키를 탈 때 낯설고 어색한 것과 마찬가지지요.

감정적 자기 조절을 못하면 스트레스를 더 받을 수 있고 타인과의 관계가 더 어려워질 수 있습니다. 하지만 수영, 외국어, 자전거처럼 연습과 경험을 통해 아이들도 감정적 자기 조절과 타인과의 감정적 조율을 배울 수 있습니다. 그러면 강한 감정적 상황에서 자동적·반사적·습관적 반응 대신 좀더 유연하고 차분하며 바람직한 반응을 할 수 있게 됩니다.

아이들은 하트 스마트 프로그램을 통해 심장 호흡을 배워 빨리 진정할 수 있고, 스트레스 호르몬을 중화시켜 고마움 같은 긍정적인 감정으로 심장의 활동에 변화를 만들어낼 수 있게 됩니다. 그러면 보다 적절한 행동이나 반응을 떠올릴 수 있고, 그중 좀더 바람직한 행동을 선택할 수 있으며, 스스로 문제 해결을 더 잘할 수 있게 됩니다.

감정적 자기 조절을 배우고 익히면, 운동을 할 때, 음악을 연주할 때, 시험 문제를 풀 때, 새로운 환경에 적응할 때 등 여러 상황에서 스트레스를 덜 받고 더 큰 자신감을 얻고 회복탄력성을 키워나갈 수 있습니다.

사랑, 자비, 용서, 공감, 배려, 온정 같은 것도 수학이나 영어를 배우는 것처럼 배우고 연습하고 발달시켜야 할 중요한 생존 지능입니다. 그런 것들이 살아가는 데 있어서 건강, 수명, 학업, 안정적 관계, 직업적 성공, 부모 역할 등에 굉장히 중요하다는 것은 미하이 칙센트미하이, 하워드 가드너, 윌리엄 데이먼 등 교수들의 장기 연구와 회복탄력성에 관한 수많은 연구를 통해 입증되고 있습니다.

그럼, 초등학교 3~6학년 아이들에게 정서지능을 키워줄 수 있도록 감정 어휘를 넓히는 방법부터 알아보겠습니다.

🍀 행복 에너지 충전법
감정날씨 그래프에 감정 표현하기

감정날씨 그래프의 네 칸 중 적당한 자리에 감정카드 32개를 올려놓게 합니다. 그리고 지금 기분이 네 칸 중 어디에 해당되는지 물어봅니다.

아이들에게 감정날씨 그래프에 대해 설명합니다. 위쪽은 에너지가 높고 아래쪽은 에너지가 낮고, 왼쪽은 기분이 안 좋고 오른쪽은 기분이 좋은 것입니다.

구체적으로 보면 오른쪽 위칸은 해가 쨍쨍 비치는 날씨처럼 기분이 좋고 활기찬 감정이고, 왼쪽 위칸은 천둥번개 치는 것처럼 기분이 나쁘고 화가 날 때의 감정입니다. 오른쪽 아래칸은 기분은 좋으나 아늑하고 잔잔한 날씨처럼 편안하고 평화로운 감정이고, 왼쪽 아래칸은 기분이 나쁘면서 흐린 날씨처럼 우울하거나 슬픈 감정입니다.

그리고 30여 개의 감정 단어가 적힌 카드를 감정날씨 그래프 위의 해당되는 칸에 놓게 합니다. 초등학생들이 쉽게 이해하고 사용할 만한 감정 단어들은 다음과 같습니다.

화남, 두려움, 자신감, 지루함, 평화로움, 편안함, 들뜸, 기대감, 호기심, 창피함, 짜증, 질투심, 부러움, 고마움, 즐거움, 기쁨, 슬픔, 배려심, 행복감, 열광, 심술, 우울함, 속상함, 실망, 걱정, 안전감, 감동, 자랑스러움, 초조감, 포근함, 차분함, 사랑받는 기분, 흥겨움, 설렘, 귀찮음, 외로움 등입니다. 학년이 올라갈수록 이 외에 여러 감정들을 추가할 수 있습니다.

아이들에게 지금 자신의 감정은 감정날씨 그래프의 네 칸 중 어디에 해당되는지 물어봐도 좋습니다. 아니면 "오른쪽 위칸, 즉 햇살이 가득하고 따뜻한 날씨에 해당되는 기분을 느끼는 학생 손들어보세요."라고 물어봐도 됩니다.

지난 한 주 동안 느껴본 감정들을 네 칸의 해당되는 곳에 적도록 하는 것도 자신의 감정을 점검해 보는 좋은 방법입니다. 그리고 둘이 짝을 지어 어떤 상황에서 그런 감정을 느꼈는지 서로 이야기를 나누도록 하는 것도 자신과 타인의 감정을 이해하는 데 도움이 됩니다.

감정날씨 그래프를 한 곳에 붙여놓고 매일 각자의 기분을 적게 하면 그 날 그 교실의 학생들이 어떤 기분인지를 한눈에 알 수 있습니다.

여기서 유의해야 할 것은 동일한 감정도 사람에 따라 다르게 나타날 수 있다는 점입니다. 기쁠 때 덩실덩실 춤추는 아이가 있고, 보일 듯 말듯 미소 짓는 아이가 있지요. 따라서 무엇이 옳다, 그르다 할 수는 없습니다.

이렇게 감정날씨 나타내기 연습을 하면서 학생들은 모르는 감정 단어가 나오면 사전을 찾아보거나 그런 감정을 느꼈던 상황의 예를 들어보면서 자신과 타인의 감정을 이해할 수 있습니다. 그렇게 감정 어휘가 늘어나 자신의 감정에 적합한 단어를 구사할 수 있고, 각 감정을 좀더 명료하고 자세하게 표현할 수 있습니다.

또한 감정은 주변에서 일어나는 일에 대한 우리의 자연스러운 반응이며, 창밖에는 비가 오고 바람이 분다 해도 창문 안, 즉 내 안의 감정은 고요할 수 있다는 것도 배울 수 있습니다. 이것이 감정적 자기 조절입니다.

감정적 자기 조절을 가르치기 위해서는 짜증이나 분노, 좌절감을 느낄 때는 심장이 굉장히 불규칙하게 뛰고 스트레스를 많이 받고, 반대로 편안한 감정을 느낄 때는 심장이 규칙적으로 뛰면서 몸도 마음도 편해지고 몸 안에 에너지가 충전된다는 것을 간단하게 설명합니다.

그리고 감정날씨 그래프의 왼쪽에 해당되는 분노, 짜증, 원망, 슬픔, 불안

등의 감정을 느낄 때 심장 호흡을 서너 번 천천히 하면 심장이 고르게 뛰면서 우리 몸에서 에너지를 빠져나가게 하는 스트레스 호르몬을 중단할 수 있음을 가르쳐줍니다.

심장에 오른손 손바닥을 대고, 천천히 5초 동안 숨을 들이마시고 5초 동안 내쉬는 심장 호흡을 서너 번 하면서 몸과 마음이 어떻게 달라지는지 느끼는 대로 말하도록 하는 것도 좋은 방법입니다.

또한 특정한 감정이 생기는 상황을 상상하게 하며 그런 감정이 들 때 감정을 조절하는 연습을 하도록 합니다. 예를 들어, 아침에 학교에 오다가 친구를 보고, "안녕!"하고 반갑게 인사를 했는데 그 친구가 못 보고 지나친다면 기분이 어떨지 말해 보고, '무시당한 기분이 든다' '무안하다' '섭섭하다' 등의 감정이 나오면 심장 호흡을 하게 합니다.

심장 호흡을 하고 나면 마음이 가라앉으며 '저 친구가 오늘 무슨 고민거리가 있나?' '엄마한테 야단 맞았나?' '내 목소리가 작아서 못 들었을지도 몰라.' 등 다른 가능성을 열어두고 좀더 여유롭고 편안한 마음이 될 수 있음을 느끼게 합니다.

만일 친구가 나에게 정말 토라진 일이 있는 거라면 어떤 기분이 들지도 생각해 보게 하고, 심장 호흡을 한 뒤에 편안한 마음에서 어떻게 대하는 게 좋을지를 떠올려보게 합니다.

중요한 것은 자신의 감정을 알고 나면 화나거나 슬프거나 짜증이 나도 그에 어떻게 반응할지는 자신에게 선택권이 있다는 것입니다. 심장 호흡을 하면서 심장이 뛰는 패턴을 고르게 하면 스트레스가 중화되고 좀더 좋은 쪽으로 생각하거나 느낄 수 있다는 것을 알면 자기 감정을 조절할 수 있게 됩니다.

🍀 행복 에너지 충전법
몸과 마음의 조율 상태를 이야기하기

> 몸과 마음, 행동이 조화를 이루는 정합 상태를 느꼈던 경험과 그렇지 못하고 몸 따로 마음 따로 불편한 부정합 상태를 느꼈던 경험을 말하도록 합니다.

대부분의 아이들은 시험, 운동, 연주, 연극 등을 할 때 실수할까 불안하거나 갑자기 아무 생각이 나지 않아 당황하거나 창피했던 경험이 한두 번은 있을 것입니다. 또 지각했거나, 숙제를 잊고 안 가져왔거나, 친구가 같이 놀아주지 않아서 속상하고 걱정되고 불편했던 감정을 느껴본 적도 있을 것입니다.

이럴 때 우리의 생각, 감정, 행동은 서로 어긋나고 엉클어진 것 같고, 뜻대로 안 됩니다. 이런 불일치, 부조화, 불균형의 상태를 부정합 상태라고 한다고 했습니다. 조율이 안 된다고도 합니다.

반대로 연주, 발표, 운동, 숙제, 시험공부 등이 잘되고 별로 힘이 안 들고 자연스럽게 술술 풀리는 경험을 해본 적도 있을 것입니다. 마음이 맞는 친구와 즐겁게 놀 때, 공부가 재미있을 때, 축구에 흠뻑 빠져서 땀 흘리며 공을 찰 때, 시간 가는 줄도 피곤한 줄도 모르고 뿌듯함과 기쁨, 충만감을 느껴본 적이 있을 것입니다. 이런 상태를 몸, 마음, 행동이 일치, 조화, 균형을 이루는 정합의 상태라고 한다고 했습니다. 조율이 잘된다고도 합니다.

몸 따로 마음 따로, 뭔가 불편하고 잘 안 풀리는 기분을 느꼈을 때가 있는지 기억한 후 말하도록 합니다.

교사 / 부모 : 몸도 힘들고 피곤하고, 짜증나고 공부도 안 되고, 그랬던 적이 있나요? 어떤 때에 그런 기분을 느꼈어요?

아이 : 친구랑 싸웠을 때요.

교사 / 부모 : 그래요. 친구랑 싸우면 심장이 굉장히 불규칙하게 뛰고 에너지가 많이 빠져나가죠. 그럴 때는 공부도 잘 안 되죠? 책을 읽어도 머릿속에 잘 안 들어오고요. 또 어떤 때에 그런 기분을 느껴봤어요?

아이 : 숙제 안 했다고 혼났을 때요.

교사 / 부모 : 맞아요. 숙제를 안 해 가서 조마조마하거나 야단을 맞을 때도 그런 기분이 들죠. 나도 초등학교 다닐 때 숙제를 안 해간 적이 많아서 그런 기분 잘 알아요.

이번에는 몸과 마음, 행동이 조율이 잘될 때의 경험에 대해 질문합니다.

교사 / 부모 : 반대로, 몸과 마음이 편안하고, 뭘 하든 물 흐르듯 잘되는 경험을 해본 적이 있어요? 어떤 때에 그런 기분을 느껴봤어요?

아이 : 선생님한테 그림 잘 그렸다고 칭찬받았을 때요.

교사 / 부모 : 그렇죠. 칭찬 받으면 기분이 아주 좋죠. 그때 기분은 에너지가 많은 느낌이었어요, 적은 느낌이었어요?

아이 : 에너지가 많아진 느낌이었어요.

교사 / 부모 : 또 어떤 때에 그렇게 몸도 마음도 편하고 집중이 잘됐나요?

아이 : 좋아하는 책을 읽을 때요.

교사 / 부모 : 그래요. 지금까지 읽었던 책 중에서 기억에 남는 책은 어떤 거예요?

아이 : 『해리포터』요.

교사 / 부모 : 『해리포터』! 굉장히 긴 책인데 그걸 다 읽었다니 놀랍네요. 또 마음 편하고 행복한 기분을 언제 느껴봤어요?

아이 : 친구를 도와줬을 때요.

교사 / 부모 : 그렇군요. 어떤 상황이었는지 조금 자세히 얘기해 줄 수 있어요?

아이 : 소풍 갔을 때 친구가 김밥을 못 싸 와서 제 김밥을 친구랑 나눠 먹었어요.

교사 / 부모 : 그랬군요. 잘했네요. 그런 경험이 있는 친구들, 손들어볼래요? 좋아요. 그때 기분 생각나죠? 아니면 친구가 도시락이나 김밥을 나눠줘서 같이 먹어본 친구 혹시 있어요? 네. 그때 기분은 어땠어요?

아이 : 고맙고 마음이 따뜻해졌어요.

교사 / 부모 : 그래요. 참 고맙죠.

🍀 행복 에너지 충전법

마음을 편안하게 하고 에너지를 회복하는 방법

에너지를 회복하기 위해서는 우선 자기 기분을 알아차리고 그때의 몸 상태를 느껴봅니다. 그리고 심장 호흡을 한 다음 좋아하는 것, 고마운 대상을 떠올리고 적어봅니다. 감사 일기를 쓰는 것도 좋습니다.

남에게 선행을 베풀거나 선행을 감사하는 마음으로 받아들일 때, 심장이 규칙적으로 뛰면서 마음이 편안해지고 에너지와 활력도 높아지고 행복감을 느끼게 됩니다.

짜증이 나는 일이 있거나, 야단을 맞았거나, 친구랑 싸웠거나 해서 기분이 좋지 않고, 심장이 불규칙하게 뛰고, 에너지가 낮아졌을 때 마음을 편안하게 가라앉히고 에너지를 회복하는 방법은 그 외에도 여러 가지가 있습니다.

스트레스 몸지도 그리기

먼저 자신의 기분이 어떤지를 알아차려야 합니다. '내가 화가 났구나.' '내가 혼날까봐 무섭구나.' '내가 짜증이 나네.' '내가 실망했구나.' '내가 속이 상하구나.' 그렇게 자신의 기분을 알아차리는 것이 우선입니다. 그런데 거기 머물면서 그 기분을 자꾸 생각하면 몸에서 계속 에너지가 빠져나갑니다.

이때 몸의 어느 곳이 긴장되는지, 떨리는지, 기운이 없는지, 아픈지, 막대기처럼 느껴지는지, 팔·다리·머리·허리 등 해당 신체 부위에서 느껴지는 감각을 적어보는 것도 감각과 감정 알아차림을 연결하는 데 도움이 됩니다. 이것을 스트레스 몸지도(body map)라고 합니다. 감정으로는 잘 표현하지 못하지만 신체의 감각으로 더 잘 표현할 수 있습니다.

좋아하는 것 적어보기

스트레스로 에너지가 빠져나가는 것을 방지하며 행복 에너지를 충전하려면 먼저 심장에 집중해서 호흡을 합니다. 5초 동안 천천히 숨을 들이마시고 5초 동안 천천히 내쉽니다. 서너 번 반복합니다.

호흡을 하고 난 다음, 마음을 편안하고 따뜻하게 만들기 위해 긍정적인 감정을 작동시킵니다. 그러려면 고마운 사람, 고마운 것을 떠올리는 게 가장 효과적이라고 했습니다.

초등학생들은 고마운 것을 떠올리기가 쉽지 않을 수 있습니다. 그러면 먼저 좋아하는 것을 떠올리게 합니다.

노트에 좋아하는 것을 다섯 가지만 적어보게 합니다. 사람이든, 활동이든, 동물이든, 음식이든 괜찮습니다. 그림으로 그려도 좋습니다. 좋아하는 것을 적어본 다음 기분이 어떤지도 적어보게 합니다.

고마운 대상 떠올리기

좋아하는 것을 떠올리면 고마운 것을 떠올리기가 훨씬 쉬워집니다. 아이들에게 어떤 한 가지 대상에 대해 고마운 점을 떠올려보게 합니다.

한 초등학교 선생님이 학생들에게 "오늘은 자기 손에게 고마운 것을 떠올려볼까요?" 했습니다. 그러자 아이들이 다음과 같은 고마움을 적었습니다.

> 손으로 글씨를 쓸 수 있어서 고마워.
> 손으로 피아노를 칠 수 있어서 고마워.
> 손으로 젓가락을 쥐고 밥을 먹을 수 있어서 고마워.
> 손으로 강아지를 쓰다듬을 수 있어서 고마워.
> 손으로 용돈을 받을 수 있어서 고마워.
> 두 손으로 자전거 핸들을 잡을 수 있어서 고마워.
> 손으로 농구를 할 수 있어서 고마워.

평소 당연히 여기고 무심코 지나쳤던 손에 대해서 고마운 일들이 쏟아져 나오더라는 것입니다. 그다음 날에는 발, 그다음 날에는 머리, 그다음 날에는 다리 등으로 몸의 각 부위에 대해 고마움을 느끼고 떠올리다 보니, 학교, 교실, 급식, 선생님, 자동차 등 고마움을 느낄 대상이 끊임없이 나왔다고 합니다.

감사 일기 쓰기

고마운 것을 떠올리는 데서 한 걸음 더 나아가 감사 일기를 쓰도록 하는 것도 좋습니다. 매일 고마운 대상을 한 명씩 정해서 그 사람에게 구체적으로 어떤 것이 고마운지를 적도록 합니다. 종례 시간에 집에 가기 전에 감사 일기를 적게 해도 좋습니다. 고학년이 될수록 고마움의 표현이 좀더 길어지고 깊어질 것입니다.

고마운 마음을 적다 보면 어느새 마음이 따뜻해지고 편안해지면서 에너지가 재충전됩니다. 어른들이 먼저 감사 일기 쓰기를 실천하면 아이들도 잘 따라 합니다.

주변에 고마운 일, 고마운 사람은 정말 많습니다. 어려서부터 하루에 한 번씩 감사한 마음을 글로 써보면 마음이 따뜻하고 편안해지면서 남과 나누고 싶은 마음이 우러납니다. 자기 마음이 넉넉해지기 때문입니다.

마음이 편안해지고 고마워지면 활동하거나 공부할 때 집중도 잘되고 기억도 잘됩니다. 자연히 시험도 잘 보게 됩니다.

행복 에너지 충전법
관계의 에너지 느끼기

6~7명이 둥글게 서서 손을 엇갈려 잡은 다음 의견이 충돌해서 관계의 에너지가 좋지 않을 때와 좋을 때 각각 손을 푸는 것이 어떻게 다른지 느껴봅니다. 상대의 말을 마음으로 들어보는 연습도 합니다.

친구들끼리 어떤 활동을 할 때 뜻과 마음이 맞으면 관계의 에너지가 좋은 쪽으로 증가합니다. 반면 조율이 안 되면 관계의 에너지가 지리멸렬하고, 서로에게 방해가 되는 것 같고 힘만 들면서 서로 탓하거나 원망을 하게 됩니다. 이것을 실제 활동으로 학생들이 체험할 수 있는 놀이가 있습니다.

1. 6~7명이 둥글게 선다.

2. 서로 의견이 상충하는 이야기를 3분 정도 나눈다.

3. 서로 기분이 나쁜 상태에서

4. 오른손으로 자기 양쪽 옆 사람이 아닌 다른 사람의 손을 잡는다.

5. 왼손으로 자기 양쪽 옆 사람이 아닌 다른 사람의 손을 잡는다.

6. 서로 얽히고 꼬인 손(팔)을 풀어본다.

7. 얽히고 꼬인 손들이 원상태로 돌아오는 데 걸리는 시간을 재본다.

서로 기분이 나빠서 감정적 조율을 하지 못한 상태에서는 이런 간단한 활동도 계속 꼬이고 엉켜서 푸는 데 시간이 오래 걸릴 수 있습니다. 하다가 잘 안 되면 언성도 높아지고 서로 남 탓을 합니다. 이런 상태가 집단 부정합의 예입니다. 저마다 방향이 다르고 원하는 것이 달라 서로 더 힘들어지는 것입니다.

이번에는 조금 다르게 해봅니다.

1. 6~7명이 둥글게 선다.

2. 심장 호흡을 세 번 정도 한다.

3. 서로 얼굴을 마주보고 다정함과 친근함을 느낀다.

4. 오른손으로 자기 양쪽 옆 사람이 아닌 다른 사람의 손을 잡는다.

5. 왼손으로 자기 양쪽 옆 사람이 아닌 다른 사람의 손을 잡는다.

6. 서로 얽히고 꼬인 손(팔)을 풀어본다.

7. 심장 호흡을 천천히 하면서 얽히고 꼬인 손(팔)을 풀어본다.

8. 원래대로 6~7명이 둥그렇게 선 다음 서로에게 고마움을 전한다.

이번에는 서로 조율한 상태라서 푸는 데 시간도 덜 들고, 서로 말을 많이 할 필요도 없습니다. 조용히, 유연하게, 그리고 신속하게 팔이 풀려 원 상태로 돌아오는 것을 볼 수 있을 것입니다.

공감적 경청하기

마음과 몸을 다해서 남의 이야기를 듣는 것은 자신의 마음으로 상대에게 줄 수 있는 최고의 선물입니다.

"뭔가 중요한 얘기를 하고 싶은데 엄마나 친구가 그 말을 잘 안 들어줄 때 기분이 어때요? 답답하고 속상하죠? 아니면, 화가 나거나 짜증이 나거나 슬프거나 하면 남이 얘기하는 게 잘 안 들리죠? 그럴 때 잘 듣는 방법을 가르쳐줄게요. 잘 들으려면 마음으로 들어야 하거든요." 이런 식으로 얘기한 다음 마음으로 듣는 연습을 합니다.

마음으로 잘 들으려면 먼저 내 기분이 편해지도록 심장 호흡을 합니다. 그리고 친구가 무슨 말을 하려고 하는지에만 집중해서 진심으로 열심히 듣고, 그런 말을 하는 친구의 기분은 어떨까 느껴봅니다. 이것을 '공감적 경청'이라고 합니다.

마음으로 잘 듣고 나서, 들은 얘기를 요약해서 "그러니까 네 말은 이렇다는 거지?" "그러니까 네 기분은 이렇다는 거지?" 하고 물어봅니다. 그러면 이야기를 한 아이는 맞다거나 아니라거나 확인합니다.

경청하는 연습으로 '마음의 귀로 듣기' 놀이도 있습니다.

1. 색종이를 반으로 접어서 하트 모양으로 자릅니다.
   → 아무 색이나 괜찮지만 빨간색이나 분홍색이 좋습니다.
2. 하트에서 뾰족한 부분을 오려서 귀에 걸 수 있게 만듭니다.
3. 자른 하트를 가슴에 대고 심장 호흡을 합니다.

4. 좋아하는 대상을 떠올리면서 심장이 따뜻해지고 환해지는 것을 느낍니다.

5. 하트를 귀에 가져가서 친구의 이야기를 잘 듣습니다.

6. 듣고 나서 친구가 한 말을 요약해서 물어본 후, 제대로 들었는지 확인합니다.

연습 후 아이들이 제대로 했는지 확인해 보고, 그 전까지 친구의 이야기를 들을 때와 이렇게 하고 들을 때 차이가 느껴지는지, 친구가 잘 들어주니 기분이 어떤지 등을 물어봅니다.

친구와 함께 마음 햇살 보내기

앞에서 소개했던 마음 햇살 보내기(Shift & Shine)를 아이들에게도 가르칠 수 있습니다. 초등학교 3~6학년 정도 되는 아이들도 마음 햇살 보내기를 통해 행복 에너지를 채우는 방법을 배울 수 있습니다.

1. 먼저, 햇살을 보내고 싶은 사람을 정합니다.
   → 아파서 결석한 친구, 전학 와서 아직 적응을 못하고 있는 친구 등. 혹은 반에서 하루 한 명씩 돌아가면서 해도 좋습니다.

2. 심장의 이미지를 쉽게 떠올릴 수 있도록 공이나 풍선을 그룹별로 하나 준비합니다. 아이들 스스로 그룹을 구성하고 리더를 뽑게 합니다. 이때 한곳에 공이나 풍선을 모아두고 각 그룹의 아이들이 공이나 풍선 색을 스스로 선택하도록 합니다.
   → 그룹의 리더가 혼자 해도 되지만 여럿이 함께 하면 시너지 효과가 커질 수 있습니다.

3. 심장으로 호흡합니다.

4. 마음이 따뜻하고 편안해질 때까지 좋아하는 대상이나 활동이나 사람을 떠올립니다.

5. 편안하고 따뜻한 마음을 햇살처럼 밝은 에너지가 되는 빛이라고 생각하고 그 빛을

대상에게 보내는 상상을 합니다.

지금까지 소개한 활동들은 교실을 안전하고 편안한 곳으로 변화시켜 줍니다. 뇌과학에 의하면 우리의 뇌는 공포와 불안감을 느낄 때는 최소한의 생존을 담당하는 부위인 파충류의 뇌가 작동합니다. 무궁무진 확장된 고도의 사고를 하고 창의력을 발휘하기 위해서는 우선 안전감이 확보되어야 한다고 합니다.

아이들이 서로 배려하는 것은 추상적이고 공허한 이론이 아닙니다. 아이들이 심장을 긍정적 감정으로 작동시키는 방법을 배우면 자신뿐 아니라 친구들, 교사들과의 관계가 좋아집니다. 교실이 평화로워지면 학교 전체에 평화로운 에너지가 가득 찰 것입니다. 그것이 바로 생명과 평화의 에너지입니다.

20장 중학생
스토리텔링으로
상처 회복 능력을 키운다

특히 중학생에게 스토리텔링은 기억, 지식, 감각, 행동을 조합함으로써 좌·우뇌를 통합하는데 큰 역할을 합니다. 또한 심리적 방어를 줄이며, 감정 조절력을 키우고 안전감을 증진합니다.

지난 2013년 12월 KBS 1TV 10부작 다큐멘터리 〈위기의 아이들〉 중 '동화중학교 300일간의 기적'이 방영되었습니다.

동화중학교는 우리나라 최초의 국립 대안 중학교로, 전라북도 정읍에 있습니다. 처음 그곳을 방문했을 때의 인상은 학교 교정으로 올라가는 언덕의 초록빛, 여러 마리의 진돗개, 닭장 속의 병아리들, 학교 건물 앞의 텃밭과 학교 주변의 논과 밭의 모습이 그림 같았습니다. 마치 '동화' 속의 중학교 같다고 생각했지요.

그런데 막상 학교로 들어가니 삭막하고 어수선하고 무질서했습니다. 소리를 지르며 뛰어다니는 학생들, 수업 중인데 교실 밖에서 담배를 피우는 남학생들, 화장을 짙게 한 채 거칠고 큰 목소리로 욕설을 섞어가며 떠드는 여학생들의 모습이 눈에 들어왔습니다.

선생님들은 선하고 열심인 모습이었는데, 피곤하고 지친 기색이 역력했습니다. 학생들이 담배를 피워도, 욕을 해도, 쓰레기를 복도에 버리고 가도 못 본 체하고 있었습니다.

그곳에서 한 학기 동안 저희 부부와 HD행복연구소의 김민정 부소장, 그리고 감정코칭 1급 강사인 여러 명의 자원봉사 선생님들이 감정코칭과 회복탄력성을 주로 다루는 프로그램을 진행했습니다.

그 기간 동안 우리는 학생들에게 감정코칭과 라이프코칭을 했습니다. 라이프코칭은 학생들이 뚜렷한 목표의식을 갖는 법, 시간 관리법, 진로 탐색법, 감정적 자기 조절 방법, 효과적인 의사소통법, 대인관계의 기술 등을 배워서 자기효능감과 자기통제력을 지닌 책임 있고 건강한 사회인으로 생활할 수 있도록 훈련하는 HD행복연구소의 상담 교육 프로그램입니다.

또한 대화법도 가르쳤습니다. '원수 되는 대화' '멀어지는 대화' '다가가는 대화' 방법을 선생님들이 직접 학생들에게 모범을 보임으로써 학생들이 그 차이를 느끼고 사용하도록 했습니다.

물론 욕설은 금지하고, 비난, 경멸, 방어, 담쌓기 등 관계를 망치는 네가지 독을 빼고, 부드럽게 요청하기, 존중하기, 인정하기, 자기 진정하기 등의 해독제도 선생님들의 솔선수범과 체험적 학습을 통해 익히도록 했습니다.

정서지능을 향상시키기 위해 매일 아침 조회 시간에는 그날의 감정을 한마디로 표현하며 선생님과 아이들이 서로의 감정을 체크했습니다. 개인과 교실의 정합 상태를 향상시키기 위해서는 종례 시간에 그날 좋았던 것, 감사했던 일을 이야기하는 시간을 가졌습니다. 감사했던 일은 멀리서 찾지 않고 같은 반 친구에게 감사했던 일을 돌아가면서 이야기하게 했습니다.

그렇게 하자 학생들과 선생님들이 함께 회복탄력성이 증가한다는 것을 알 수 있었습니다. 그런 활동을 하기 전에는 작은 일에도 짜증과 화를 내고 울고 소리치던 학생들이 비슷한 상황에서도 차분하고 침착하게 대응하게 되었다는 것을 여러 상황에서 볼 수 있었기 때문이지요. 보이지 않았던 마음의 상처들이 이러한 방법들을 통해 조금씩 회복되었던 것입니다.

스토리텔링으로 상처 회복 능력 키우기

스토리텔링은 어떤 사건을 말이나 몸짓, 표정, 상상으로 그려지는 이미지 등으로 전달하는 것입니다. 책이나 영상 등 다른 도구를 사용하지 않고 말로 전달하는 것이지요.

한 연구에 의하면 중학생에게 특히 스토리텔링은 기억, 지식, 감각, 행동을 조합함으로써 좌·우뇌를 통합하는데 큰 역할을 한다고 합니다. 또한 심리적 방어를 줄이며, 감정 조절력을 키우고 안전감을 증진하는 것이 밝혀졌습니다.

이야기를 통해서 아이들은 직접 겪어보지 못한 다양한 인물, 사건, 상황, 감정 등을 들으면서 간접적인 경험을 확장할 수 있습니다. 이야기에는 대개 고난, 갈등, 해결이 있으며 느낌과 생각도 있습니다. 그래서 이야기를 들으면서 청소년들은 쉽게 분열되는 정서와 인지신경망을 가지런하게 연결할 수 있고, 주인공과 함께 여행하면서 뇌를 건설하고 감정 조절하는 연습을 할 수 있습니다.

특히 요즘처럼 아이들이 어른들에게 직접 이야기를 듣기보다는 텔레비전, DMB, 컴퓨터 등 영상과 책을 매체로 혼자 이야기를 접할 기회가 많을 때 부모와 교사들이 스토리텔링을 해주면 직접적인 감정 교류를 할 수 있고, 감정적 공감대를 형성할 수 있습니다.

스토리텔링은 인류 문화에서 가장 오래된 교육 방식입니다. 예전에 컴퓨터나 책은커녕 학교도 없던 시절에는 스토리텔링이 아이들에게 가르침을 주는 거의 유일한 방식이었습니다.

집에서 할머니, 할아버지, 어머니, 아버지가 아이들에게 이야기를 하면서 지식, 지혜도 전하고, 교훈도 주고, 어려운 상황에 대처하는 방법도 가르치고, 집안의 내력, 가훈, 자긍심 같은 것들도 전달했습니다.

과거에 일어난 다양한 사건들에 대해 들으면서 아이들은 상상력도 키우고, 다양한 감정도 느끼고, 상황이나 감정에 대처하는 법도 배울 수 있었습니다.

사람들이 이야기를 좋아하는 이유는 몇 가지 있습니다.

첫째, 이야기는 재미있습니다. 재미있으니까 집중하게 되죠.

둘째, 이야기는 쉽게 이해가 됩니다.

셋째, 이야기는 상상력을 자극합니다. 이야기를 통해서 다람쥐가 요술을 부리거나, 거북이가 바다 속으로 들어가고, 토끼가 달에서 방아를 찧고 하는 것을 상상할 수가 있죠.

넷째, 이야기는 기억에 오래 남습니다. 어떤 사실이나 명시적인 사건보다는 감정을 일깨우는 스토리가 장기 기억으로 잘 옮겨 갑니다.

현대의 뇌과학 연구에 의하면 생각(사고)만으로는 큰 변화가 일어나지 않고 기억에도 잘 저장되지 않는데, 감동을 받거나 감정적인 자극을 받은 사건은 대뇌피질뿐 아니라 감정을 주관하는 변연계의 편도체를 활성화시키며 바로 옆에 붙어 있는 기억 처리 부위인 해마에서 장기 기억으로 처리될 확률이 높다는 사실이 밝혀졌습니다.

다섯째, 이야기는 감정으로 연결됩니다. 이야기를 들으면서 웃기도 하고, 울기도 하고, 깊이 감동도 받고, 놀라기도 하고, 두려워하기도 하죠.

신문에서 본 내용은 대개 읽고 곧 잊어버리지만 진한 여운이 남는 감동적인 영화는 몇 해가 지나도 생생하게 기억되지요. 또 감정적 변화는 신체적 반응까지 일으키며, 세포와 DNA 차원의 변화까지 일으킬 수 있다는 것이 최근 후성유전학(epigenetics)에서 밝혀졌습니다.

여섯째, 스토리텔링을 하다 보면 말하는 사람과 듣는 사람의 관계가 형성됩니다. 저는 막내여서 어렸을 때 잠들기 전이면 언니들이 서로 저를 데리고 자려고 "옛날 이야기 하나 해줄게." "아냐, 내가 해줄게!" 하면서 쟁탈전을 벌였습니다. 이야기를 들을 때 팔베개도 하고 쓰다듬어주는 손길도 느끼면서 언니들이 날 아끼고 사랑한다는 것을 피부로 느낄 수 있었습니다.

물론 어머니도 밥을 먹을 때나 여름날 마당에서 재미있는 이야기를 해주셨고, 지금도 그때 들었던 이야기들이 생각나서 혼자 빙긋 웃을 때가 있습니다.

그렇게 어렸을 때 언니들과 어머니로부터 옛날 얘기를 들으면서 저의 상상력이 많이 발전했다고 생각합니다. 직접 보지 못한 것들, 가보지 못한 곳들, 경험해 보지 못한 일들을 머릿속에 그려볼 수 있었기 때문이죠.

스토리텔링의 효과

지금은 다양한 교육 방법들이 많이 발전했지만, 스토리텔링이 갖는 고유의 교육 효과들은 여전히 유효합니다.

첫째, 스토리텔링은 뇌에 정보를 저장하기 좋은 방식입니다. 공책이나 컴퓨터 같은 것이 없었을 때 뇌에 정보를 저장하는 데 스토리텔링은 굉장히 좋은 방식이었습니다.

예를 들어, 많은 이야기에 숫자 7과 3이 등장합니다. 일곱 왕자 이야기, 백설공주와 일곱 난쟁이, 7년 전쟁 등.

심리학의 기억 연구에 의하면, 우리의 뇌는 일곱 개까지는 단기 기억으로 잘 처리하지만 여덟 개 이상이 되면 단기 기억으로 잘 처리되지 못하고 회상률이 현저히 떨어진다고 합니다.

또 아기 돼지 3형제, 3년의 홍수, 세 명의 악당 등 3도 자주 나옵니다. 단기 기억에서 장기 기억으로 넘어갈 때 세 가지 정도가 잘 기억된다고 합니다. 이런 현상은 동화뿐 아니라 역사와 성경에서도 볼 수 있습니다.

둘째, 스토리텔링은 주로 마음으로 전달됩니다. 이야기에는 감정이 많이 섞여 있기 때문에 마음으로 전달이 되죠. 논리, 이론, 사실, 원칙들은 책이나 글로 더 정확히 기록되고 전달될 수 있지만, 이야기는 감정을 통해 전달되며 큰 그림과 함께 축약된 이미지나 교훈 등이 남습니다. 이런 것은 슬픔, 놀람, 기쁨, 희망, 감동, 공포 등의 감정적 공감이나 소통이 없으면 전달하기 어렵습니다.

여러분도 대학 때 무미건조한 이론을 배웠던 교수님은 성함조차 기억나지 않을 것입니다. 그러나 이야기를 잘 들려주셨던 초·중·고 선생님은 성함뿐 아니라 헤어스타일, 옷차림, 목소리, 분위기까지 기억에 남아 있을 것입니다. 스승의 날에 누가 먼저 떠오를까요?

셋째, 스토리텔링을 하면 어린 아이들도 언어에 대한 관심과 사랑이 생길 수 있습니다. 스토리텔링에서는 동의어, 반복어, 의성어, 의태어를 많이 사용합니다.

이는 아이들에게 언어에 대한 재미, 흥미를 일깨워줄 수 있고, 말하는 방식에 따라 느낌이 달라지는 것을 경험하면서 언어를 깨우치고 자연스럽고 올바른 언어습관을 들이는 데에 도움이 됩니다.

스토레텔링은 대개 듣는 사람의 관심과 흥미를 이끌되 존중하는 말투로 합니다. 특히 요즘 아이들처럼 만화책, SNS, 문자 메시지 등으로 언어습관이 축약, 왜곡, 변질되는 상황에서 스토리텔링은 언어를 순화하는 데에도 도움이 됩니다.

넷째, 스토리텔링은 상상력을 많이 자극합니다. 이야기 속에는 현실에서 직접 만나거나 경험하기 어려운 괴물, 영웅, 미녀, 야수, 왕자가 된 개구리, 전쟁, 고난, 도깨비 나라, 홍수, 깊은 바닷속 세계, 달나라 등 온갖 소재가 현실감 있게 등장합니다.

뇌과학 연구에 의하면, 이야기를 듣는 동안에는 청각피질뿐 아니라 이미지와 영상을 처리하는 시각피질도 활발히 활동하고 감정을 주관하는 변연계, 생각을 하는 전두엽도 활성화됩니다. 아이들이 직접 보고 경험한 것만으로 두뇌가 발달한다면 이야기를 들을 때보다 훨씬 적은 부위가 발달할 것입니다.

다섯째, 스토리텔링은 교훈을 효과적으로 전달할 수 있습니다. 딱딱하고 지루한 교장 선생님의 훈화는 아무리 지당하신 말씀이라도 기억에 별로 남지 않습니다. 대통령 담화문도 마찬가지입니다.

용기, 충성심, 진실, 보은, 효도, 정직, 검소, 배려 등의 덕목을 아이들에게 가르칠 때 재미와 감동이 담긴 이야기를 이용하면 마음에 깊이 새겨질 수 있습니다. 그러면 위기나 중대한 선택의 순간, 배신의 유혹과 이기적인 이끌림에서 지혜롭고 올바른 행동으로 변화를 일으킬 수 있습니다.

스토리텔링의 치료 효과

스토리텔링은 심리 치료에도 효과가 있는 것으로 알려져 있습니다. 비적응적인 청소년들뿐 아니라 어른들에게도 심리적인 치료 효과가 있다고 알려져 있습니다.

니나 마리아 다이애나(Nina Maria Diana) 박사의 연구에 의하면, 만성 정신질환자에게 스토리텔링 치료는 약물 치료나 전형적 상담보다 훨씬 효과적이었다고 합니다. 망상, 조울증(양극성 장애), 환청, 환시, 관계의 기술 부족, 낮은 자아존중감, 편집증적 사고, 주의집중력 결핍으로 진단받고 정신병동에 있던 환자들에게 스토리텔링을 해준 결과 증상이 많이 호전되었다는 것이지요.

또 낸시 원더(Nancy Wonder)와 스티븐 롤린(Stephen Rollin)은 11명의 중학생(만12~14세)에게 스토리텔링을 통한 상상 치료를 했습니다. 그 학생들은 농촌의 빈곤층 자녀들로, 상상력을 발달시킬 여건이 부족했고, 자기 침실 등 사적 공간도 부족했고, 지적 역할 모델도 부족했고, 아이들에게 이야기를 해줄 만한 시간적·정서적 여유가 있는 어른도 없이 자라던 아이들이었습니다.

이 청소년들에게 8주에 걸쳐 총 16회를 실시한 결과, 11명 중 9명이 유연한 사고력 증가를 보였으며, 7명이 스토리텔링 능력이 향상되었고(이야기의 전개와 결말에 좀더 구체적 이미지를 사용할 수 있게 됨), 11명 모두 긴장 이완을 훨씬 잘할 수 있게 되었다고 합니다.

구체적으로 스토리텔링의 치료 효과를 살펴보면 다음과 같습니다.

첫째, 스토리텔링은 집중력 향상에 도움이 됩니다. 집중력이 결핍되고 과잉 행동하는 아이들도 듣기와 집중 능력이 향상될 수 있습니다.

저는 꿈나무 마을에서 자원봉사로 아이들에게 심리 치료를 하던 당시, 개별적인 보살핌이 필요한 아이들은 주말에 집으로 데려와서 함께 지냈습니다. 그 중 흑인 아버지와 한국인 어머니 사이에서 태어난 혼혈 아이가 있었습니다. 다섯 살 때 ADHD 판정을 받고 약을 복용하고 있는 아이였지요.

그 아이가 초등학교 2학년이었을 때 다른 아이들 두세 명과 함께 바닷가로 놀러 간 적이 있습니다. 아이는 매일 밤 흥분 상태를 가라앉히고 잠을 잘 수 있게 하는 약을 복용하는데, 그때 약을 잊고 가지고 오지 않았습니다. 아이는 "나 오늘 안 잘 거예요. 약도 없고, 잠도 안 올 거고" 하더니 노래하고 춤을 추기 시작했습니다. 그런데 늦은 밤에 아이가 노래하고 춤을 추니 옆방에 방해가 될 것 같았습니다.

그래서 제가 조용히 옛날 이야기를 했습니다. 두 번째 이야기를 하는 도중에 다른 아이들은 다 잠이 들었습니다. 그런데 이 아이만 잠이 들지 않고 이야기에 빠져서 계속 해달라는 것이었습니다. 결국 여덟 번째 이야기를 할 때에야 아이는 잠이 들었습니다.

다음 날 아침, 아이는 일어나더니 밝고 환한 표정으로 기분이 정말 좋다는 것이었습니다. 약을 먹어야만 잠을 잘 수 있던 아이가 약도 없이 푹 잔 것 같았습니다. 그러더니 "나 약 이제 안 먹을래요" 하는 것이었습니다.

물론 정신과 약은 갑자기 중단하면 안 되기 때문에 조심스럽게 줄여나갔습니다. 지금 그 아이는 초등학교 6학년에 올라가는데, 몇 년째 약 없이 지내고 있고, 친구들과 잘 지내며 건강하게 자라고 있습니다.

둘째, 스토리텔링은 주변과 타인에 대한 관심을 갖게 합니다. 항우울제 역할을 합니다. 우울증이 있는 사람들은 대개 자기 자신에 대한 우울한 생각에 빠져서 헤어나오지 못합니다.

그런데 아주 작은 일이라도 남을 돕는 선행을 하고 나면 '봉사자의 기쁨'이라는 고양된 기분을 맛볼 수 있고, 자신이 쓸모 있는 사람임을 스스로 입증하게 되어 우울한 생각을 할 겨를이 없어집니다.

특히 독거 노인이나 유기견, 유기묘 돌보기, 아프리카의 난민 돕기 등의 활동 등에 참가하다 보면 자신이 가진 것이 얼마나 많은지 감사하는 마음도 생기게 되어 우울증에서 벗어날 수 있습니다.

셋째, 다른 사람과 자연스럽게 연결할 수 있게 합니다. 워크숍에 참석했던 한 분이 다음과 같은 이야기를 들려주셨습니다.

"저희 어머니는 지금 여든 둘이세요. 어머니께서는 한국전쟁 당시 피난으로 함경남도 함흥에 가셨다고 합니다. 거기서 명태를 잡아서 말리셨던 일, 원산 앞바다의 명사십리, 거기서 드셨던 음식들 이야기를 해주시는데, 그러면 어머니에 대해서 친근감이 느껴지고, 마치 제가 명사십리를 다녀온 듯한 느낌이 듭니다. 지금 이 이야기를 하는 중에도 마음이 참 좋고 어머니에 대한 감정도 굉장히 좋습니다."

넷째, 다양한 감정적 상황을 안전하게 경험해 볼 수 있게 합니다. 이런 것을 안전한 응급 상황이라고 합니다. 실제로 불이 나고, 적군이 쳐들어오고, 호랑이가 날 잡으려고 따라오면 진짜 응급 상황이지요. 그럴 때는 전두엽이 억제되어 아무 생각도 나지 않고 싸우거나 도망가거나 얼어붙게 됩니다.

그러나 이야기를 들을 때는 그 이야기가 아무리 파란만장하더라도 듣는 사람은 안전한 상태입니다. 도둑이 오지 않고, 적군이 쳐들어오지 않는 안전한 상황에서 응급 상황을 간접적으로 경험할 수 있기 때문에 실제로 그런 일이 닥쳤을 때 침착하게 대응할 수 있는 마음의 준비를 할 수 있습니다.

다섯째, 삶의 지혜를 터득할 수 있게 해줍니다. 예를 들어서 이런 이야기가 있습니다. 형제가 어느 날 집에서 은전을 발견했습니다. 임진왜란 때 주인이 피난을 가면서 땅에 묻어놓았던 걸 우연히 찾아낸 것입니다. 그런데 형제는 없애버렸습니다. 강물에 던져버렸죠. 사람들이 왜 그랬느냐고 물으니, 지금은 돈이 없어서 우애가 좋은데 돈이 생기면 돈 때문에 분명히 싸울 거라서 없는 게 낫다는 것이었습니다. 이런 이야기에서 중요한 삶의 교훈을 얻을 수 있습니다.

여섯째, 스토리텔링은 자기 표현력과 자신감을 향상시켜 줍니다. 오프라 윈프리는 흑인 동네에 살다가 초등학교 3학년 때 백인 학교로 전학갔는데, 처음에는 동급생들에게 굉장한 따돌림과 멸시를 받았다고 합니다. 독후감

숙제를 열심히 해서 선생님이 그녀를 칭찬하는 바람에 급우들로부터 더욱 미움을 받았다고 합니다.

그런 어려운 상황에서 그녀는 기지를 발휘했습니다. 아이들에게 할머니가 들려주셨던 성경 속의 여러 가지 이야기를 들려주었던 것이죠. 이야기를 워낙 재미있게 하니까 아이들이 "바이블 우먼이 나타났다!" 하면서 차차 무시하지 않게 되었다고 합니다. 덕분에 그녀는 자신감을 얻을 수 있었다고 합니다.

🍀 행복 에너지 충전법
스토리맵 그리기

이야기를 듣고 스토리맵을 그려봅니다. 그리고 두 사람이 짝을 지어서 1분씩 자기가 그린 스토리맵을 보여주면서 이야기를 합니다.

다음의 이야기를 듣고 이야기의 스토리맵(이야기지도)을 그려보세요. 다 그렸으면 두 사람이 짝을 지어서 1분씩 자기가 그린 스토리맵을 보여주면서 이야기를 합니다. 감정까지는 넣지 않아도 됩니다.

미국의 어느 작은 마을에 재채기라는 소년이 살았습니다. 이름이 재채기였죠. 그 소년은 언제 어디서나 재채기를 했어요.
아침에 밥을 먹을 때 밥상에서 "에취!" 하고 재채기를 하면 숟가락이 획 날아가고, 밥그릇도 획 날아가고 그랬대요. 또 "에취!" 하고 재채기를 하면 고양이가 방으로 들어오려다가 획 날아가고요. 스쿨버스가 와서 탔는데 거기서도 "에취!"

하는 바람에 스쿨버스에 앉아 있던 친구들이 다 의자에서 떨어졌대요. 그리고 학교에 들어가다가 "에취!" 하니까 복도에 있던 친구들과 선생님들이 교실로 휙 날아갔대요. 쉬는 시간에는 운동장에 나가서 놀다가 또 "에취!" 하고 재채기를 하니까 그네가 휙 날려서 그네 줄이 감기고, 미끄럼틀을 타고 놀던 친구는 다시 위로 슝 올라가더랍니다.

그러던 어느 날 재채기 소년의 재채기가 멎었대요. 그리고 나서는 "딸꾹!"을 시작했다고 합니다. 딸꾹질을 하고 나서부터의 이야기는 다음에 해드리겠습니다.

저는 재채기 이야기를 하면서 이런 생각이 들었습니다. 봄, 가을이면 알레르기가 심해지는 친구들이 있습니다. 계속 재채기를 하거나 콧물이 나와서 수업에 방해가 되는 경우가 있죠. 그러면 급우들에게 미안해서 스트레스를 받으니 재채기와 콧물이 더 심해질 수 있습니다.

그런데 재채기 이야기를 듣고 나면 누가 재채기를 하더라도 재미있는 연상이 되면서 느긋해질 수 있을 것입니다. 친구가 "에취!" 할 때마다 자기가 공중에 붕 뜨는 상상도 하고요. 연상의 회로가 달라지는 것입니다. 짜증나고 화가 나는 불관용적인 마음이 허용적이고 너그러워질 수 있을 것입니다. 하지만 스토리텔링에 반드시 교훈이 들어갈 필요는 없습니다.

다만 스토리텔링을 할 때 주의할 점이 몇 가지 있습니다.

우선, 긴장을 풀고 마음을 편안하게 가져야 합니다. 긴장이 되면 이야기를 편하게 할 수 없고, 전달도 제대로 안 되기 때문이죠. 심장 호흡을 서너 번 정도 해서 긴장을 풉니다.

둘째, 배우와는 다르다는 점을 기억합니다. 배우는 의상, 분장, 대사, 세트, 배경음악 등으로 이야기를 전달하지만 스토리텔링에서는 몸짓과 목소리만으로 이야기를 전달합니다. 옷을 갈아입는 것도 아니고, 분장을 하는 것도 아닙니다.

　셋째, 이야기의 배경이 되는 장소를 선정합니다. '미국의 어느 작은 마을에'처럼 장소를 선정해서 말합니다. 장소를 선정해야 두뇌 속에 이야기를 저장하는 공간적 기억이 만들어질 수 있고 회상하는 데 단서를 쉽게 얻을 수 있습니다.

　넷째, 상상력을 최대한 활용합니다. 의성어나 의태어, 색깔, 냄새, 모양, 감촉, 소리 등 시각, 청각, 후각, 미각, 촉각의 오감을 이용한 묘사는 상상력을 동원하는 데 도움이 됩니다.

　다섯째, 말보다는 이미지가 더 중요합니다. 아이들은 이미지로 상상력을 키울 수 있습니다. 장난감이나 동화책 중 아주 정교한 것은 아이들의 상상력을 키워주지 못합니다. 2~3일 놀고 나면 쳐다보지도 않는 경우가 많습니다. 오히려 작대기 하나가 총도 되고, 활도 되고, 마술의 검도 되는 등 상상력을 자극합니다. 너무 화려하고 생생한 그림은 오히려 상상력을 위축시킬 수 있습니다.

21장 고등학생

학업과 시험불안증에 대처하는 방법

미국 학생들의 25퍼센트 정도가 높은 시험불안증을 지니고 있습니다. 우리나라 학생들에 대한 통계는 없지만, 미국보다 훨씬 높지 않을까 추측됩니다. 시험불안증은 대개 신체적 증상을 동반합니다. 머리가 아프거나 배가 아픕니다. 목이 답답한 경우도 있고, 가슴이 답답하거나 뻐근할 수도 있고, 소화가 안 되기도 하고, 심장이 빨리 뛰기도 하고, 소변을 자주 보거나 소변이나 대변을 참지 못하는 경우도 있습니다.

고등학교 시절은 십대 시절 가운데 가장 고민이 많고 힘든 시기일 수 있습니다. 대학에 진학하든, 산업 현장에 뛰어들든, 일생을 결정지을지도 모를 진로에 대한 고민이 클 때이고, 삶의 요소와 인간관계가 다양하고 복잡해지면서 신경 써야 할 일들이 그 전에 비해 많아졌을 것입니다.

특히 대학에 진학하려는 고등학생들의 경우, 학업으로 인한 압박과 스트레스는 엄청날 것입니다. 대학 입시를 앞두고 시험불안증에 시달리는 학생들도 적지 않을 것입니다.

그런 의미에서 이 장에서는 대학 입시를 앞둔 고등학생들이 겪고 있을 시험불안증과 그에 대처하는 방법에 대해 알아보도록 하겠습니다. 아울러 여러 가지 고민들로 부정적인 감정을 느낄 때 감정을 다스리고 행복 에너지를 충전하여 회복탄력성을 키울 수 있는 방법들을 소개하도록 하겠습니다.

☀ 극도의 긴장과 스트레스로 인한 시험불안증

학생들은 시험에 대해 어떤 기분이 들까요? 학부모, 교사 분들은 학교 다닐 때 시험에 대해 어떤 기분이 들었나요?

워크숍에 참가하신 몇 분으로부터 시험불안증을 경험한 사례를 들어보았습니다.

"저는 미술 전공이라 대학 입시에서 실기 시험을 봐야 했어요. 그런데 실기 시험에 대한 부담감 때문에 실력 발휘를 제대로 못해서 입시에서 한 번 낙방했습니다. 심지어는 종이의 앞뒤를 구분해서 시험을 봐야 하는데, 구분을 제대로 못해서 뒷면에 그림을 그렸습니다. 뒷면이랑 앞면은 재질이 달라서 수채화를 그리면 느낌이 완전히 다르거든요. 그래서 실력 발휘를 제대로 못했습니다."

"저는 어려서부터 성격이 내성적입니다. 5학년 때 독후감을 잘 썼다고 담임선생님이 발표를 하라고 하신 적이 있어요. 그런데 발표를 하면서 너무 떨려서, 울면서 발표를 했습니다. 교사가 되고 나서 처음으로 연구수업을 했을 때는 이런 일이 있었습니다. 다른 학교 선생님들도 오시고, 장학사님도 오시고 한 상황이었는데, 마지막에 아이들에게 희망적이고 교육적인 메시지를 전하면서 너무 떨려서 약간 울먹이는 목소리로 얘기를 했습니다."

모르긴 해도 시험에 대해 무사태평하거나 즐거운 마음으로 대하는 사람은 드물지 않을까 합니다. 대부분이 시험불안증을 조금은 겪을 것입니다.

저 역시 지금은 이렇게 강의도 하고 있지만 원래는 남 앞에 서는 걸 싫어합니다. 고등학교 때 학생회장 선거에 나갔을 때, 사람들 앞에 나서니 준비했던 말이 하나도 생각나지 않았습니다. 결국 제대로 연설하지 못했고, 큰 표 차로 떨어졌습니다.

그때 저는 남들 앞에 나가서 무언가를 하는 것이 저에게 맞지 않다고 생각했습니다. 그후로는 조용히 공부하고 봉사활동하며 지냈습니다. 그러다가 다른 사람들 앞에서 말하지 않으면 안 되는 상황이 찾아왔습니다. 바로 미국 유학 생활이었죠.

미국 대학의 수업에서는 학생들이 발표를 많이 해야 합니다. 유학 첫 학기 첫 시간, 교수님께서는 모든 학생이 학기 중에 한 번씩 발표를 해야 한다고 하셨습니다. '큰일 났구나' 생각했죠.

그때는 영어도 잘 못했기에 안 되겠다 싶어서 교수님께 "저는 외국인이어서 아직 영어도 서툴고 하니 발표하지 않고 글로 써서 내면 어떨까요?" 했습니다. 그러자 교수님은 "You can do it."이라고 말씀하시는 겁니다. 제가 "아닙니다. 전 못합니다"라고 했는데도 다시 "Yes, you can do it."이라고 하셨습니다.

그러면 제일 마지막 날 발표하게 해달라고 부탁을 드렸습니다. 그러고 나서 발표 준비를 시작했습니다. 발표할 내용을 한국말로 먼저 썼다가 영어로 옮긴 다음 타이프를 쳐서 소리 내서 읽었습니다. 그것을 녹음해서 듣고 고치기를 반복했습니다.

발표를 며칠 앞두고 내용은 숙지했는데 교단에 서서 발표한다는 생각만 해도 가슴이 쿵쾅쿵쾅 뛰면서 '이걸 다 기억할 수 있을까? 제대로 발표할 수 있을까?' 하는 걱정이 앞섰습니다.

그때 저는 전 과목 A를 받고 싶었습니다. 대학원에 가려면 성적이 좋아야 했기 때문입니다. 발표를 망치면 안 되겠다는 생각에 발표 전 날, 학생들이 다 집에 가고 난 다음 강의실에 가서 혼자 리허설을 했습니다. 녹음기를 틀어놓고 발표 연습을 하고, 듣고 다시 하고, 또 듣고 다시 하고, 그렇게 하다 보니 날이 밝아 왔습니다.

밤새 리허설을 하고 수업 시간에 발표할 때는 앞에서 외국 학생들이 듣고 있고 교수들이 평가한다고 생각하지 않고, 어머니, 아버지, 고모가 계시다고 생각했습니다. 그분들은 제가 영어를 틀리든 발음을 잘못하든 잘 전달을 하든 못 하든 기쁘게 들어주시며 기특하다, 자랑스럽다, 생각하실 테니까요. 그런 마음으로 하고 났는데, 끝나고 나니 사람들이 박수를 쳤습니다. 마침내 A+를 받았습니다.

그후에 저는 미국 대학교에서 강의도 했습니다. 수강 신청을 할 때는 제가 외국인이라는 걸 몰랐던 학생들이 첫 수업에 들어와서 아시아인 여자 교수라는 걸 알면 "아…… 재미없겠구나" "아이고, 영어 어떡하냐" 하는 반응을 보이기도 했습니다. 하지만 첫 강의를 듣고 나갈 때는 표정과 태도가 달라졌고, 학기 말 강의 평가는 제가 가장 높았습니다.

유학 시절 첫 학기 때 교수님이 "그래. 그럼 그냥 종이에 써서 내"라고 하셨다면 저는 무대 공포증을 극복하지 못했을 것입니다. 그때 교수님은 "네가 그걸 할 수 없다면 한국에서 미국까지 오지도 않았을 거다. 미국에 혼자 공부하러 올 수 있는 용기가 있다면 이것도 할 수 있을 거라고 나는 믿는다"라고 말씀하셨습니다. 그 믿음 덕분에 제가 여기까지 올 수 있었던 것 같습니다.

이처럼 많은 사람들이 시험불안증, 무대공포증을 경험합니다. 그리고 시험불안증은 어린 시절, 학창 시절만이 아니라 어른이 된 뒤에도 계속된다는 것을 알 수 있습니다.

시험불안증은 시험에 대한 불안감으로, 극도의 긴장과 스트레스로 심적인 압박감을 받거나, 잠을 잘 못 자거나, 집중력과 기억력, 문제 해결 능력이 저하되어 실력을 발휘하지 못하는 증상입니다.

시험지를 받는 순간 머리가 텅 빈 것 같고, 아무것도 기억이 나질 않거나 외운 내용만 머릿속에서 맴돌고 정답은 떠오르지 않아서 답답하기도 합니다. 한번 이런 증상을 겪고 나면 다음 시험에서도 이런 증상이 나타날까 불안합니다. 이런 증상을 시험불안증 혹은 시험불안장애라고 합니다.

미국에서 조사한 결과에 따르면, 학생들의 25퍼센트 정도가 높은 시험불안증을 지니고 있다고 합니다. 우리나라 학생들에 대한 통계는 없지만, 미국보다 훨씬 높지 않을까 추측됩니다.

시험불안증은 대개 신체적 증상을 동반합니다. 머리가 아프거나 배가 아픕니다. 목이 답답한 경우도 있고, 가슴이 답답하거나 뻐근할 수도 있고, 소화가 안 되기도 하고, 심장이 빨리 뛰기도 하고, 소변을 자주 보거나 소변이나 대변을 참지 못하는 경우도 있습니다.

불안, 초조, 압박감, 걱정 같은 감정적 증상도 동반합니다. 인지적으로는 두뇌피질 억제 현상이 일어나서 기억도 잘 안 되고, 집중도 안 되고, 문제해결도 안 됩니다.

※ 시험불안증을 악화시키는 요인

시험불안증을 악화시키는 요인들이 있습니다.

첫째, 비판적이거나 완벽주의적인 교사들입니다. 교사가 너무 무섭거나, 자주 혼을 내거나, 아이들 앞에서 망신을 주거나 조롱하면 학생들이 시험불안증에 걸리거나 악화될 수 있습니다.

둘째, 억압적이거나 완벽주의적인 부모도 시험불안증을 악화시킵니다. "너 왜 99점 받았어? 1점만 더 받으면 100점인데!" 하고 반응하거나 글씨를 조금만 비뚤게 써도 똑바로 쓰라고 다그칠 정도로 완벽주의적이면 자녀들의 시험불안증이 심해질 수 있습니다.

셋째, 학업과 관련하여 놀림을 받으면 시험불안증이 심해질 수 있습니다. 제가 미국에서 훈련을 받을 때 들은 이야기입니다. 어떤 분이 초등학교 다닐 때 수학을 좋아하고 잘했습니다. 그런데 초등학교 5학년 때 선생님이 "수학 천재 이리 나와봐" 하면서 그분을 앞으로 불러 배우지도 않았던 어려운 방정식을 풀어보라고 했습니다.

어려운 문제인 데다 긴장이 되니 어떻게 풀어야 할지 몰라 가만히 있었더니 선생님이 "너 수학 천재 아니구나?" 하고 말했습니다. 그러자 반 아이들이 "와~!" 하고 웃었습니다. 그분은 그날 이후로 수학을 놓아버렸습니다. 지금은 구구단조차 잘 외우지 못할 정도이고, 수학을 생각만 하면 머리가 멍해진다고 합니다.

선생님은 별 뜻 없이 그런 말씀을 하셨을 것이고, 아이들도 별 생각 없이 웃었겠지만, 본인은 아이들 앞에서 수학 천재가 아니라고 창피를 당한 것이 트라우마로 남은 것입니다. 이처럼 선생님이 학생에게 무심코 어떤 말을 하거나 별 뜻 없이 놀리는 것이 본의 아니게 큰 스트레스를 주거나 트라우마로 남을 수 있습니다.

시험불안증 자가진단

자신이 시험불안증을 얼마나 갖고 있는지 자가진단을 해볼까요?

1	중요한 시험을 볼 때 다른 학생들이 나보다 얼마나 더 똑똑한가를 생각한다.
2	지능 검사를 본다고 하면 검사 전에 무척 걱정이 된다.
3	지능 검사를 본다는 것을 알았다면 검사 전에 자신감과 안도감이 들었을 것이다.
4	중요한 시험을 볼 때는 땀이 많이 난다.

5	시험을 보는 동안 시험 문제와 상관없는 일들을 생각하고 있는 자신을 발견한다.
6	갑작스럽게 시험을 본다고 하면 심하게 동요된다. (혼란이나 공황 상태)
7	시험을 보는 도중에 시험을 못 보면 어쩌나 하고 시험 결과에 대해 생각한다.
8	중요한 시험을 보면 너무 긴장되어 설사, 변비, 복통 등 배탈이 난다.
9	기말 고사나 지능 검사 때 아무것도 생각나지 않고 얼어붙는 경우가 있다.
10	한 과목 시험을 잘 봤다고 해서 다른 과목 시험을 잘 볼 자신이 생기지는 않는다.
11	중요한 시험을 치르는 동안 때로 심장이 빠르게 뛰는 것을 느낀다.
12	시험을 치르고 나면 늘 '더 잘 볼 수 있었는데.' 하는 생각이 든다.
13	시험이 끝나고 나면 자주 우울하다.
14	기말 고사를 보기 전에 기분이 나쁘거나 불편하다.
15	시험 볼 때 내 감정이나 기분이 시험 성적에 지장(방해)을 주지 않는다.
16	시험 볼 때 너무 긴장되어서 알고 있던 사실도 잊어버리는 경우가 많다.
17	중요한 시험을 치를 때 스스로 시험을 망치고 있다는 기분이 든다.
18	시험을 보거나 시험공부를 할 때 열심히 하면 할수록 더 혼란스럽다.
19	시험이 끝나면 걱정을 그만하려고 노력하지만 계속 걱정이 된다.
20	시험을 보는 동안 내가 학교를 무사히 마칠 수 있을지 걱정되는 때가 있다.
21	시험을 보는 것보다 차라리 과제나 숙제를 내는 편이 낫다.
22	시험이 날 너무 괴롭히지 않았으면 하고 소망한다.
23	시험을 혼자 보거나 시간 압박을 안 받는다면 훨씬 잘 볼 거라는 생각이 든다.
24	성적이 어떻게 나올까 생각하다가 공부도 못하고 시험도 망친다.
25	시험이 없다면 나는 학업을 더 잘할 거라는 생각이 든다.
26	시험에 대해 '지금 모른다면 더 배우려고 신경 쓸 필요도 없어.'라는 태도를 갖는다.
27	사람들이 왜 시험에 대해 그렇게 난리법석인지 이해가 안 된다.
28	시험을 잘 못 볼 거라는 생각이 시험 볼 때 방해가 된다.
29	평소 시험에 비해 기말 고사라고 더 열심히 공부하지는 않는다.

30	시험 준비를 잘해놓고도 불안하다.
31	중요한 시험을 보기 전에는 식욕이 떨어진다.
32	중요한 시험을 보기 전에는 손이나 팔이 떨린다.
33	시험 전에 벼락치기 공부를 할 필요를 거의 느끼지 않는다.
34	선생님들과 교장 선생님은 어떤 학생들은 다른 학생들보다 시험에 대해 더 불안해서 시험 성적이 잘 나오지 않는다는 사실을 알아야 한다.
35	시험 기간이 그렇게 긴장된 상황이 되어서는 안 된다고 생각한다.
36	시험지만 받아도 심하게 불편한 마음이 들기 시작한다.
37	나는 깜짝 시험이나 퀴즈를 내는 선생님이 끔찍이 싫다.

출처 : Test Anxiety Scale reproduced from Sarason, I.G. 1980, Test Anxiety: Theory, Research, and Applications. Permission granted by Lawrence Erlbaum Associates, Inc.

21-1 시험불안증 자가진단

'그렇다'에 표시한 숫자를 세어봅니다. 12개 이하이면 낮은 시험불안증, 13~20개이면 중간 정도의 시험불안증, 21개 이상이면 높은 시험불안증입니다.

시험불안증에 대처하는 방법

시험불안증에 대처할 수 있는 방법이 있습니다.

첫째 시험공부를 한다. 공부를 안 하고 시험을 잘 보려는 건 일종의 '사기'일 수 있습니다. 일단 시험에 대비해서 공부를 해야 합니다.

둘째 계획을 세워서 공부한다. 어떤 과목을 먼저 할지, 어떤 교재를 먼저 공부할지 등 우선순위를 정해서 공부해야 합니다.

셋째 소규모로 그룹을 지어서 함께 공부한다. 작은 그룹으로 같이 공부하면 효과가 좋습니다. 그룹의 규모가 크면 역효과가 날 수 있습니다. 대여섯 명 정도가 적당합니다. 같이 공부하면 여러 가지 면에서 대뇌가 많은 자극을 받고, 더 많은 감정과 기운으로 연관되기 때문에 나중에 연상할 때도 기억이 더 잘됩니다.

넷째 평소에 복습을 한다.

다섯째 평소 규칙적으로 운동하고, 잘 자고 잘 먹는다.

여섯째 시험 전날 최소한 7~8시간 잠을 잔다.

일곱째 시험 당일에 반드시 아침 식사를 한다. 혈당이 떨어지면 대뇌에 영양 공급이 잘 안 되면서 대뇌 활동이 원활하지 못할 수 있습니다.

여덟째 중간중간 QCT를 한다. 시험공부를 하려고 생각하면 머리가 복잡하고 가슴이 두근거릴 수 있습니다. '공부할 건 너무 많고, 시간은 없고, 어쩌나……' '시험을 못 보면 어쩌지?' 그런 생각이 들 수 있지요. 그럴 때 천천히 심장 호흡을 하고, 마음으로 따뜻하고 편안한 기분이 드는 대상이나 활동이나 자연 등을 떠올리면서 심장을 편안하게 해줍니다.

호흡만 해서는 안 됩니다. 호흡은 첫 단계로, 현관에 해당합니다. 현관으로 들어가서 집에 머물려면 편안하고 따뜻한 감정을 느낄 수 있는 대상이나 활동을 떠올려야 합니다.

그중 가장 오래 머물게 해주는 감정이 '고마움'이라고 했습니다. 고마움을 느끼기만 해도 집중이 잘되면서 공부할 분위기가 잡힙니다. 공부할 분위기가 잡히면 무엇을, 언제, 얼마나 할지를 정해서 공부를 합니다.

🍀 행복 에너지 충전법
부정적인 감정을 느낄 때, 심장 호흡과 고마움 느끼기

부정적인 감정을 느낄 때는 우선 감정을 중화시킬 수 있게 심장 호흡을 합니다. 그렇게 감정적 중립 상태가 된 후 다행스럽거나 고마운 일, 고마운 대상을 떠올립니다.

감정이 부정적일 때, 즉 화가 나거나 슬프거나 우울하거나 할 때는 대개 학교 성적도 좋지 않습니다. 성과가 좋지 않은(low performance) 상태입니다. 공부를 해도 기억에 잘 안 남고, 집중도 안 됩니다. 시험을 본다 해도, 혹은 발표를 하거나 과제를 하더라도 잘 못하지요.

반면에 긍정적 감정을 갖게 되면 성과가 좋은(high performance) 상태가 되어 공부도 잘되고, 운동도 잘되고, 연주도 잘됩니다.

그래서 가능하면 성과가 좋은 상태로 옮겨 가도록 해야 합니다. 하지만 아이들은 부정적인 감정을 느낄 때 어떻게 해야 할지 모르는 경우가 많습니다. 그럴 때 선생님이나 부모님이 비판, 훈계, 충고, 조언을 하지 않고 그 감정을 알아차려주기만 해도 고각성 상태가 진정되는 효과가 있습니다.

그리고 나서 아이의 상황을 좀더 차분하게 이야기하게 하고, 들어주고, 이해하고, 공감하고, 위로하면 부정적 에너지가 낮아지고, 두뇌피질 촉진 상태가 되면서 상황을 좀더 객관적으로 볼 수 있습니다.

가장 먼저 할 것은 부정적인 감정으로 인한 높은 부정적 에너지를 낮추는 것입니다. 즉, 스트레스를 중화시키는 것입니다. 그렇게 하기 위해 좋은 방법은 앞에서 여러 번 강조했듯 심장 호흡입니다.

그냥 호흡은 도움이 안 됩니다. 심장에 집중하고, 심장을 통해서 천천히 고르게 산소가 들어왔다가 온몸을 돌고, 천천히 다시 심장을 통해서 나가는 것을 상상하며 5초 동안 숨을 들이마시고, 5초 동안 내쉽니다. 심장 호흡을 하면 부정적 에너지가 약해지면서 차분해지기 시작합니다.

스트레스가 중화되고 나면 감정적 중립 상태가 됩니다. 그렇게 나쁘지도 않고 그렇게 좋지도 않은 담담한 상태가 되죠. 심장 호흡을 몇 번 하고, 다행스럽거나 고마운 일을 몇 가지만 떠올려도 이런 상황으로 갈 수 있습니다. 그때 우리 몸에서 생성된 안정 호르몬은 체내에 오래 머물기 때문에 그후에도 차분함과 편안함을 계속 유지할 수 있습니다.

시험을 앞두고 있을 때, 친구나 가족과 다투었을 때, 입시에 대해 불안할 때 이런 방법을 활용하라고 가르쳐줍니다.

행복 에너지 충전법
여러 가지 고민들로 혼란스러울 때, 장면정지법

갈등 상황에서 문제를 해결해야 할 때는 장면정지법을 활용합니다. 우선 문제가 무엇인지 규명합니다. 그리고 심장 호흡을 하면서 문제를 약간 거리를 두고 바라봅니다. 긍정적인 감정을 느끼면서 해결책이 무엇일지 스스로에게 묻고 조용히 떠오르는 답을 바라봅니다.

고등학생쯤 되면 시험 외에도 고민이 많습니다. 진로 문제, 교우 관계 등 여러 가지 고민이 있는 것은 자연스러운 일입니다. 삶의 요소들이 좀더 복잡해지고, 다양해지고, 앞날도 생각해야 하기 때문입니다.

여러 가지 갈등 상황이 생길 수 있고, 우선순위에 있어서도 혼란과 어려움을 느낄 수 있습니다. 운동을 굉장히 좋아하는데 공부도 해야 하고, 또 공부만 하다 보면 친구들과의 관계가 어려워질 수도 있으니까요.

고등학생 정도 되면 선생님이나 부모님이 감정코칭을 하거나 문제를 대신 해결하기도 어려울 뿐만 아니라 그런 것을 원하지 않을 수 있습니다. 그러니 스스로 문제를 해결하고 감정을 다스릴 수 있게 되면 더 좋을 것입니다.

그런 갈등 상황에서 우선순위를 정하거나 문제를 해결할 때 학생들에게 장면정지법(freeze frame)을 활용하게 하면 도움이 됩니다.

장면정지법은 정신적 혹은 정서적으로 타임아웃을 하게 해주는 방법이라고 했습니다. 머리가 복잡하고 무겁고 혼란스러울 때, 감정이 힘들 때 타임아웃 하고 거리를 두고 상황을 바라볼 수 있게 하는 방법입니다.

이를 이용하면 두뇌피질이 원활해지면서 선택의 여지가 넓어지고 객관적이고 합리적으로 상황을 보는 데 도움이 됩니다. 장면정지법의 구체적인 방법은 9장을 참고해 주세요.

우리는 살면서 선택을 통해 삶의 폭을 얼마든지 넓힐 수 있습니다. 어려서부터 회복탄력성을 증가시키는 노력을 하면 세상을 더 건강하고 행복하게 살아갈 수 있는 힘을 얻게 됩니다.

고등학생들은 질풍노도의 시기라 할 사춘기를 지나면서 동시에 입시에 대한 스트레스까지 안고 살아갑니다. 회복탄력성을 키워야 할 필요가 무척 큰 시기라 할 수 있습니다.

스트레스를 낮추고 긍정적 감정으로 심장을 작동시키면 집중과 이해도가 높아지고 기억도 잘됩니다. 여기에 감사하는 마음을 가지면 안정/활력 호르몬이 증가하여 생각, 감정, 행동이 최적의 상태로 오랫동안 유지될 수 있습니다. 기억의 저장과 회상, 문제 해결 능력, 직관과 창의력도 높아질 수 있습니다.

이처럼 회복탄력성을 키우는 노력은 시험불안증을 없애고 학업 성과를 높여주는 데 도움이 될 뿐 아니라 정서적인 안정을 가져다주어 전반적인 삶의 질을 높여줄 것입니다.

에필로그

밝고 따뜻한 에너지가 감도는
사회를 위하여

저는 지금 남편과 함께 미국 실리콘밸리 남쪽의 하트매스 연구소에 와서 이 글을 쓰고 있습니다.

밤낮이 뒤바뀐 상황에서 낮에는 발표와 훈련을 받느라 분주하고 밤에는 원고를 수정하느라 제대로 쉴 여유가 없습니다.

그럼에도 왜 고생을 사서 하는 것일까? 스스로에게 묻습니다.

이 책을 쓰기 전에 심장 호흡을 하면서 뚜렷이 떠오르는 심상이 있었습니다. 제 마음에 그려지는 아름답고 평화로운 모습입니다.

교실마다, 가정마다 불신, 원망, 탓, 질책 대신 진심 어린 관심, 배려, 존중, 호감, 감사, 즐거움, 행복, 나눔, 이해, 관용이 넘친다면 아마 멀리 우주에서 내려다보는 한반도는 지금보다 훨씬 더 따뜻한 에너지가 감도는 환한 빛으로 밝혀질 것이라고 믿습니다.

지난 반세기 이상 경제 성장에 치중하던 중에 마음의 여유를 잃고 지쳐가던 어른들이 회복탄력성을 키워나가 후세들에게 마르지 않는 샘 같은 정서적, 정신적, 사회적, 영적 유산을 물려주는 모습입니다.

특히 오랜 관계 단절과 깊은 상처로 어둡고 두렵고 외롭고 아프고 허기진 사람들에게 먼저 행복 에너지로 충전된 어른과 아이들이 마음 햇살 보내기를 하고 손을 잡아준다면 얼마나 빠르고 안전하게 갈라졌던 관계를 회복할 수 있을까요? 나아가 더 큰 희망, 사랑, 생명력을 지구와 우주로 되돌려줄 수 있을까요?

마음이 멀어졌던 교사와 교사, 학생과 학생, 부모와 부모가 긍정에너지를 주고받으며 만남을 기뻐하며 서로의 성장을 격려하는 데 조금이라도 보탬이 된다면 잠잘 시간을 줄여가며 이 책을 쓴 보람을 느낄 것입니다.

저희 부부의 꿈과 비전을 공유하며 무한한 신뢰와 지지를 보내준 하트매스 연구소 맥크레이티 부회장님, 캐롤 톰슨 부장님, 브라이언 카베이커 부장님에게 깊이 감사드립니다.

메일로 원고를 주고받으며 시차와 상관없이 신속히 작업을 해준 해냄출판사의 박신애 님에게도 말로 다 표현 못 하는 고마움을 전합니다.

저의 회복탄력성 특강에 열심히 즐겁게 참여해 주신 분들과 그런 자리를 마련해 주신 티처빌 김지혜 부장님을 비롯한 수많은 담당자분들께도 마음으로부터 우러나는 감사를 드립니다.

이 책을 선택하시고 읽어주실 독자분들께도 미리 고개 숙여 감사드립니다. 부족한 점이 많을 줄 알고 미리 양해도 구합니다.

제게 회복탄력성의 귀감이 되어주신 부모님과 작은고모님, 그리고 그 시대의 모든 어르신들께도 존경과 감사를 드립니다.

끝으로 변함없는 지지와 사랑을 주는 남편과 저희 부부에게 북극성같이 나아갈 방향을 제시해 주는 한길, 단, 요한, 주호, 소영, 미유, 수경, 이랑, 은영 그리고 지구별 모든 아이들에게 온 마음 다하여 사랑을 전합니다.

2014년 7월
볼더 크릭(Boulder Creek)에서
최성애

나와 우리 아이를 살리는 회복탄력성

초판 1쇄 2014년 7월 28일
초판 13쇄 2025년 3월 20일

지은이 | 최성애
펴낸이 | 송영석

주간 | 이혜진
편집장 | 박신애 **기획편집** | 최예은·이나연·조아혜
디자인 | 박윤정·유보람
마케팅 | 김유종·한승민
관리 | 송우석·전지연·채경민

펴낸곳 | (株)해냄출판사
등록번호 | 제10-229호
등록일자 | 1988년 5월 11일(설립일자 | 1983년 6월 24일)

121-893 서울시 마포구 잔다리로 30(서교동 368-4) 해냄빌딩 5·6층
대표전화 | 326-1600 **팩스** | 326-1624
홈페이지 | www.hainaim.com

ISBN 978-89-6574-452-8

파본은 본사나 구입하신 서점에서 교환하여 드립니다.